Schöner Garten
in allen
Jahreszeiten

Inhalt

Vorwort 6

Die Jahreszeiten im Garten 8
Frühling 10
Die Farben des Frühlings 12
Arbeiten im Frühjahr 13
Sommer 14
Die Farben des Sommers 16
Arbeiten im Sommer 17
Herbst 18
Die Farben des Herbstes 20
Arbeiten im Herbst 21
Winter 22
Die Farben des Winters 24
Arbeiten im Winter 25

Die Kunst der Gartengestaltung ... 26
Gestaltungstipps 28
Die verschiedenen Gartenräume 30
Eine kleine Gartentypologie 32
Standort 33
Boden 34
Pflanzen 37
Farbe in der Gestaltung 42
Gestaltung mit Formen 48
Gartenschmuck 52
Gestaltungstricks:
So machen Sie mehr aus Ihrem Garten ... 54
Gartenplanung Schritt für Schritt ... 56
Alte Gärten neu gestalten 57
Der kleine Garten 58
Raumbildung 60
Besonderheiten der Pflanzenwahl ... 62

Schöne Gärten rund ums Jahr 64
Schöne Gärten im Frühling 66
Das Blumenbeet 68
Der Lenz wird begrüßt 72
Der Gartenweg 76
Den Frühling herausfordern 80
Schöne Gärten im Sommer 82
Die Blumeninsel im Rasen 84
Die Spuren des Winters verwischen ... 88
Der kleine Rosengarten 90
Dauerblüher stehen hoch im Kurs ... 94
Das Blumenbeet am Sitzplatz 96
Schöne Gärten im Herbst 100
Mixed Border 102
Die Zierde der Früchte 106
Das Gräserbeet 108
Der Formenreichtum
schöner Samenstände 112
Schöne Gärten im Winter 114
Der Vorgarten 116
Immergrün – immer schön 120
Der Terrassenabgang 122
Winterschönheiten locken 126

Pflanzen für alle Jahreszeiten	128
Gehölze	130
Bäume und Großsträucher	132
Immergrüne und Koniferen	134
Frühlingsblüher	136
Sommerblüher	138
Klettergehölze	140
Rosen	142
Beet- und Edelrosen	144
Bodendeckerrosen	145
Moderne Strauchrosen	146
Alte und Englische Rosen	147
Wildrosen	148
Kletterrosen	149
Stauden	150
Frühling im Staudenreich	152
Frühsommer im Staudenreich	154
Hochsommer im Staudenreich	156
Herbst im Staudenreich	160
Winter im Staudenreich	162
Wichtige Begleiter: Gräser und Farne	163
Sommerblumen	164
Zweijährige Sommerblumen	166
Einjährige Sommerblumen	168
Einjährige Kletterpflanzen	172
Zwiebel- und Knollenpflanzen	174
Frühlingsblüher	176
Die Klassiker des Frühjahrs: Tulpen und Narzissen	179
Sommerblüher	180
Pflanzenpraxis	182
Arbeiten im Garten	184
Vermehrung	186
Vorbereitungen zur Pflanzung	190
Pflanzung	192
Pflege nach der Pflanzung	194
Regelmäßige Pflege	196
Der vitale Garten	198
Pflanzenschutz	200
Spezielle Gartenbereiche	210
Der Gartenteich	212
Gestaltungselement bewegtes Wasser	214
Gestaltungselement stehendes Wasser	215
Die Lebensbereiche im Gartenteich	217
Das Ufer – mal feucht, mal trocken	219
Der Gehölzrand	220
Besondere Lebensbedingungen	222
Gestaltungsformen des Gehölzrandes	223
Das harmonische Zusammenspiel	224
Bodendecker – pflegeleicht und dekorativ	224
Der Steingarten	226
Der klassische Steingarten	229
Fugen und Ritzen richtig bepflanzt	231
Miniaturlandschaften im Trog	231
Adressen	232
Register	234

Vorwort

Wer einen Garten hat, der möchte natürlich auch das ganze Jahr – von den ersten Frühlingstagen bis mitten in den Winter – etwas Blühendes darin finden. Es ist der Traum vom „Vier-Jahreszeiten-Garten". Natürlich weist jede Jahreszeit ihren eigenen Charakter auf, den sie nicht verleugnen kann, gleichzeitig hat aber auch jeder Garten eine ganz spezielle Ausstrahlung. Lage, Bodenverhältnisse und auch die Menschen, die in ihm leben, beeinflussen sein persönliches Gesicht.

Dieses Buch soll Ihnen als Gartenbesitzer helfen, sich Ihren Traum vom Vier-Jahreszeiten-Garten zu erfüllen – natürlich unter Berücksichtigung der unveränderbaren Gegebenheiten. Gärtnern ist zugleich ein künstlerisches wie auch handwerkliches Hobby. Beides können Sie ganz gewiss lernen, und dabei soll Ihnen nicht zuletzt dieses Buch ein zuverlässiger und sicherer Ratgeber sein.

Jeder Garten ist ein ganz besonderes Stück Natur. Ausgewählte Pflanzen entfalten hier ihre Schönheit und fügen sich zu einem Ganzen. Das Drehbuch für den Verlauf dieses einzigartigen Schauspiels schreibt die Natur. Lernen Sie daher zunächst einmal die vier verschiedenen Jahreszeiten mit ihren Eigenheiten kennen. Farben, Stimmungen und auch bestimmte Erwartungen sind jeweils typisch für Frühling, Sommer, Herbst und Winter, und mit diesem Wissen können Sie jahreszeitliche Höhepunkte setzen bzw. persönliche Vorlieben für Farben und Blütezeit akzentuieren.

Zu den zartrosa Rosenblüten gesellen sich Katzenminze (Nepeta, im Vordergrund) und Rittersporn (Delphinium), links im Bild erkennt man die schleierkrautartigen Blütenstände des Meerkohl (Crambe). Jelängerjelieber (Lonicera) erklimmt den Pfeiler

Die Gestaltung ist der künstlerische Teil des Gärtnerns. Manch einer mag hierfür ein außergewöhnliches Talent besitzen. Doch wenn Sie dies nicht haben, so studieren Sie den Leitfaden über die Kunst der Gartengestaltung ganz genau, und Sie werden mit Sicherheit ebenfalls ein überzeugendes Ergebnis in Ihrem Garten bewundern können. Schließlich hat auch die Harmonie von Farben und Formen, Pflanzen und Materialien ihre Gesetzmäßigkeiten. Sind Sie Besitzer eines kleinen Gartens, dann finden

Sie im entsprechenden Kapitel ausführliche Hinweise, wie man auf wenig Fläche seinen Traumgarten in Szene setzen kann.

Daran schließt sich das Herzstück dieses Buches an: schöne Gärten rund ums Jahr. Hier zeigen wir Ihnen individuelle Gestaltungsvorschläge für einzelne Gartenbereiche, die sich leicht umsetzen lassen. Dafür wird Ihnen als Hilfestellung jeweils ein Pflanzplan an die Hand gegeben. Die Beete präsentieren sich in verschiedenen Jahreszeiten, und so erleben Sie das wunderbare Zusammenspiel der Pflanzen. Im Text finden Sie außerdem unzählige Anregungen und Ideen für stimmungsvolle Bepflanzungen.

Ein ausführlicher Pflanzenführer stellt Ihnen das gesamte Repertoire der Gartengewächse von Bäumen bis hin zu einjährigen Sommerblumen vor, so dass Sie sich über die Bedürfnisse und Eigenschaften einzelner Pflanzen detailliert informieren können. Die entsprechende Anleitung für Pflanzung und Pflege sowie zahlreiche Tipps und Tricks dürfen natürlich nicht fehlen, damit der Traum vom grünen Paradies tatsächlich von Erfolg gekrönt wird. Das Kapitel bietet außerdem Lösungen für unterschiedlichste Probleme und Hilfestellungen für regelmäßig anfallende Arbeiten.

Da sich das Kernstück des Buches in erster Linie auf traditionelle Gartenbereiche und -gewächse konzentriert, bietet der abschließende Sonderteil die Möglichkeit, auch spezielle Bereiche kennen zu lernen. Gehölzränder weisen beispielsweise besondere Boden- und Lichtverhältnisse auf. Der Wassergarten, die magische Oase vieler Gartenbesitzer, hat nicht nur bauliche Besonderheiten aufzuweisen, sondern auch eine ganz eigene Flora. Und die faszinierende Pflanzenwelt der Gebirge holen Sie sich in den Steingarten, der aber nicht einmal die komplette Anlage des Gartens bestimmen muss. Lassen Sie sich überraschen, welche gestalterische Vielfalt auch bei solchen Gartenbereichen möglich ist.

Lassen Sie sich durch das Buch mit seinen ästhetischen Bildern und detaillierten Beschreibungen „kitzeln". Benutzen Sie es wie ein Lese- und Bilderbuch, das Ihre Fantasie anregt und versuchen Sie, die entstehenden Bilder für Ihren Garten festzuhalten. Von Beginn an sollten Sie ein Notizbuch führen. Beobachten Sie die Natur, die Pflanzengemeinschaften, die Schönheit bestimmter Farben und halten Sie dies alles als Anregung in einem persönlichen Gartentagebuch fest. Es wird Sie stets begleiten, so wie auch dieses Buch über seine anschaulichen Qualitäten hinweg ein Ratgeber und Helfer sein soll.

Die Jahreszeiten im Garten

Frühling

Die Tage werden länger, die Sonne zeigt sich von einer immer kraftvolleren Seite, und so erwacht die Natur allmählich aus dem Winterschlaf. Offiziell beginnt der Frühling am 21. März eines jeden Jahres, doch wird man in so manchem Jahr schon einige Wochen zuvor die neue Gartensaison spüren, ebenso wie in anderen Jahren der Winter seine dichten Schneedecken noch Wochen nach dem kalendarischen Frühlingsbeginn im Garten ausbreitet.

Nach der langen Ruhe des Winters hungert jeder Gartenliebhaber nach neuem Leben. Schwellende Knospen, sich verfärbende Rinden und winzige grüne Nasen, die sich aus der Erde strecken, nimmt man in den ersten Frühlingswochen wahr. Es sind minimale Veränderungen, die das Auge erkennt und die Freude verheißen. Schon bald wird die Entwicklung schneller: An allen Ecken erwacht das Leben, und Triebe, Blätter und Blüten sprießen aus der Erde bzw. schießen aus den gestern noch leblos erscheinenden Zweigen. Die Schneeglöckchen *(Galanthus nivalis)* wiegen sich im meist noch frischen Frühlingswind, Winterlinge *(Eranthis hyemalis)* und Krokusse *(Crocus)* öffnen in der Sonne ihre Kelche zu flachen Schalen. Man kann nur hoffen, dass diese kostbaren Tage des Erwachens nicht zu explosionsartig verrinnen, sondern die Zeit bleibt, sie entsprechend auszukosten.

Bild links:

Die Schneeglöckchen kündigen den Frühling an

Bild rechts:

Es ist die Zeit der Zwiebelblumen: Rote und gelbe Tulpen sowie Traubenhyazinthen leuchten in kräftigen Farben

Wenn schließlich der zarte Übergang vom Winter abgeschlossen ist, beginnt der Garten farbenfroh zu werden. Die Bäume strahlen nun in einem zarten lindgrünen Kleid, die Beete füllen sich mit Staudenhorsten und Zwiebelblumen, die Luft ist erfüllt von feinwürzigen Düften. Unterstützt wird die Pracht dieser Jahreszeit durch zweijährige Blumen, wie Stiefmütterchen *(Viola-Wittrockiana-*Hybriden*)*, Hornveilchen *(Viola cornuta)*, Vergissmeinnicht *(Myosotis sylvatica)* und Bellis *(Bellis perennis)*.

Die Farben des Frühlings

Im Frühjahr dominiert zunächst das frische Grün der jungen Blätter. So hell und klar wird es das ganze Jahr nicht mehr sein, und deshalb verdient es besondere Beachtung. Es versprüht eine kraftvolle Frische, die Hoffnung gibt und zu neuen Taten motiviert.

Zarte Pastelltöne kennzeichnen die Blüten des Frühlings. Das Lila des Flieders *(Syringa vulgaris)*, das Gelb der Primeln *(Primula)* und das Rosa der Zierkirschen *(Prunus)* mischen sich immer mit einem Tupfer Weiß zu zarten Tönen. Auch die Buschwindröschen *(Anemone nemorosa)* zeigen selten reinweiße Blüten, sondern sind genau wie Apfelblüten immer von einem leicht rötlichen Schimmer überzogen. Die zarten Farben passen zu den kühlen Temperaturen, die immer noch herrschen, und symbolisieren gleichsam die Jugend der soeben begonnenen Saison.

Das Frühjahr zeigt aber auch kraftvolle Farben, die eine enorme Leuchtkraft aufweisen. Eine sehr charakteristische Farbe ist Gelb. Schon die ersten Blüten der Weiden *(Salix)* und

Haselsträucher *(Corylus avellana)* schmückt ein goldenes Kleid. Dieser Ton setzt sich bei den Forsythien *(Forsythia)* und Kornelkirschen *(Cornus mas)* fort und mündet schließlich in den Blüten der Winterlinge *(Eranthis hyemalis)* und Krokusse *(Crocus)* sowie im breiten Gelbspektrum der Narzissen *(Narcissus)*. Daneben zieren rote Tulpen *(Tulipa)*, blaue Traubenhyazinthen *(Muscari)* und Blausternchen *(Scilla)*, violette Blaukissen *(Aubrieta-*Hybriden*)* sowie orange-, pink- und karminfarbene Rhododendren *(Rhododendron)* den Garten und feiern den Frühling temperamentvoll.

Stiefmütterchen (Viola-Wittrockiana-Hybriden) dürfen beim Frühlingsfest im Garten nicht fehlen, ebenso gehören jetzt Tulpen in die Blumenbeete (hier: lilienblütige Sorten)

Arbeiten im Frühjahr

Wenn das Gartenjahr beginnt, gibt es viel zu tun. Die Spuren des Winters wollen beseitigt sein, das heißt, der Winterschutz muss entfernt werden. Doch seien Sie damit nicht zu voreilig – meist kehrt der Winter nach den ersten warmen Tagen noch einmal zurück, und die Knospen brauchen dann den Schutz mehr denn je.

Vom Winter ist die Erde nass und schwer. Da hilft es, wenn die oberste Schicht mit einer Hacke vorsichtig gelockert wird, so dass der Boden abtrocknen kann. Ebenso ist es aber wichtig, dass an den Stellen, wo Tulpen, Narzissen und Co. in voller Pracht blühen sollen, die Erde feucht genug ist. Auch die Rhododendren, die bei anhaltendem Frost unter Trockenheit gelitten haben, sollten jetzt regelmäßig gegossen werden, damit keine bleibenden Schäden entstehen. Stauden und Gräser, die den schönen Winterbildern zuliebe im Herbst nicht zurückgeschnitten wurden, sollten nun schleunigst entfernt werden, ehe die jungen Triebe richtig zu wachsen beginnen.

Für die Düngung ist das Frühjahr der richtige Zeitpunkt, da jetzt alle Pflanzen einen guten Start brauchen. Ebenso hat die Vermehrung nun Hochsaison. Die Aussaat von Sommerblumen und die Teilung von Stauden bilden zwei wichtige Schwerpunkte.

Natürlich sollte man in diesen Wochen auch ganz genau beobachten, wo der Winter Löcher hinterlassen hat. So manche Pflanze stirbt unerwartet ab und muss ersetzt werden. Nehmen Sie im Frühjahr grundsätzlich Bast und Draht in den Garten mit, denn jetzt lassen sich die jungen Triebe am besten leiten. Besondere Aufmerksamkeit verlangen nun die Wildkräuter, denn je früher die aufkeimende Saat entfernt wird, desto weniger fallen Weidenröschen, Franzosenkraut und Disteln später zur Last.

Sommer

Nun ist die Freiluftsaison angebrochen. Der Garten wird zum Wohnzimmer. Bei gutem Wetter spielt sich das Leben im Freien ab. Wenn am 23. Juni der Sommer laut Kalender beginnt, zeigt sich diese Jahreszeit meist noch von ihrer zarten Seite. Tagsüber erwärmt es sich angenehm, aber auch die nächtliche Abkühlung ist gewiss. Gar nicht selten sind die ersten Wochen des Sommers eher regnerisch und bewölkt. Das bedeutet aber durchaus keinen Nachteil für den Gärtner, denn wenn jetzt der Boden gut durchfeuchtet ist, muss er sich um das Wachstum nicht sorgen.

Der Beginn des Sommers steht im Zeichen der Prachtstauden. Schwertlilien *(Iris-Barbata*-Hybriden), Pfingstrosen *(Paeonia lactiflora)*, Türkenmohn *(Papaver orientale)* und Rittersporn *(Delphinium*-Hybriden) entfalten ihre volle Schönheit. Zudem erobert die Königin der Blumen – die Rose *(Rosa)* – das Gartenreich mit ihren Blüten. Die Sommerblumen können mit dieser Fülle noch nicht ganz mithalten. Sie brauchen noch ein paar Wochen, um ihre ganze Farbenpracht zu entfalten.

Die Wärme entlockt vielen grünen Sonnenanbetern Blüten, und exotische Blumen wie Gladiolen *(Gladiolus)*, Dahlien *(Dahlia)*, Riesenhyazinthen *(Galtonia candicans)* und Montbretien *(Crocosmia masoniorum)* weiden sich in der Sonne. Auch Sonnenblumen *(Helianthus annuus)*

Bild links:

Die Wieseniris gehört zu den schlichten Schönheiten des Frühsommers

Bild rechts:

Zwischen die edlen Blüten der Rosen mischen sich duftender Lavendel und weißes Wucherkraut

und Taglilien *(Hemerocallis-*Hybriden) sind nun zu finden. Die sommerblühenden Sträucher wie Hibiskus *(Hibiscus syriacus)* und Sommerflieder *(Buddleja davidii)* trumpfen mit ihrer Blütenpracht auf, so dass in diesen Wochen Farbe keine Mangelware ist. Selbst im Übergang zum Herbst verspürt man kaum einen Rückgang der Blüte. Im Gegenteil – die so genannten remontierenden Stauden wie Rittersporn *(Delphinium-*Hybriden) und Feinstrahl *(Erigeron)* haben einen zweiten Flor „auf Lager", den sie jetzt zur Schau stellen.

Die Farben des Sommers

Der Sommer hat zwei bedeutende farbliche Komponenten. Die eine ist das Gelb – satt und leuchtend strahlt es wie pures Gold. Diese Farbe ist enorm wichtig, denn sie ersetzt tatsächlich an trüben Tagen das Sonnenlicht. Gelbe Blüten schaffen eine warme Atmosphäre. Einen wesentlichen Beitrag zu dieser Stimmung leisten die Korbblütler: Sonnenauge *(Heliopsis)*, Sonnenkraut *(Helenium)*, Mädchenauge *(Coreopsis)*, Zinnien *(Zinnia)*, Dahlien *(Dahlia)* und natürlich die Sonnenblumen *(Helianthus)* dürfen hier nicht fehlen. Aber auch Nachtkerzen *(Oenothera)*, Goldrute *(Solidago)*, Kapuzinerkresse *(Tropaeolum majus)* und Studentenblumen *(Tagetes)* haben ein sonniges Gemüt. Vor allem die Wochen des Hochsommers stehen im Zeichen der leuchtenden Farbe Gelb.

Die zweite farbliche Komponente des Sommers zeigt sich in den Anfängen dieser Jahreszeit. Es sind die reinen und besonders klaren Töne von Blau, Rot, Rosa und Weiß. Einen großen Beitrag leisten hierzu natürlich die Ro-

sen. Rot und Rosa gehören in ihr Repertoire, und die klassischen „Rosenkavaliere" Lavendel *(Lavandula angustifolia)*, Rittersporn *(Delphinium-*Hybriden) und Glockenblumen *(Campanula)* legen schützend ihr blaues Blütenband um die edlen Schönheiten. Auch Pfingstrosen *(Paeonia)* und Prachtspieren *(Astilbe)* können dem Garten eine feurige Note geben. Doch

wirkt dies nie zu heiß, da das kühle Blau immer wieder für Mäßigung sorgt. Den Eindruck glühender Hitze verbreitet dagegen das sommerliche Gelb in Kombination mit Orange bzw. Rotbraun.

Arbeiten im Sommer

Im Vordergrund steht in der warmen Jahreszeit natürlich die Pflege der Pflanzen. Das Gießen fällt dabei jedem sofort ein, aber nicht nur diese Maßnahme verhilft den Pflanzen zu einer guten Wasserversorgung. Hacken und Mulchen beispielsweise sind ebenso wichtig.

Im Frühsommer müssen Sträucher und Büsche, die im Frühjahr am einjährigen Holz blühen, eingekürzt werden, und auch die verblühten Staudenpolster der Frühlingssaison erhalten einen Schnitt, damit sie schön kompakt bleiben. Zwiebelblumen wie Tulpen und Narzissen, die nicht mehr ganz so üppig blühen, sollten, nachdem das Laub welk geworden ist, ausgegraben und geteilt werden. Im Herbst lassen sie sich dann wieder auspflanzen. Bei den Sommerblumen muss während der ganzen Blühsaison immer wieder Verblühtes entfernt werden, damit sich keine Samen bilden, die den Einjährigen die Kraft zum Blühen nehmen.

Dahlien (Dahlia) und Sonnenauge (Heliopsis) schmücken zusammen mit den üppigen Blütenständen des Phlox (Phlox paniculata) den sommerlichen Garten

Herbst

Das erste Gefühl von Herbst macht sich meist schon einige Wochen früher breit, als im Kalender der 23. September angezeigt wird. Kürzere Tage, spürbar kühlere Nächte und morgendlicher Tau auf den Pflanzen weisen deutlich auf das Ende des Sommers hin. Altweibersommer heißt dieser Übergang vom Sommer zum Herbst. Es ist die Zeit der Spinnennetze, die allmorgendlich zu entdecken sind. Jeder Faden, dicht besetzt mit Tautröpfchen, funkelt in der flach stehenden Sonne wie eine Perlenkette. Doch abgesehen von der Witterung hat sich im Garten nicht allzu viel geändert. Die Blumenpracht will noch nicht nachlassen, hinzu gesellen sich zierende Frucht- und Samenstände. Neben fruchtigen Düften schwebt eine erdige Note durch die Luft. Jetzt erreichen Herbstastern und Gräser den Höhepunkt ihrer Pracht: Tausende von Sternchen vermischen sich mit fedrigen und fontänenartigen Blütenständen zu einer unnachahmlichen harmonischen Komposition. Und alsbald bricht die Zeit der Blattfärbungen an, die im goldenen Oktober ein Farbenschauspiel bietet, das seinesgleichen sucht.

Doch während der Herbst seinen Höhepunkt erreicht, entdeckt man auch schon herbstblühende Krokusse und Alpenveilchen im Unterholz. Eine seltsame Mischung: Sind sie etwa die Vorboten des Frühlings, die die

Bild links:
Der Herbst ist die Zeit der Spinnennetze. Tautropfen machen diese einzigartigen Kunstwerke in den Morgenstunden sichtbar

Bild rechts:
Die Herbstzeitlosen schieben sich durch das herabfallende Laub. Dahinter blühen lilafarbene Kissenastern

Furcht vor den kalten Monaten nehmen und Hoffnung auf die folgende Gartensaison machen wollen? Schließlich endet auch der Herbst eher trostlos und grau mit seinen Nebelschwaden, die sich mit den kürzer werdenden Tagen immer seltener bis zu den Mittagsstunden aufgelöst haben.

Die Farben des Herbstes

Der herbstliche Garten strahlt Kraft und Wärme aus. Das Farbenspektrum von Gelb über Orange bis Rot bestimmt nicht nur die Blüten, sondern auch die Blattfarben. Zudem bietet der reiche Fruchtbehang der Gehölze zusätzliche farbliche Abstufungen. Die warmen Farben sind eine angenehme Fortsetzung der sommerlichen Witterung. Stauden wie Sonnenhut *(Rudbeckia fulgida)* und Mädchenauge *(Coreopsis tinctoria)* blühen vom Sommer bis in den Oktober. Ebenso bedeutet für Einjährige wie Zinnien *(Zinnia elegans)* und Ringelblumen *(Calendula officinalis)* der Wechsel der Jahreszeit keineswegs ein Ende der Blütenpracht. Im Gegenteil – sie legen jetzt noch einmal kräftig zu, denn schließlich wollen sie bis zum Winter ausreichend Samen angesetzt haben und so den Nachwuchs für das kommende Jahr sicherstellen. Zu diesen Gelbtönen gesellen sich die warmen goldenen bis braunen Rispen der Gräser. Die hohen Arten wie Pampasgras *(Cortaderia selloana)* und Chinaschilf *(Miscanthus sinensis)* erreichen jetzt endlich ihre maximalen Höhen und erwecken auf diese Art und Weise ein Gefühl von Vollendung.

Im Herbst präsentieren zahlreiche Asternarten *(Aster)* ihre Farbenpalette und entwickeln

traumhafte Sternenmeere in Blau, Rot und Rosa. Auch weiße Arten fehlen nicht. Dieses Spektakel hält von den letzten Tagen des Sommers bis in die späten Oktoberwochen an. Zunächst schmücken nur die eher flachen, aber sehr kompakten Polster der Kissenastern *(Aster dumosus)* die Beetränder. Später arbeiten sich die Blüten hoch, und die Büsche der Glattblattastern *(Aster novi-belgii)* und Raublattastern *(Aster novae-angliae)* erreichen Höhen bis zu 1,50 m. Gräser, aber auch Wasserdost *(Eupatorium)*, Knöterich *(Polygonum amplexicaule)* und Purpurfetthenne *(Sedum-Telephium-*Hybriden) ergänzen mit roten und rosa Blüten das Gartenbild.

Gräser erreichen im Garten jetzt ihren Höhepunkt. Purpurfetthenne (Sedum telephium) und Prachtfetthenne (Sedum spectabilis) heißen die unermüdlichen Begleiter der fedrigen Rispen und sprühenden Fontänen

Die sich verfärbenden Blätter an Bäumen und Stauden sorgen für zusätzliche Farbkleckse, die von Beeren Unterstützung bekommen. Hier sind beispielsweise die orangeroten Vogelbeeren *(Sorbus-*Arten), die verschiedensten Hagebutten der Rosen *(Rosa),* die lilablauen Früchte des Liebesperlenstrauches *(Callicarpa)* und gelbe Zierquitten *(Choenomeles-*Hybriden) zu nennen.

Arbeiten im Herbst

Vor dem gründlichen „Hausputz", der nun in allen Beeten dringend ansteht, sollten möglichst früh die frühlingsblühenden Zwiebelblumen im Garten gesetzt werden. Denn je früher sie in die Erde kommen, desto besser können sie sich entwickeln.

Vor den ersten Frösten müssen alle nicht winterharten Gewächse ausgegraben werden. Vor allem Dahlien *(Dahlia)* und Gladiolen *(Gladiolus)* wollen in einen kühlen Keller gebracht werden. Der Herbst ist aber auch ein idealer Pflanztermin für Stauden, ganz besonders Pfingstrosen *(Paeonia)* lassen sich ausschließlich nach dem Sommer sicher verpflanzen.

Beim „Hausputz" geht es vor allem um das Auslichten der Gehölze. Die Saison der Sommerblumen ist beendet und die Beete werden geräumt. Bei den Stauden wartet man besser noch einige Wochen mit dem Rückschnitt, denn je kürzer die Tage werden, um so dankbarer ist man für die eine oder andere Blüte, die sich noch verirrt. Außerdem sollten Sie sich die malerischen Winterbilder nicht durch einen frühzeitigen Rückschnitt verderben.

Winter

Neblige, nasskalte Tage bereiten keinen sehr schönen Winteranfang. Da ist jeder Gartenbesitzer dankbar für die späten Sorten der Winterchrysanthemen *(Dendranthema-Indicum-Hybriden)*, die mit ihren leuchtenden Blüten jetzt wenigstens noch den einen oder anderen Farbklecks in den Garten bringen. Die Liebe zum Winter entwickelt sich erst, wenn er seine frostige Seite zeigt. Hohe Luftfeuchtigkeit und Minusgrade verwandeln den Garten in eine Traumlandschaft, die mit wenig Farbe den Formenreichtum der Natur präsentiert. Frostgärten haben etwas besonders Reizvolles, wenn sie bei der geringsten Luftbewegung knirschen und knistern. Zu schade, dass diese Stimmung nur an wenigen Tagen des Jahres den Garten verzaubert. Umso wichtiger ist es daher, dass die letzten Rosenblüten, ungewöhnliche Samenstände, wie beispielsweise die Kugeln des Zierlauchs *(Allium),* Gräserhorste und bizarres Blattwerk stehen bleiben. Schneiden Sie nicht alles im Herbst ab, damit der Frost seine Kunst als Zuckerbäcker unter Beweis stellen kann. Intakte Horste schützen sich durch ihre abgestorbenen Triebe selbst und sind die Grundlage für diese Winterimpressionen.

Natürlich sorgen auch schneereiche Wetterlagen für Gartenbilder mit Charme. So erscheint es recht ungewohnt, wenn auf jeder

Bild links:

Winterastern gehören zu den letzten Höhepunkten des Staudenbeetes im Gartenjahr

Bild rechts:

Die Schönheit des Vergänglichen: Raureif überzieht die Blüten des mehrjährigen Sonnenhutes und der eichenblättrigen Hortensie

Buchskugel ein weißes Hütchen sitzt, wenn nur noch Hügel die Pflanzen in den Beeten andeuten und so die Wuchsformen auf ganz andere Art und Weise zur Geltung bringen.

Aber der Winter lebt nicht nur von den Eisblumen und Schneeskulpturen, auch Blüten gehören zu ihm. Die Zaubernuss *(Hamamelis mollis)* beispielsweise zählt zu den Überraschungen der kalten Jahreszeit oder auch der Duftschneeball *(Viburnum farreri)* mit seinen herrlich duftenden Blütendolden. Und wenn es einmal ein paar Tage warm ist, kann man im Unterholz schon wieder Veilchenblüten *(Viola odorata)* entdecken, die sich mit ihrer Blütezeit nicht nach dem Kalender, sondern nach der Lufttemperatur richten. Eine Augenweide sind auch die echten Christrosen *(Helleborus niger),* die ihre weißen Blütenschalen je nach Witterung schon vor dem Jahreswechsel öffnen. Die Schönheit dieser Hahnenfußgewächse lässt sich leicht anpreisen, damit sie im Garten aber tatsächlich blühen, braucht man schon etwas Geschick.

Die Farben des Winters

Winterträume sind in der Regel weiß, bedingt durch Schnee und Eis. In diesen Wochen sollte man sich über jeden wolkenlosen Tag freuen, denn das Himmelsblau bringt etwas Farbe ins Spiel, wenn die Schneedecke dicht geschlossen ist. Sehr kontrastreich kommt das Dunkelgrün von Immergrünen zur Geltung. Kirschlorbeer *(Prunus laurocerasus)* und Buchsbaum *(Buxus sempervirens)* geben dem Garten Spannung in den Winterwochen. Auch Koniferen bringen Farbe in den Garten. Die Grüntöne variieren von goldgelb schimmernd bis hin zu silbrig angehaucht.

Hin und wieder beleben einige rote Tupfer die Gartenszene. Die Beeren von Eibe *(Taxus baccata)* und Stechpalme *(Ilex aquifolium)* lockern das Farbenduo von Grün und Weiß auf. Achten Sie also beim Einkauf darauf, fruchtende Sorten zu bekommen.

Ebenso können Rinden für rote Farbe sorgen. Der rotrindige Hartriegel *(Cornus alba* 'Sibirica'*)* beispielsweise leuchtet in den Wintermonaten ausgesprochen intensiv an den einjährigen Trieben, weshalb ein starker Rückschnitt im Frühjahr sehr wichtig ist. Sein grünrindiges Pendant *Cornus stolonifera* 'Flaviramea' erlaubt sogar ein malerisches Duett im Winter.

Winterblüher haben vielfach weiße oder nur leicht rosa überhauchte Blüten. Diese kommen nur zur Geltung, wenn man ihnen im Hintergrund eine dunkle Kulisse, vorzugsweise Koniferen, bietet.

Wenn Sie nicht unbedingt nur mit Pflanzenfarben im Garten „malen" wollen, dann sollten Sie mit einigen Accessoires Farbtupfer in die Beete streuen. Frostfeste Rosenkugeln können beispielsweise in der winterlichen Gartenlandschaft weihnachtliche Stimmung verbreiten. Auch ein bunt gestrichener Gartenstuhl sorgt für einen optischen Anziehungspunkt.

Die immergrüne Stechpalme (Ilex x meservae 'Blue Stallion') belebt selbst bei Schnee und Eis das Gartenbild mit ihren dunkelgrünen Blättern und roten Beeren

Arbeiten im Winter

Solange die Temperaturen noch nicht unter null gefallen sind, können Gehölze und Rosen gepflanzt werden. Wird diese Temperaturgrenze dauerhaft unterschritten, sollte der Winterschutz ausgebracht werden. Staudenbeete müssen mit Fichtenreisig abgedeckt, Rosen angehäufelt werden. Empfindliche Sträucher und Hochstämmchen bekommen eine luftdurchlässige Verpackung. Dies darf allerdings nicht zu früh geschehen, da sonst der vermeintliche Schutz mehr schadet als nutzt.

Natürlich muss auch der Teich winterfest gemacht werden. Dazu gehört es, dass die Pumpe in einen frostfreien Raum gebracht und im Teich ein Gräser- und Strohbündel befestigt wird, so dass die Fläche nicht vollkommen zufrieren kann.

Während des Winters sollte man Koniferen bei starken Schneefällen von der Last befreien, damit die Zweige nicht herunterbrechen. Ein besonderes Augenmerk gilt auch Immergrünen wie Rhododendren *(Rhododendron)*. Rollen sich die Blätter ein, ist dies ein Zeichen für Trockenheit. Sowie der Boden frostfrei ist, sollten diese Sträucher daher gut gewässert werden. Über die Blattoberfläche verdunstet nämlich stetig Wasser, das die Pflanzen aus dem gefrorenen Boden nicht ersetzen können.

Die Kunst der Garten-Gestaltung

Gestaltungstipps

Der Garten stellt für den Menschen ebenso einen Lebensraum dar wie für Pflanzen und Tiere. Hinsichtlich Harmonie und Wohlbefinden bedeutet dies, dass der wichtigste Gestaltungsfaktor der persönliche Geschmack sein sollte. Aller Anfang ist schwer, denn meistens kommt man in Zeiten des Umbruchs zu einem Garten. Auch wenn man den Wunsch nach der eigenen grünen Oase schon immer verfolgt hat, verbindet sich oft ein Umzug mit dem neuen „Betätigungsfeld". Vieles andere ist zu tun, da muss der Garten vorerst zurückstehen. Diese Zeit lässt sich aber gut nutzen, um herauszufinden, was einem gefällt. Sollen es zum Beispiel vor allem Rosen sein, oder möchten Sie vielleicht lieber einen Teich?

Hilfreich ist hierbei ein Büchlein, in das man stichpunktartig Notizen macht und Wünsche einträgt.
Auf diese Art und Weise werden aus Träumen erfüllbare Wünsche, denn im entscheidenden Moment haben Sie einen reichen Fundus an Ideen und können getrost an die Planung gehen. Man sollte sich jedoch grundsätzlich viel Zeit lassen. Säen Sie am Anfang lediglich eine Blumenmischung mit Einjährigen auf die Beete aus. So können Sie im Sommer den Garten zwischen bunten Blumen genießen, haben gleichzeitig aber Gelegenheit, die Gegebenheiten eingehend zu beobachten.
Im Folgenden werden die Grundlagen der Gestaltung beschrieben. Daneben soll eine Vielzahl von Beispielen zeigen, wie man ein perfektes Konzept für einen Garten mit persönlicher Ausstrahlung entwickelt.

**Bild links:
Sträucher geben dem Garten ein grünes Gerüst, aufgelockert durch Blüten wie die der gefüllten Deutzie und des Schneeballs**

**Bild rechts:
Gelbgold hebt sich der Sonnenhut gegen das violette Eisenkraut und den weißen Hibiscus ab**

Die Kunst der Gartengestaltung
Gestaltungstipps

Die verschiedenen Gartenräume

Jeder Garten hat verschiedene Bereiche, die unterschiedlich genutzt werden. Rosenbeete, Staudenrabatten, Sitzplatz, Komposthaufen, Hecke und Gartenteich beispielsweise sind solche Bereiche. Bei der Gartenanlage werden die einzelnen Räume einerseits unabhängig voneinander harmonisch gestaltet, andererseits aber wie ein Puzzle miteinander verknüpft, so dass ein harmonischer Gesamteindruck entsteht. Dabei ist die Art, wie die verschiedenen Bereiche getrennt bzw. verbunden werden, meist der Schlüssel. Ein bestimmtes Element zieht sich wie ein roter Faden durch die Gestaltung und schon greifen selbst unterschiedliche Themen geschickt ineinander. So ein roter Faden kann die symmetrische Aufteilung der Fläche oder aber auch die Grundform von Beeten und Elementen sein. Farben, Materialien, Gartenstil oder ein spezielles Thema stellen eine Verbindung zwischen den einzelnen Gartenräumen her.

Der Garten als solches sollte sich ebenfalls in die Umgebung einfügen. Hier spielt die Bebauung im direkten Umfeld eine wichtige Rolle. Je ausdrucksvoller ein Haus von seiner Architektur her ist, desto mehr sollte man darauf achten, dass der Gartenstil diese Richtung widerspiegelt. Bei einem Bauernhaus bedeutet dies beispielsweise die Anlage eines Bauerngartens oder Naturgartens. Welche Gartenräume Sie unbedingt im Garten haben möchten, legen Sie selber fest. Hierbei sollte man sich nicht nur von der Größe des Gartens beeinflussen lassen. Weiterhin sollten Sie sich überlegen, wie Sie die Gartenbereiche ordnen und welchem roten Faden die Gestaltung folgt.

So bekommt der Garten Struktur

Für die Schaffung einzelner Gartenbereiche ist es wichtig, die Flächen voneinander zu trennen. Bei einem Gartenteich ergibt sich die Trennung durch die Wasseroberfläche recht leicht. Bei einem Sitzplatz sorgt der Bodenbelag zwar bereits für eine optische Unterscheidung, dennoch möchte man die Fläche häufig zusätzlich durch wandähnliche Elemente abteilen. Für die optische und thematische Trennung kommen folgende baulichen und pflanzlichen Möglichkeiten in Betracht:

- **Zäune** sind die Klassiker unter den Raumteilern. Sie schließen in den meisten Fällen die Gesamtfläche des Gartens ein. Bei den verwendeten Materialien unterscheidet man zwischen Draht, Metall, Metall in Kombination mit Stein oder Beton und Holz.
- **Mauern** aus Naturstein oder Klinker haben eine recht massive Wirkung. Durch die Kombination mit Steingartenpflanzen, die in den Fugen wachsen, oder die Verwendung von Kletterpflanzen, die sich an dem Mauerwerk ausbreiten, entstehen jedoch stimmungsvolle Gartenbilder.
- **Wege** dienen im Garten der Verbindung einzelner Bereiche. Gleichzeitig trennt ein Weg die Fläche in verschiedene Teile, ohne die Sicht zu verdecken.
- **Hecken** sind die grünen Wände des Gartens. Man unterscheidet zum einen die relativ Platz sparenden Formschnitthecken, zum anderen die frei wachsenden Typen. Mit beiden Arten lassen sich attraktive Kulissen für Blumenbeete schaffen.
- **Einfassungen** kann man auch als Hecken en miniature ansehen. Sie bestehen häufig aus Pflanzen, zum Beispiel aus immergrünem Buchsbaum *(Buxus sempervirens)*. Daneben finden sich auch Einfassungen aus Steinen, Terrakottaelementen und Schmiedeeisen.
- **Sichtschutz und Raumteiler** lassen sich aus Holzelementen oder Metallkonstruktionen bauen. Sie bilden blickdichte Wände, die eine ausdrucksvolle Raumwirkung erzeugen.

Grüne Hecken verleihen dem Garten eine räumliche Wirkung, mit Buchsbaum (Buxus sempervirens) eingefasste Beete schaffen kleinere Abteilungen, in denen die lilablaue Katzenminze (Nepeta) blüht

Die Kunst der Gartengestaltung
Gestaltungstipps

Eine kleine Gartentypologie

Es gibt ganz unterschiedliche Gartentypen, die sich anhand verschiedener Kriterien bestimmen lassen. Ein sehr wichtiger Punkt ist dabei die Lage des Gartens.

Der **Vorgarten** befindet sich direkt zwischen Straße und Hauseingang. Bei der Gestaltung kommt vor allem dem Zusammenspiel von Haus und Bepflanzung eine besondere Bedeutung zu. Der Vorgarten sollte immer ein „Vier-Jahreszeiten-Garten" sein, da man ihn das ganze Jahr als Durchgang nutzt. Wichtig außerdem: Er sollte pflegeleicht sein.

Als **Hausgarten** gilt die Gartenfläche hinter dem Wohnhaus. Hier spielt sich das gesamte Gartenleben ab, weshalb man ihn auch als grünes Wohnzimmer ansehen kann. Auch bei diesem Gartentyp hat der Stil des Wohnhauses einen großen Einfluss. Zudem muss man die angrenzende Bebauung bzw. die natürliche Landschaft beachten, um eine harmonische Einbindung zu erreichen.

Der **Schreber- oder Kleingarten** liegt meist nicht direkt am Wohnhaus. Er bietet vielen Gartenliebhabern die Möglichkeit, ihr Hobby zu pflegen, und befindet sich vorwiegend in größeren Anlagen. Ein typisches Element im Schrebergarten ist ein kleines Haus oder ein Schuppen, für Gartenmöbel und Geräte.

Auch **Innenhöfe** lassen sich als Garten nutzen. Zwar ist die Grundfläche meist mit einem festen Belag versehen und bei Mehrfamilienhäusern auch allen Bewohnern zugänglich. Trotzdem kann man hier wunderschöne Topfgärten gestalten, die nicht nur eine Rückzugsmöglichkeit eröffnen, sondern auch das Grün im innerstädtischen Bereich vergrößern.

Mit Hilfe von **Dachgärten** versucht man möglichst viel Fläche für Pflanzen nutzbar zu machen. Garagen-, Gartenhaus- und auch Flachdächer bieten sich als ideale Standorte an: Beim Bau eines Dachgartens ist vor allem die Statik entscheidend, die dem Gewicht von Pflanzen, Substrat und eventuell gespeichertem Wasser gerecht werden muss. Daneben spielt auch die richtige Pflanzenwahl eine große Rolle, da auf einem Dach extreme Wachstumsbedingungen herrschen.

Unterscheidet man die Gärten nach der Stilrichtung, so ergeben sich die folgenden Gartentypen.

Formale Gärten haben einen sehr strengen Aufbau, der meist den Gesetzen der Symmetrie unterliegt. Die Gartenräume sind deutlich voneinander getrennt, Formschnittgehölze bzw. sehr regelmäßig wachsende Pflanzen wie Kugelbäume unterstreichen die symmetrische Note dieses klassischen Gartentyps.

Der **Naturgarten** stellt das genaue Gegenteil des formalen Gartens dar. Hier versucht man möglichst naturnahe Situationen nachzubilden. Die Bepflanzung besteht vorzugsweise aus heimischen Gewächsen und wo immer möglich, gibt man Tieren die Chance, sich anzusiedeln. Eine große Bedeutung kommt dabei der Pflanzenvielfalt zu.

Am häufigsten ist wohl der **freie Gartenstil**. Hierbei ordnet man die Gestaltung weder einer bestimmten Form unter noch richtet man sich nach den Vorbildern der Natur. Vielmehr bestimmen persönlicher Geschmack, bevorzugte Pflanzen sowie Nutzungsweise den Charakter dieser Gärten.

Auf eine sehr lange Tradition blickt der **Bauerngarten** zurück. Bei ihm dient die Fläche in erster Linie dem Anbau von Obst und Gemüse. Typisch sind die den Klostergärten entlehnten Beeteinfassungen. Erst relativ spät in der Geschichte hielten auch Blumen Einzug in die Bauerngärten. Vor allem großblumige und robuste Schönheiten, die keiner besonderen Pflege bedürfen, sind in diesen Gärten vorherrschend. Moderne Bauerngärten werden heute auch als Cottage- oder Countrygärten bezeichnet.

Weiterhin kann man Gärten durch die Art der Bepflanzung unterscheiden.

Die Königin der Blumen prägt den **Rosengarten**. Die Schönheit ihrer Blüten bestimmt den Garten; die Begleitpflanzen werden äußerst sorgfältig ausgewählt. Immergrüne sorgen für eine schöne Kulisse und dafür, dass auch der Winter ansehnliche Gartenbilder liefert. Die Rosenkavaliere dagegen sind meist kleinblumig oder von ausgesprochener Anmut, so dass sie auf keinen Fall den Rosen Konkurrenz machen.

Wo ausreichend Platz zur Verfügung steht, können die verschiedensten **Heidekräuter** das Bild bestimmen. Im Heidegarten sollte der Boden möglichst nährstoff- und kalkarm sowie sandig-humos sein. Zusammen mit Koniferen, robusten Ebereschen *(Sorbus)* und Birken *(Betula)*, Ginster *(Cytisus)* und Bartblumen *(Caryopteris)* bilden die sonnenliebenden Erikagewächse eine stimmungsvolle Landschaft.

Der **Schattengarten** ist durch einen reichen Gehölzbestand geprägt bzw. von einer sehr dichten hohen Bebauung eingerahmt. Hier wird man nur mit entsprechend Schatten verträglichen Gewächsen für einen stimmungsvollen Blumenschmuck sorgen können. Unter Laubbäumen hat der Schattengarten seinen Höhepunkt im Frühling, bevor die Bäume austreiben und nur noch relativ wenig Licht bis zum Boden gelangt.

Pflanzen in mobilen Gefäßen kennzeichnen den **Topfgarten**. Dieser Garten bietet sich an, wenn die nutzbare Fläche des Gartens gering ausfällt und zudem noch, wie beispielsweise in Innenhöfen, befestigt ist. Ein Topfgarten muss aber keinesfalls einem gewöhnlichen Garten mit angelegten Beeten nachstehen.

Weiterhin kann man so genannte **Wassergärten** und **Steingärten** unterscheiden. Da beide als Element in vielen Gärten auftreten, finden sich ab Seite 210 detaillierte Informationen über Planung, Anlage, Bepflanzung und Pflege dieser Gartentypen.

Die heutzutage wohl gängigste Bedeutung des Begriffs Garten lässt sich mit dem Wort **Wohn- oder Familiengarten** beschreiben. Es handelt sich hierbei um den Hausgarten, in dem sich das Familienleben abspielt. Viele verschiedene Wünsche wollen unter einen Hut gebracht werden. Die Kinder möchten im Garten toben und spielen, die Eltern dort Blumen heranziehen, sich erholen und auch mit Freunden gesellige Stunden verbringen. Dementsprechend ansehnlich und gemütlich muss das gleichzeitige Abenteuerparadies der Kinder und vielleicht sogar der Haustiere sein. Bei der Bepflanzung steht vor allem die Forderung nach pflegeleichten und strapazierfähigen Gewächsen im Vordergrund.

Das Vorbild für den Vier-Jahreszeiten-Garten ist die Natur, die sich im Laufe eines Gartenjahres immer wieder wandelt, aber dennoch jederzeit ihre ganz charakteristischen Elemente hat. Diese werden durch eine geschickte Gestaltung hervorgehoben und so erreicht man, dass die einzelnen Höhepunkte zwar als solche erhalten bleiben, man aber auch vorher und nachher zahlreiche Überraschungen entdecken kann. Ganz gleich, ob es sich um einen Bauerngarten oder einen Rosengarten handelt, Sie nur einen Vorgarten zur Verfügung haben oder im Schatten gärtnern müssen – jedes Fleckchen lässt sich in einen Vier-Jahreszeiten-Garten verwandeln.

Diese Gartenform gehört zu der höheren Kunst der Gartenplanung, da man nicht nur die Blüten, sondern den ganzen Lebensrhythmus der Pflanzen berücksichtigen muss. Gleichzeitig gewinnt der Garten an Lebendigkeit und wird nicht langweilig, wie beispielsweise eine Koniferenhecke, bei der die Unterschiede zwischen Sommer und Winter, Frühling und Herbst sich kaum bemerkbar machen.

Standort

Soll ein Garten gut gestaltet werden, müssen die Verhältnisse vor Ort bekannt sein. Hinsichtlich des Klimas unterscheidet man zwischen dem regionalen und dem im Garten vorherrschenden. Das regionale Klima ergibt sich aus der geographischen Lage. Hierbei lassen sich anhand von Durchschnittswerten für Temperaturen, Niederschlagsmengen, Sonnenscheindauer und Windverhältnisse Vorhersagen über die Gegebenheiten machen und dadurch bei der Pflanzenauswahl solche Gewächse herausgreifen, die mit diesen Bedingungen besonders gut zurechtkommen.

Das Gartenklima hängt zum einen von der Lage des Grundstücks, zum anderen von der Bebauung und dem Bewuchs ab. Befindet sich das Grundstück beispielsweise am Fuß eines Berges, so sammelt sich dort die kalte Luft. Es bleibt immer etwas kühler und die Blüten erscheinen später als beim Nachbarn, dessen Grundstück höher liegt. Ein Garten auf freier Fläche wird leicht vom Wind zerzaust, da es keine abschirmenden Bauten gibt. Beete in Hausnähe dagegen liegen etwas geschützt, weshalb es dort immer ein bis zwei Grad wärmer ist. Entsprechend niedriger fallen die Temperaturen jedoch an einer Nordwand aus, wo die Sonne nicht hingelangt. Solche Feinheiten muss man bei der Gartenanlage bedenken. Nicht selten verbirgt sich hinter diesen Details der Grund, warum die eine oder andere Pflanze nicht so gedeiht, wie Sie es sich vorstellen.

Boden

Der Boden gehört zu den wichtigsten Standortfaktoren. Neben Wasser und Nährstoffen bietet er den Pflanzen Gelegenheit, sich fest zu verankern. Ein bedeutender Anteil des Bodens besteht aus mehr oder weniger stark zersetztem Gestein. Daneben zählen auch Humus, das heißt die organische Substanz, und das so genannte Bodenleben zu den Bodenbestandteilen.

Böden setzen sich aus verschiedenen Schichten zusammen, die man schon mit bloßem Auge an der Färbung erkennen kann. Diese Schichten werden als Oberboden, Unterboden und Ausgangsgestein bezeichnet. Ganz oben befindet sich die Rotteschicht. Diese dunkelbraune bis fast schwarze Auflage besteht aus abgestorbenen Pflanzenresten, die von Bodenorganismen zerkleinert werden. Darunter liegt die Humusschicht. Sie setzt sich ebenfalls aus Pflanzenteilen zusammen, die aber schon wesentlich stärker verrottet sind. Auch sie enthält viele Bodenlebewesen. Rotte- und Humusschicht bilden zusammen den nährstoffreichen Oberboden, der zumeist 20–30 cm stark ist.

Im Garten sollte diese oberste Bodendecke besonders gut gepflegt werden. Zum einen vertragen die Bodenlebewesen keine allzu starke Sonneneinstrahlung, zum anderen müssen ausreichend Wasser und Luft für die Umsetzungsprozesse zur Verfügung stehen. Außerdem gerät diese Schicht leicht aus dem Gleichgewicht, da nur zu oft sämtliche Pflanzenteile sorgfältig abgesammelt oder weggeschnitten werden und dann der Humusneubildung nicht mehr zur Verfügung stehen.

Eine Mulchschicht ist die beste Methode, um die natürliche Zuführung von pflanzlichem Material zu ersetzen bzw. zu ergänzen.

An den Oberboden schließt sich gewöhnlich eine deutlich hellere Schicht an, die als Unterboden bezeichnet wird. Dieser besteht vorwiegend aus mineralischen Substanzen, deren Zusammensetzung vom darunter liegenden Ausgangsgestein abhängt.

Unterboden und Ausgangsgestein spielen bei der Gartengestaltung eher eine untergeordnete Rolle, falls sie nicht gerade hoch anstehen und dann die Errichtung von Bauten bzw. das Pflanzenwachstum erschweren.

Für die Bodenart ist die Größe der mineralischen Körnchen ausschlaggebend. Je nach Zusammensetzung unterscheidet man Sand-, Schluff- und Lehm- bzw. Tonböden. Sandkörnchen sind am größten, Tonteilchen am kleinsten, Schluff liegt dazwischen. Lehm hingegen stellt

TIPPS & HINWEISE

Kaufen Sie Pflanzen am besten in örtlichen Gärtnereien. Hier kann man Sie am besten beraten, was beim vorherrschenden Klima gut und ohne Krankheiten wächst und auch den Winter problemlos übersteht. Die modernen Phloxsorten (Phlox paniculata) beispielsweise bekommen im heißen Weinbauklima viel leichter Mehltau als in Seenähe. Grund hierfür ist die wesentlich trockenere Luft sowie die geringere Luftbewegung.

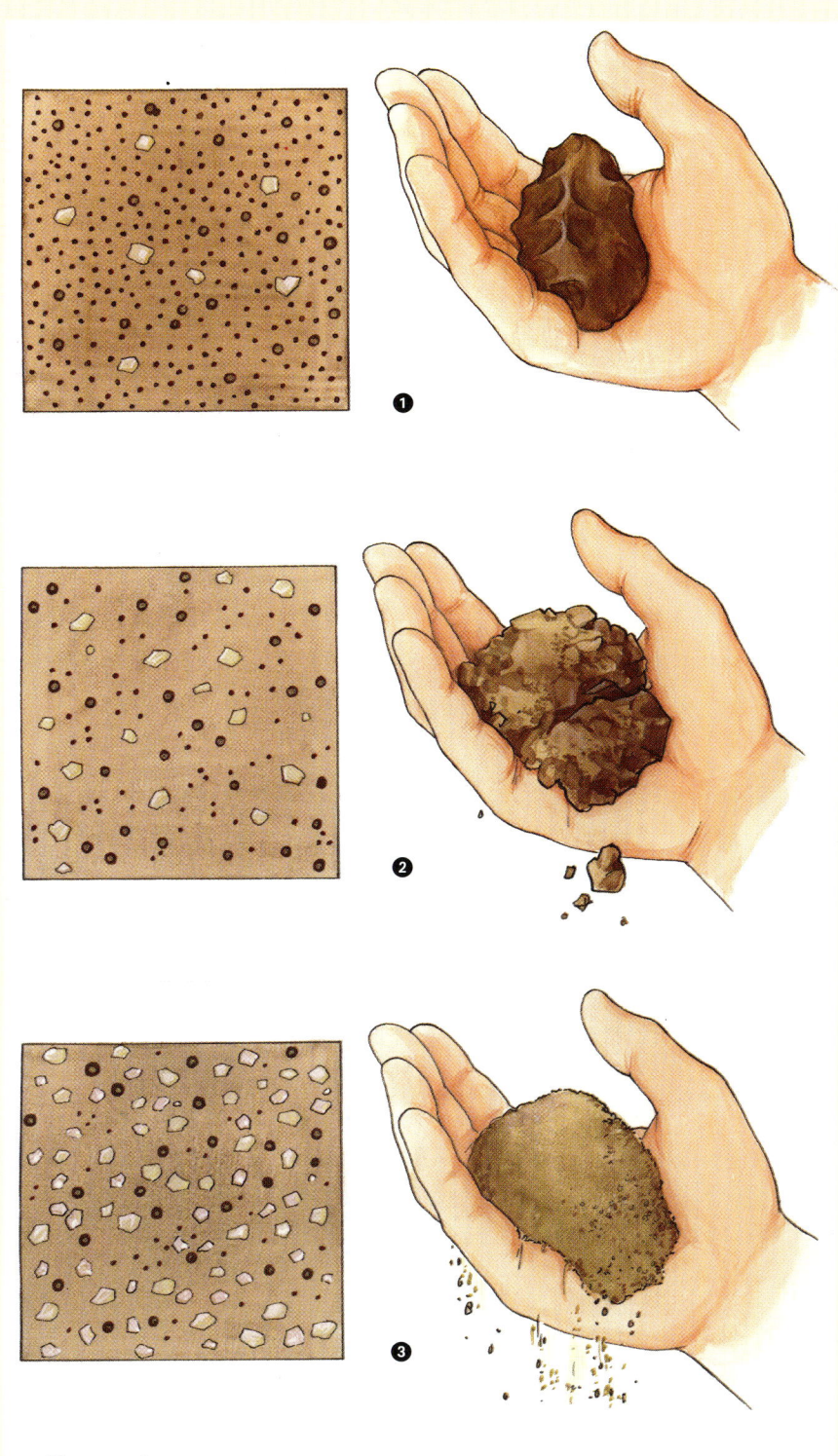

Die Kunst der Gartengestaltung
Gestaltungstipps

eine Mischung aus diesen drei Körnchentypen dar. Je größer die einzelnen Partikel sind, desto größer fallen auch die Hohlräume (Poren) zwischen den Teilchen aus. Dies hat einen Einfluss auf so wichtige Bodeneigenschaften wie Luft- und Wasserhaushalt. Ein Sandboden mit großen Körnchen enthält viel Luft und weist eine hohe Wasserdurchlässigkeit sowie eine schnelle Erwärmbarkeit auf. Nährstoffe allerdings werden eher schlecht gebunden. Ein Tonboden mit kleinen Poren enthält dagegen weniger Luft, die Wasserspeicherkraft ist hoch. Auch können an den Tonpartikeln reichlich Nährstoffe haften. Andererseits tritt eine deutliche Neigung zur Vernässung und eine verzögerte Erwärmbarkeit auf. Bei Schluff- und Lehmböden sind diese Eigenschaften eher ausgeglichen.

Die Bodeneigenschaften können durch Humus im Tonboden verbessert werden. Zum einen entstehen durch Humus im Tonboden größere Bestandteile, zum anderen speichert er Feuchtigkeit, was sich bei einem Sandboden positiv auswirkt.

Vielfach wird auch von schweren und leichten Böden gesprochen. Diese Begriffe bezeichnen lediglich, wie schwer bzw. leicht sich ein Boden bearbeiten lässt. Ein Sandboden ist immer relativ locker und daher leicht umzugraben. Tonböden dagegen kann man nur mit sehr viel Kraftaufwand lockern und bearbeiten.

Fingerprobe:
❶ Tonböden lassen sich in den Händen gut kneten und fallen nicht auseinander
❷ Ein schluffhaltiger Boden zerfällt wie ein Streuselteig, wenn man ihn mit den Händen knetet
❸ Ein sandiger Boden zerfällt, wenn man ihn mit den Fingern kneten will

Wichtige Eigenschaften des Bodens

■ **Bodenwasser:** Der Wassergehalt eines Bodens wird nicht nur durch die Bodenart bestimmt. Wichtige Einflussfaktoren sind auch der Grundwasserstand, die Niederschlagsmenge und die Luftfeuchtigkeit. Außerdem spielen Bewuchs und Sonneneinstrahlung eine Rolle.

■ **Bodenluft:** Da die Wurzeln und Bodenlebewesen für ihre biologischen Prozesse Sauerstoff benötigen, enthalten die luftgefüllten Poren relativ viel Kohlendioxid, das Abfallprodukt dieser Atmungsprozesse.

TIPPS & HINWEISE

So lernen Sie Ihren Gartenboden kennen

- **Fingerprobe:** So wie auf Seite 35 dargestellt, können Sie erste Informationen über den Boden bzw. die Bodenart erhalten.
- **pH-Wert testen:** Mit einfachen Tests aus dem Fachhandel lässt sich der Säuregrad des Bodens ermitteln.
- **Bodenanalyse:** Man kann auch Bodenproben an ein Labor einschicken. Dort wird neben dem pH-Wert der Nährstoffgehalt des Bodens untersucht. So lassen sich dem Boden gezielt Mineralien zuführen. Mangelerscheinungen bzw. Überdüngung werden auf diese Weise vermieden.

■ **Bodentemperatur:** Bei den Umsetzungsprozessen im Boden entsteht Wärme. Außerdem erwärmt sich ein dunkler Boden wesentlich schneller als ein heller. Gleichzeitig fördert die Wärme im Boden in gewissem Maße die Wachstumsprozesse der Pflanzen.

■ **pH-Wert:** Der pH-Wert eines Bodens beschreibt die Konzentration der vorhandenen Wasserstoffionen im Boden und damit die chemische Reaktion. Ein pH-Wert unter 7 gilt als sauer, während der Bereich über pH 7 als basisch bzw. alkalisch bezeichnet wird. pH 7 kennzeichnet eine neutrale Reaktion. Pflanzen haben unterschiedliche Vorlieben für den einen oder anderen pH-Bereich. Rhododendren beispielsweise bevorzugen saure Böden. Durch Zugabe von Humusstoffen lässt sich der pH-Wert senken. Kalk dagegen erhöht den pH-Wert.

Licht

Ohne Licht ist kein pflanzliches Leben möglich. Daher kommt diesem Standortfaktor eine besonders wichtige Rolle zu. Die Pflanzen gewinnen mit Hilfe des Lichts aus dem Kohlendioxid der Luft und des Wassers Sauerstoff und Kohlenhydrate (Energie). Dieser Vorgang wird als Photosynthese bezeichnet. Je nach Lage können verschiedene Belichtungssituationen auftreten; sonniger, halbschattiger und schattiger Standort. In der Natur haben sich die Pflanzen an diese unterschiedlichen Situationen angepasst. Daher unterscheidet man Schattenpflanzen und solche für sonnige bzw. halbschattige Standorte.

Das Maß, in dem ein Garten der Sonne ausgesetzt ist, hängt von seiner Ausrichtung ab. Gleichzeitig haben natürlich hohe Häuser oder Bäume Einfluss auf den Lichteinfall. Die Sonne wandert im Tagesverlauf von Osten nach Westen, so dass einzelne Gartenteile unterschiedlich stark von der Sonne beschienen werden. Sollen die Pflanzen gut gedeihen, müssen sie den Lichtverhältnissen entsprechend ausgewählt werden: Eine Schattenpflanze verträgt keine pralle Mittagssonne, während Sonnenanbeter am kühlen, schattigen Gehölzrand nicht zurechtkommen. Neben diesem Aspekt hat die Besonnung bei der Gartengestaltung auch Auswirkung auf die Nutzung einzelner Standorte. Besonders bei Sitzplätzen ist es wichtig, genau abzuwägen, ob man morgens, mittags oder abends Sonne haben möchte. Natürlich kann man durch Sonnenschirme, Markisen oder Sonnensegel die Situation den eigenen Wünschen anpassen. Es ist jedoch wichtig, dass Sie vor der Planung schauen, wie sich Licht und Schatten im Garten verteilen. Am besten zeichnen Sie sich auf einem Gartenplan die unterschiedlichen Lichtsituationen morgens, mittags und abends ein. Beobachten Sie dabei unbedingt, ob die Sonne vielleicht zeitweise hinter Gebäuden oder „Hindernissen" anderer Art verschwindet. Natürlich muss dies auch beim Erstellen des Pflanzplanes beachtet werden, vor allem wenn mannshohe bzw. noch größere Gewächse Einzug in den Garten halten und einige Bereiche dann plötzlich im Schatten liegen.

Wind

Je ungeschützter das Gelände, desto stärker bläst der Wind über diese Fläche. Zwar heizt sich der Garten im Sommer niemals besonders stark auf, aber es bleibt gleichzeitig immer recht frisch. Daher kann es auch im Hochsommer mitunter zu kühl sein, um hier die Sonne zu genießen. Zudem knicken Blütenstiele leichter um, und die Temperaturunterschiede wirken sich eventuell wachstumshemmend aus. Es ist daher wichtig, dass Sie in windreichen Gegenden bzw. bei frei liegenden Grundstücken für ausreichenden Windschutz, zum Beispiel durch Hecken, sorgen. Auch mit einer Modellierung des Bodens lässt sich etwas Schutz erreichen.

So genannte Senkgärten, bei denen der Garten in einer Mulde angelegt wird, verbessern das Klima für die Pflanzen und sorgen für eine angenehme Atmosphäre. Auch mit dichten Büschen oder undurchsichtigen Lamellenzäunen kann man Sitzplätze abschirmen.

Pflanzen

Neben baulichen Elementen geben Pflanzen dem Garten eine Struktur. Vor allem verholzende und ausdauernde Arten tragen dazu bei, dass die Anlage ein eigenes Gesicht bekommt.

Für Abwechslung sorgen dagegen die eher kurzlebigen, krautigen Pflanzen, die man als Ein- und Zweijährige bezeichnet. Die Vielfalt ist unermesslich, da dem Hobbygärtner neben den heimischen Pflanzen eine große Zahl von fremden Gewächsen zur Verfügung steht. Einige stammen aus milderen Klimaten und sind daher bei uns nicht winterhart. Sie werden als Einjährige gezogen oder aber frostfrei überwintert.

Morgens

Mittags

Abends

Je nach Sonnenstand verändert sich die Lichtsituation in den Beeten. Und natürlich hängt der Sonnenstand auch von der Jahreszeit ab. Die dunkelgrünen Schattenbereiche treten bei hohem Sonnenstand im Sommer auf, die hellgrünen sind dagegen typisch für Frühling und Herbst

> **TIPPS & HINWEISE**
>
> Die natürliche Pflanzenvielfalt wird durch die Züchtung laufend vergrößert. Dabei werden Pflanzen mit bestimmten Qualitäten ausgelesen oder aber man kreuzt gezielt ausgewählte Pflanzen, um Nachkommen mit neuen bzw. verbesserten Eigenschaften zu bekommen. Solche Pflanzen erhalten dann einen Sortennamen. Vielfach lassen sich Sorten nur durch Teilung oder Stecklinge vermehren, da sonst ihre speziellen Eigenschaften nicht erhalten bleiben. Das breit gefächerte Rosenangebot beispielsweise ist ein Produkt der Züchtung.

Gehölze

Bäume heben sich durch ihre Größe und ihr Lebensalter von anderen Gehölzen ab. Sie erreichen im Extremfall Höhen von bis zu 100 m.

Für den Garten gibt es zahlreiche niedrigere Arten, die sich von den Proportionen her gut in kleinere Flächen einfügen lassen. Ein Baum besteht zumeist aus einem Stamm und einer Krone, die sich erst in einiger Entfernung vom Erdboden entwickelt. Seltener verzweigt sich der Stamm bereits dicht über dem Boden, so dass ein mehrstämmiger Baum entsteht. Anhand der Kronen kann man verschiedene Wuchsformen unterscheiden.

Sträucher bleiben in der Regel kleiner als Bäume. Sie zeichnen sich dadurch aus, dass aus der Erde zahlreiche gleichwertige Äste treiben, die das Pflanzengerüst bilden. Diese Äste verzweigen sich wiederum. Sträucher können sich im Laufe der Zeit vergrößern bzw. verjüngen, indem neue Triebe aus den Wurzeln wachsen. Auch Rosen gehören zur Gruppe der Sträucher.

Halbsträucher stellen den Übergang zu den Stauden dar. Sie bilden Triebe, die teilweise oder ganz verholzen. Von der Erscheinung und der Verwendung ähneln die Halbsträucher eher Stauden als Gehölzen.

Daneben gibt es zwei weitere Wuchsformen, die **Bodendecker** und die **Kletterpflanzen.** Diese Bezeichnungen charakterisieren das Erscheinungsbild recht klar. Bodendecker breiten ihre Zweige flach auf dem Boden aus und überwuchern so große Flächen. Kletternde Gehölze bilden keinen stabilen Stamm, so dass sie nicht von selber aufrecht stehen können. Vielmehr sind sie auf die Hilfe von Ranken, Haftorganen oder schlingende Triebe angewiesen, die für ausreichenden Halt an anderen Pflanzen oder sonstigen „Kletterhilfen" sorgen.

Laubgehölze erkennt man an den typischen Laubblättern. Bei sommergrünen Bäumen treiben im Frühling aus den Knospen junge Blätter, die bis zum Herbst an den Zweigen sitzen. Wenn der Winter naht, werden die Inhaltsstoffe zurück in den Stamm und die Wurzeln verlagert. Dieser Prozess bewirkt, dass sich das Blätterkleid verfärbt. Die Blätter sterben schließlich ab und fallen zu Boden. Im Unterschied dazu gibt es immergrüne Gehölze, die ihr Blattwerk auch im Winter tragen. Meist hat dieses Laub eine besonders derbe, ledrige Struktur. Je nach Alter der Blätter und Pflanzenwachstum wird neues Laub gebildet und älteres Laub abgeworfen. Dieser Wechsel unterliegt jedoch nicht dem Rhythmus der Jahreszeiten. Laubgehölze können auffällig schöne Blüten und dekorativen Fruchtschmuck tragen. Zahlreiche Arten eignen sich aufgrund dieser Eigenschaft für eine besondere Verwendung im Garten.

Nadelgehölze bilden schmal lanzettliche Nadeln oder blattartige Schuppen. Diese sind meist sehr hart und von einer wachsartigen Schicht überzogen. Die meisten Nadelgehölze gehören zu den immergrünen Pflanzen, es gibt aber auch Ausnahmen wie die Lärche *(Larix),* die im Herbst ihre Nadeln abwirft. Nadelbäume blühen meist recht unscheinbar, können dafür aber wunderschöne Zapfen bzw. Früchte tragen.

Typische Wuchsformen von Bäumen

Säulenförmige Gehölze bilden eine Krone, die den Stamm nach oben verlängert und sich kaum zu den Seiten hin vergrößert. Derar-

Die Kunst der Gartengestaltung
Gestaltungstipps

Sehr unterschiedlich können die Wuchsformen und -höhen der Gehölze sein. Die im Umriss angedeutete Größe eines durchschnittlichen Wohnhauses macht die Relationen deutlich.
❶ großer Baum, z.B. Linde (Tilia), ❷ mittelgroßer Baum, z.B. Himalaya-Zeder (Cedrus), ❸ Säulenform, z.B. Raketenwacholder (Juniperus virginiana 'Blue Arrow'), ❹ kugelkroniger Baum, z.B. Kugelesche (Fraxinus), ❺ trichterförmiger Wuchs, z.B. Wacholder (Juniperus rigida), ❻ Zwergstrauch, z.B. Ginster (Cytisus), ❼ Trauer- bzw. Hängeform, z.B. Hängebirke (Betula pendula), ❽ Strauch, z.B. Schneebeere (Symphoricarpos), ❾ kleiner Baum, z.B. Fächerahorn (Acer palmatum), ❿ Großstrauch, z.B. Felsenbirne (Amelanchier), ⓫ Bodendecker, z.B. Kriechmispel (Cotoneaster)

tige Bäume kann man durch Reihenpflanzung sehr gut zur Geltung bringen und so Linien in die Landschaft zeichnen. Als Solitär eignen sich diese Bäume dann, wenn Sie einen Baum suchen, der wenig Schatten wirft.

Kegelförmigen Wuchs kennt man vor allem von den Nadelgehölzen. Die Krone ist unten weit aufgestellt und läuft nach oben hin spitz zu. Auch bei den Laubbäumen ist diese klassische Form verbreitet.

Kugelige Kronen müssen nicht unbedingt durch Formschnitt erzogen sein. Es gibt auch einige Laubgehölze, die ihr Astwerk ganz natürlich derartig regelmäßig aufbauen. Meist bleiben die Kronen klein, weshalb diese Bäume sehr gut in kleine Gärten passen. Man kann Kugelbäume gut als Blickfang einsetzen.

„Trauerformen" sind meist auf einen Stamm veredelt. Die Äste hängen nach unten wie Schleppen und wirken besonders dekorativ. Auch hier sind klein bleibende Sorten bekannt.

Stauden

Stauden übernehmen im Garten eine wichtige Funktion als Blütenpflanzen. Botanisch versteht man unter diesem Begriff ausdauernde krautige Gewächse, deren oberirdische Sprossteile meist im Winter erfrieren oder eintrocknen. Nur die unterirdischen Pflanzen-

❶ aufrecht wachsender Horst,
   z. B. Herbstaster (Aster)
❷ Polsterpflanze,
   z. B. Grasnelke (Armeria)
❸ mattenbildende Pflanze,
   z. B. Hornkraut (Cerastium)
❹ rosettenförmige Staude,
   z. B. Hauswurz (Sempervivum)
❺ eintriebige Pflanze,
   z. B. Fingerhut (Digitalis)
❻ übergeneigt wachsender Horst,
   z. B. Tränendes Herz (Dicentra)

teile überdauern den Winter und treiben im Frühling neu aus.
Die typische Wuchsform der Stauden ist der **Horst**. Bei diesem erscheinen die relativ kräftigen, stark belaubten Triebe dicht nebeneinander aus der Erde, wachsen in die Höhe und tragen schließlich üppige Blütenstände. Stauden können zwischen wenigen Zentimetern und etwa 3 m hoch werden.
Von den horstartig wachsenden Stauden können zahlreiche andere Wuchsformen unterschieden werden. Kommen die Triebe nicht dicht nebeneinander aus der Erde, sondern in weiterem Abstand, so spricht man von **Ausläufer bildenden Stauden**. Ebenso können die Ausläufer direkt auf dem Boden aufliegen. Mitunter bilden sich an der Unterseite der Ausläufer neue Wurzeln. Diese Wuchsform wird häufig auch als bodendeckend oder teppichbildend bezeichnet.
Polster bildende Stauden entwickeln flache Matten oder kleine kompakte Kissen, die eine kugelige Form aufweisen. Vielfach findet man diese 5–20 cm hohen Pflanzen unter den Steingartengewächsen.
Sitzen die Blätter kreisförmig um ein Zentrum, so spricht man von **rosettenförmigen Stauden**. Diese Pflanzen vergrößern sich durch die Bildung von so genannten Tochterrosetten.
Eine besondere Form der Stauden sind die winterharten **Zwiebel- und Knollenpflanzen**. Diese Pflanzen bilden unterirdische Speicherorgane, die der Überwinterung dienen. Gärtnerisch unterscheidet sich die Anzucht dieser Pflanzen stark von denen der anderen Stauden. Daher wird diese Gruppe häufig separat betrachtet. Die Wuchsform der Zwiebelpflanzen ist meist eintriebig. Ein horstartiger Wuchs entsteht nur, wenn im Boden mehrere Zwiebeln dicht nebeneinander liegen. Bei den Knollenpflanzen kommen buschig und horstartig wachsende Pflanzen häufiger vor, da an einer Knolle mehrere Triebknospen sitzen können. Da in dieser Gruppe zahlreiche Exoten zu finden sind, die aus anderen Klimagebieten stammen, trifft man in den Gärten viele frostempfindliche Zwiebel- und Knollenpflanzen an. Ein Beispiel hierfür sind die Dahlien *(Dahlia)*, die sich trotz des hohen Arbeitsaufwandes großer Beliebtheit erfreuen.
Eine weitere Besonderheit der Stauden sind immer- und wintergrüne Formen. Als wintergrün werden solche Stauden bezeichnet, die ihr Laub erst nach dem Winter komplett erneuern. Die immergrünen Stauden weisen selten eine horstartige Wuchsform auf. Polster, Rosetten und Ausläufer treibende Arten bleiben dagegen ausgesprochen häufig das ganze Jahr über belaubt. In der Gartengestaltung werden diese Pflanzen besonders geschätzt, da sie eine Bereicherung für die blütenarmen Monate am Ende des Gartenjahres sind.

Einjährige

Der Lebenszyklus der Einjährigen ist auf eine Saison begrenzt. Der Samen keimt im Frühjahr, im Sommer blühen die Pflanzen. Sie bilden bis zum Herbst neue Samen, die das Überleben im nächsten Jahr sichern. Meist samen sich diese Pflanzen auch im Garten aus. Neben den „natürlichen" Einjahresblumen gibt es zahlreiche Stauden, die in unseren Breiten den Winter nicht überstehen und daher genau wie Einjährige gezogen werden.
Bei den Einjährigen existieren unterschiedliche Wuchsformen, von eintriebig über Polster bildend bis zu dichtbuschigen Horsten. Eine Besonderheit sind Kletterpflanzen, die sich mit Ranken oder schlingend in die Höhe ziehen.

Zweijährige

Zweijährige ähneln stark den einjährigen Pflanzen. Sie brauchen allerdings eine winterliche Ruhepause, bevor sie Blütenknospen bilden. Meist sät man die Zweijahresblumen in den Sommermonaten und pflanzt die jungen Rosetten im zeitigen Herbst. Im anschließenden Frühjahr bilden sich Blüten, was zum Teil mit einer Streckung der Rosette einhergeht. Verhindert man den Samenansatz durch Rückschnitt, so sterben die Pflanzen nach der Blüte nicht ab, sondern wachsen ein weiteres Jahr.

Farbe in der Gestaltung

Jedes Gartenbild wird unter anderem von seinen Farben geprägt. Wenn man nun einen Garten gestaltet oder auch Pflanzen für ein einziges Beet auswählt, so muss man sich wie ein Maler mit den Farben von Blättern und Blüten, Rinde und Boden, Baumaterialien und Gartenschmuck beschäftigen. Schließlich soll ein möglichst harmonisches und stimmiges Bild entstehen, das als Ganzes aus dem Zusammenspiel der Farben aller Komponenten lebt.

Kleine Farbenlehre

Wer keine Erfahrung im Umgang mit Farbe hat oder sich unsicher ist, der findet auch als Gärtner in der allgemeinen Farbenlehre die beste Anleitung. Man unterteilt die Spektralfarben in Primär- und Sekundärfarben. **Primärfarben** sind reine Farben, die sich nicht durch Mischen herstellen lassen, also Rot, Gelb und Blau. Die **Sekundärfarben,** Orange, Grün, Lila, stellen dagegen Mischungen von jeweils zwei Primärfarben dar – nämlich Gelb und Rot, Blau und Gelb bzw. Rot und Blau. Auf dem Farbkreis sind alle Farben systematisch angeordnet. Und zwar folgt auf eine Primärfarbe immer eine Sekundärfarbe. Letztere ist das Produkt der beiden Primärfarben, zwischen denen sie liegt. Die ein-

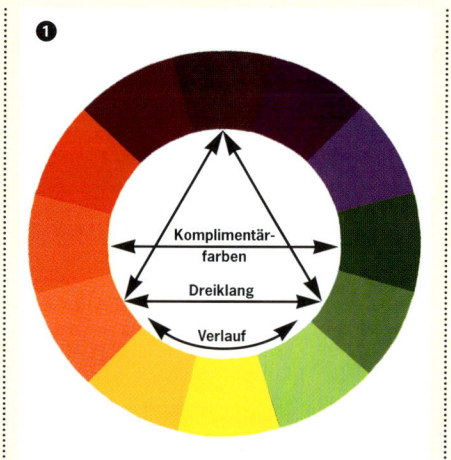

❶ Mit Hilfe eines Farbkreises lassen sich stets neue, miteinander harmonierende Farben zusammenstellen

❷ Legt man durch den Farbkreis eine Gerade, so kennzeichnen die beiden Endpunkte die Farben, die in stärkstem Kontrast zueinander stehen. Solche Komplementärfarben wirken immer spannungsreich und lebhaft

❸ Legt man ein Dreieck in den Kreis, weisen seine Spitzen immer auf drei zueinander passende Farben. Bei einem gleichseitigen Dreieck entsteht dabei ein stark kontrastierendes Farbentrio, während ein spitzwinkeliges, gleichschenkeliges Dreieck eine nicht ganz so kräftige Kombination ergibt

❹ Wählt man ein Kreissegment aus, so erhält man einen Farbverlauf. Die beste Wirkung erzielt man, wenn die Farbtöne eines Viertel- oder Drittelkreises verwendet werden

zelnen Farben werden dabei als Verläufe dargestellt, so dass man zahlreiche Nuancen findet.
Den Farbkreis können Sie nun nutzen, um Töne zu ermitteln, die gut zueinander passen. Zwei bis drei nebeneinander liegende Farben lassen sich bedenkenlos kombinieren. Sie stellen einen so genannten **Farbverlauf** dar.
Um weitere Zusammenstellungen zu finden, legen Sie in den Farbkreis ein gleichseitiges Dreieck. Auf diese Weise verbinden Sie Töne miteinander, die trotz eines starken Kontrastes harmonische Partner darstellen. Diese Kombination wird gern als **Dreiklang** bezeichnet. Man kann das Dreieck auch etwas spitzer oder stumpfer gestalten, um harmonische Farbkombinationen zu erzielen. Je spitzer das Dreieck dabei ausfällt, umso milder werden die Kontraste. Hat man erstmal etwas Erfahrung mit den Dreiklängen gesammelt, lassen sich auch mit anderen geometrischen Formen stimmige Kombinationen aus dem Farbkreis nachvollziehen.
Daneben ergänzen sich auch die so genannten **Komplementärfarben** gut. Diese liegen sich im Farbkreis genau gegenüber und stellen den größtmöglichen Kontrast dar.
Es handelt sich immer um eine Sekundär- und eine Primärfarbe. Würde man die beiden Farben im Malkasten mischen, so ergänzten sie sich zu Schwarz, da alle Primärfarben enthalten sind. Gängige Komplementärkontraste sind Orange und Blau, Grün und Rot, Lila und Gelb.
Ton-in-Ton-Kombinationen werden gebildet, indem man zwar den gleichen Farbton verwendet, diesen aber in der Helligkeit bzw. Intensität variiert. Werden die dunkleren oder helleren Nuancen sehr akzentuiert eingesetzt, gewinnt eine solche Gestaltung an Lebendigkeit. Sie sollten bei Blütenpflanzen jedoch auch auf unterschiedliche Blütenformen achten, die in Rabatten für Abwechslung sorgen, gleichzeitig aber selbst auf diese Weise einmal sehr hübsch in Szene gesetzt werden.

Farben, die keine sind

Neben den Spektralfarben spielen auch die so genannten „Unfarben", Weiß und Schwarz, eine Rolle. Mischt man diese miteinander, so entsteht Grau, das häufig als Blattfarbe auftaucht, zum Beispiel bei der Edelraute *(Artemisia)*. Daneben kann man die Spektralfarben mit Schwarz und Weiß verändern. Pastelltöne entstehen, wenn man Weiß hinzufügt. Diese Farbtöne wirken sehr leicht und zart und lassen sich sehr gut miteinander kombinieren. Graues Laub ergänzt eine solche Pflanzengruppierung. Gibt man Schwarz zu einer Spektralfarbe, so entsteht eine so genannte Abschattierung. Diese Farben wirken dumpf und drückend. In der Gartengestaltung verwendet man sie daher seltener.

Farben und Licht

Die Wirkung einer bestimmten Farbe hängt stark von der Sonnenstrahlung ab. Bei sonnigem Wetter wirken leuchtende Farben noch intensiver. Helle Farben mit viel Weiß kommen dagegen bei trübem Licht besonders gut zur Geltung, da sie dann viel stärker strahlen als die Umgebung. Eine dunkle Farbe wird durch Sonnenlicht belebt, da sich der Farbton im Schatten nicht voll entfalten kann. Zusätzlich beeinflusst die Beschaffenheit einer Oberfläche die Wirkung der Farbe. Glatte, wachsartige Oberflächen glänzen und reflektieren dadurch Licht. Bei flachem Sonnenstand erfährt der Farbton eine Aufwertung. Steht die Sonne dagegen hoch, spiegelt sie sich in der Oberfläche, die das Auge dann als Weiß wahrnimmt. Raue Oberflächen dagegen lassen eine Farbe immer matt erscheinen, da sie das Licht quasi schlucken. Die Farben darunter wirken immer etwas dunkler und gegebenenfalls trist. Vermeiden Sie auf solchen Oberflächen zusätzliche Licht- und Schattenspiele.

Farben und ihre Wirkung

Jeder Farbton hat seine ganz eigene Wirkung. Ein Gesichtspunkt ist dabei die Temperatur einer Farbe. Alle Farbtöne, die Rot enthalten, strahlen Wärme aus. Farben mit Blau stellen das genaue Gegenteil dar, sie wirken kühl. Bei Lila, das Blau und Rot enthält, ist die Temperatur hingegen in etwa ausgeglichen. Weißanteile in Pastelltönen sorgen für eine Abkühlung. Diese verschiedenen Farbtemperaturen erzeugen Gefühle und schaffen dadurch im Garten eine bestimmte Atmosphäre.

Ein Beet beispielsweise mit rot und orange blühenden Pflanzen weckt ein Gefühl von Gluthitze. Im Unterschied dazu wirkt eine Pflanzenauswahl mit blauen und gelben Blüten erfrischend, genau das Richtige für ein Beet in der prallen Sonne. Im Schatten dagegen erzeugen goldgelbe und orangefarbene Blüten eine angenehm warme Stimmung.

Je intensiver eine Farbe leuchtet, umso näher erscheint sie. Die Leuchtkraft zieht das Auge geradezu an, wodurch man sich einer kräftigen Farbe nur schwer entziehen kann. Diesen Effekt muss man bei der Verwendung beachten, denn er wirkt sich auch auf das Raumgefühl aus. Eine Rabatte mit leuchtend orangeroten Blüten am Gartenrand lässt den Garten kleiner erscheinen als beispielsweise duftige Blütenberge in hellen Pastelltönen. Diese Farben heben sich selbst am Horizont nicht vom Himmel ab und dadurch verschwimmen die Grenzen. Gleichzeitig kann eine leuchtende Blütenpflanze als markanter Punkt im Garten auch ein Blickfang sein, der das Auge zu einer kleinen Bank am Wegesrand lenkt und damit auch die Gartenbewohner in diese Richtung lockt.

Farbigkeit bedeutet Vielfalt, wenn man verschiedene Farben benutzt. Dabei wirkt das Grün der Blätter in den Zwischenräumen als beruhigender Hintergrund. Je größer die Grünanteile sind, desto mehr Töne lassen sich zwar einsetzen, desto stärker zerfällt aber auch der Zusammenhalt der Farben. Damit verliert die Gestaltung schnell ihre Wirkung. Etwas anderes dagegen ist es, wenn Sie die Farben räumlich voneinander trennen. Dann können Sie gleichzeitig viele verschiedene Nuancen in einem Garten verwenden. Sie erzeugen auf diese Art auch jeweils andere Stimmungen in den einzelnen Räumen, so dass man die Unterschiede ganz deutlich wahrnimmt und vor dem geistigen Auge viele verschiedene Gartenbilder erhalten bleiben. Je weniger Farben man benutzt, desto kompakter ist die Wirkung.

Farben und Jahreszeiten

Jede Jahreszeit hat ihre eigenen Farben. Der Vorfrühling trägt pastellfarbene und blaue Blütenkleider, der Lenz dagegen knallige Töne. Der Hochsommer feiert sich mit kräftigem Gelb, während die Anfänge des Sommers noch in reinen Farbtönen gemalt werden. Der Altweibersommer greift zu den romantischen Pastelltönen, der goldene Oktober zu glühendem Rot, Orange und warmem Gelb. Und der Winter präsentiert sich in fahlen, zurückhaltenden Tönen, wenn nicht gerade Schnee und Eis für ein weißes Kleid sorgen und so den Kontrast zum Dunkelgrün der Immergrünen herausarbeiten. Durch die Wahl der Farben kann man Jahreszeiten gezielt in den Garten holen oder einzelne Stationen im Jahreslauf überspringen. Wer bereits etwas Übung und Erfahrung in der Farbgestaltung hat, sollte einmal versuchen ein und dasselbe Beet in jeder Jahreszeit unter ein farbliches Motto stellen – mit ein und denselben Pflanzen. Dabei lösen sich Stauden und Sträucher mit der Blütezeit ab, gleichzeitig finden bei der Auswahl der Fruchtschmuck, die Herbstfärbung der Blätter und die Farbe der Rinde besondere Beachtung.

Weiß, die kleine Ausnahme

Das reine Weiß kann man nicht als Farbe bezeichnen, denn eine weiße Fläche reflektiert alle Spektralfarben, im Gegensatz zu einer schwarzen, die alle Farben absorbiert. Weiß kommt aber im Pflanzenbereich relativ häufig vor, näm-

Wunderschönes Farbenspiel von Katzenminze (Nepeta nervosa), Eisenkraut (Verbena) und spanischem Gänseblümchen (Erigeron karvinskianus)

Die Kunst der Gartengestaltung
Gestaltungstipps

lich immer dann, wenn die Pflanzenteile keine farbigen Pigmente enthalten.

Zusammen mit dem Grün der Blätter wirkt Weiß sehr elegant und edel. Es entsteht eine Kombination, die sehr viel Ruhe ausstrahlt. Gerade auf Terrassen und an Sitzplätzen kann diese Wirkung eine angenehme Kraft entwickeln, die einen hübschen Kontrast zum sonst bunten und munteren Treiben im Garten bildet.

Auch das Zusammenspiel mit Licht sollte man bei Weiß nicht unterschätzen. Schließlich lassen sich durch weiße Blüten schattige Eckchen heller und dadurch freundlicher gestalten, da die weißen Flächen wie eine Lichtquelle wirken. Ebenso leuchten weiß blühende Pflanzen nachts. Nun mögen Sie sich fragen, wer sich nachts im Garten aufhält? Wenn jedoch auch Sie die lauen Sommerabende gerne unter freiem Himmel genießen, ist die Antwort schnell gegeben. Man kann so am Ende des Tages eine besondere Qualität des Gartens entdecken und neue Bilder bzw. Eindrücke sammeln.

Grün, nicht wegzudenken

Nahezu unumgänglich ist Grün im Garten. Schließlich basiert das ganze Pflanzenleben auf dieser Farbe. Blätter, Stängel, Knospen und manchmal auch Blüten leuchten in Grün. Doch sollten Sie vorsichtig sein und der Farbe der Blätter große Beachtung schenken. Rötliche, gräuliche, blaugrüne, gelbgrüne oder panaschierte Formen kennt die variationsfreudige Natur. Hier lassen sich wunderschöne Verbindungen bzw. Kontraste zu den Blütenfarben finden. Eine streng geschnittene Buchenhecke (Fagus) wirkt viel lebendiger, wenn Sie grün- und rotlaubige Sorten mischen. Ebenso kann ein Beet mit feuerroten Blüten durch rotblättrige Gewächse eine harmonische Unterstützung bekommen.

Weichzeichner

Es gibt Pflanzen, die bezeichnet man in der Gartengestaltung als Weichzeichner. Es sind Gewächse, die sich durch die Farbe der Blätter und Blüten wie Diplomaten für die Verbindung von verschiedenartigen Pflanzen einsetzen. Zugleich bleiben sie selbst dezent im Hintergrund, da ihre Blüten keine spektakulären Formen oder Größen aufweisen und auch das Laub von einem angenehmen Mittelmaß ist, was Größe, Konturen, Form und Dichte angeht. Beispiele für solche Weichzeichner sind das Schleierkraut (Gypsophila), die Strohblume (Helichrysum petiolaris) oder der weißgrüne Spindelstrauch (Euonymus fortunei 'Emeralds Gaiety'). Sie können auch als Lückenfüller eingesetzt werden, da sie sich äußerst zurückhaltend einfügen.

Farben und Duft

Einen Aspekt der Pflanzenauswahl sollten Sie unbedingt noch beachten: den Duft. Mit dem feinen Parfüm von Pflanzen verknüpfen sich nämlich automatisch positive Erinnerungen, die auf das Wohlbefinden wirken. Nun haben natürlich nicht alle Pflanzen wohlriechende Blüten. Dafür gibt es aber Gattungen und Arten wie Rosen (Rosa) und Lilien (Lilium), Phlox (Phlox paniculata) und Hyazinthen (Hyacinthus orientalis), bei denen man bereits beim Lesen des Namens den Duft zu verspüren meint. Vergessen Sie also nicht, an Sitzplätzen oder den kleinen Oasen der Ruhe einige dieser „Gartenparfüms" zu pflanzen. Besonders leicht lassen sich grün blühende Pflanzen, wie die Gartenresede (Reseda odorata) und der gelbgrüne Ziertabak (Nicotiana), einbinden. Auch weiße Duftwunder wie Levkojen (Matthiola incana) und Engelstrompeten (Datura) fügen sich gut in bestehende Pflanzpläne ein.

Das Violett des Lavendels (Lavandula angustifolia) und des Muskatellersalbeis (Salvia sclarea) im Hintergrund ergänzen sich wunderschön mit dem grünlichen Gelb der Wolfsmilch (Euphorbia)

Die Kunst der Gartengestaltung
Gestaltungstipps

Gestaltung mit Formen

Neben Farbe haben auch Formen eine wichtige Bedeutung in der Gestaltung. Einzelne Formen wirken unterschiedlich und können so im Garten einen bestimmten Ausdruck hervorrufen.

Lange, schmale bzw. geschwungene Formen gelten als bewegt. Sie sorgen für einen gleichmäßigen Schwung, der weich und ausgeglichen wirkt. Gleichzeitig unterstreichen und unterstützen sie einen harmonischen Aufbau. Sind die Formen dagegen enger gebogen oder sogar spiralig aufgewunden, so kommt dadurch ein spannender Akzent ins Spiel. Regelmäßige Formen, wie Kreise und Quadrate, strahlen Ruhe aus. Ihre Symmetrie vermittelt Ausgeglichenheit. Die Wirkung von Ovalen und Vierecken kann man hingegen als neutral bezeichnen. Bei der Gestaltung sollten diese Formen möglichst feinfühlig eingesetzt werden. Auch wenn man die Formen nicht daraufhin analysiert, so wird doch jeder Betrachter den feinsinnigen Umgang gefühlsmäßig erfassen und daran Gefallen finden. Formen können in einem Garten zum Motto werden. Mit runden Formen lassen sich zum Beispiel Beete, Sitzplätze und andere Flächen gestalten. Spannungen ergeben sich dadurch, dass man auch Halbkreise und Kugeln verwendet. Der Einsatz kontrastierender Formen kann ein Gestal-

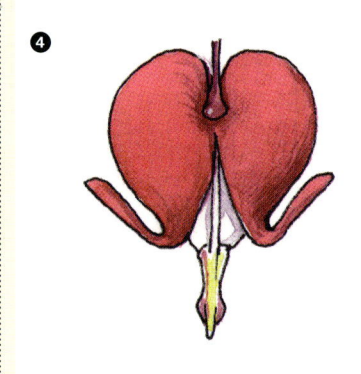

❶ glockenförmige Blüte
❷ Schmetterlingsblüte
❸ Margeriten- bzw. Gänseblümchenblüte
❹ Tränendes Herz
❺ Blütenschale
❻ gefüllte Rosenblüte

tungsmuster sein, das ein abwechslungsreiches, aber stimmiges Gesamtbild erzeugt.

Blütenformen

Bei den Blütenformen kann man im Grunde zwei wichtige Aspekte unterscheiden, nämlich die Form der Einzelblüte und die Form des Blütenstandes, der natürlich für den Gesamteindruck einer Pflanze eine große Rolle spielt. Margeriten, Glockenblumen und Lippenblütler haben ganz klassische Formen, die sich in der Natur ebenso wiederholen wie schalen-, trompeten- und sternförmige Blüten. Daneben gibt es aber auch ungewöhnliche Formen, wie die gespornten Blüten in der Familie der Hahnenfußgewächse. Rittersporn *(Delphinium)*, Eisenhut *(Aconitum)* und Akelei *(Aquilegia)* blühen sehr eigenwillig. Aber auch Schwertlilien *(Iris)* und Gladiolen *(Gladiolus)* haben verschieden große bzw. unterschiedlich geformte Blütenblätter, die sehr „exotisch" wirken. Solche Formen setzten Akzente und wollen betont werden.

Eine Besonderheit stellen gefüllte Blüten dar, die in der Natur eher selten vorkommen, sich als Zuchtform aber großer Beliebtheit und Verbreitung erfreuen. Durch die Vervielfachung der Blütenblätter schwellen die ursprünglichen Formen an. Schalen und Margeriten werden zu aufgeplusterten Bällen, Glöckchen und Trompeten nehmen bizarre Umrisse an.

Bei den Blütenständen sind vor allem die vielblütigen und verzweigten Formen von Interesse. Man unterscheidet aufstrebende, verzweigte und überhängende Rispen, schirmförmige Dolden und kompakte Kolben, die fast wie eine eigenständige Blüte wirken. Stark verzweigte, buschige Blütenstände dagegen werden zu wolkenartigen Gebilde, die vor allem in Verbindung mit kleinen einfachen Blüten duftig und weich wirken. Sie erweisen sich als besonders gute Vermittler zwischen unterschiedlichen Blütenformen.

Gestaltung mit Blütenformen

Grundsätzlich sollte man den Wechsel zwischen groß- und kleinblumigen Pflanzen suchen. Je größer die Einzelblüte ist, desto dominanter wirkt sie. Kompakte Blütenstände wie eine Dolde oder eine Kerze dürfen hierbei aber auch die Rolle einer solch bestimmenden Blütenform übernehmen. Kleinblumige Rispen und duftige Blütenberge buschiger Pflanzen sind hübsche Ergänzungen und können als Lückenfüller eigentlich immer einspringen. Wenn man noch nicht so viel Erfahrung mit dem Einsatz von Formen hat, sollte man sich zunächst auf einige Blütenformen beschränken, die man gezielt miteinander verknüpft. Gleichzeitig müssen natürlich die Höhe der Pflanzen und besonders die Höhe der Blütenstände beachtet werden. Das gilt vor allem, wenn man gleichzeitig noch mit Blütenfarben experimentiert. Bei Ton-in-Ton-Gestaltungen kann man eine größere Variationsbreite testen bzw. auskosten, denn hier sorgen die Unterschiede für die Struktur.

Weiterhin sollten Sie immer die Blütezeiten vergleichen und auf Übereinstimmung achten. Dabei haben Pflanzen mit großen, gestielten Einzelblüten wie Tulpen *(Tulipa)* oder Pfingstrosen *(Paeonia)* meist eine kürzere Blühdauer als Blütenstände, die sich aus zahlreichen Einzelblüten zusammensetzen oder fortwährend neu gebildet werden. Diese Pflanzen können für eine Verlängerung der Blütezeit innerhalb eines Beetes sorgen oder gar zu lang blühenden Strukturen im Garten werden. Ein Beispiel ist die Katzenminze *(Nepeta)*, mit der man von Juni bis in den Spätherbst hinein lilablaue Blütenbänder durch den Garten ziehen kann.

Blattformen

Hinsichtlich der Blattformen kennt die Natur fast keine Grenzen. Es gibt schmale, lange, riemenförmige, lanzettliche, runde, ovale, eiförmige und herzförmige Blätter von groß bis klein. Besondere Formen sind gefingerte und gefiederte Blätter, bis auf die Blattadern reduzierte oder fleischig verdickte, die nicht flächig, sondern eher dreidimensional anmuten. Die Wirkung einer Blattform wird aber nicht nur von der Grundfläche, sondern in besonderem Maße auch von den Rändern und der Oberflächenstruktur bestimmt. Ein glatter Rand lässt das Blatt sehr ruhig und ausgeglichener erscheinen als ein gezackter, gezahnter oder gewellter Rand.

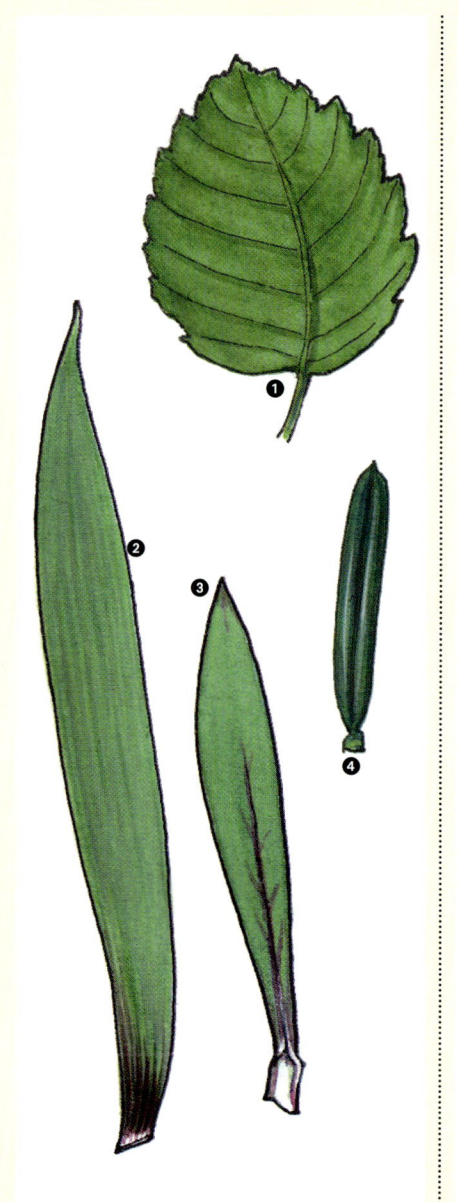

Gestalten mit Blattformen

Da Blätter die Pflanzen die meiste Zeit des Jahres schmücken und wesentlich länger für Zierde sorgen als Blüten, sollte man der Gestaltung mit Blattformen besondere Aufmerksamkeit schenken. Der rhythmische Wechsel zwischen großen und kleinen, spitzen und ovalen, länglichen und runden Formen schafft immer wieder neue Kontraste, die sich ergänzen oder gegeneinander abheben. Dabei sollten die Extreme jedoch nicht zu weit auseinander liegen. Sehr große Blätter beispielsweise akzentuiert man nicht mit winzig kleinen, sondern hebt sie mit kleinerem Laub von durchaus durchschnittlichen Ausmaßen hervor. Natürlich müssen gerade bei der Größe auch immer die Proportionen in die Überlegungen mit einbezogen werden. In einem kleinen Garten kann man nicht mit den Giganten der Pflanzenwelt arbeiten, die sich jedoch in einem großen Garten als Solitäre ohne Begleiter eignen.

Einen besonders schönen Anblick bieten verschiedene Formen, wenn

Die verschiedenen Blattformen:
1. eiförmiges Blatt
2. schmales Blatt mit paralleler Nervatur
3. schmales Blatt mit verzweigter Nervatur
4. nadelförmiges Blatt
5. gefiedertes Blatt
6. gefingertes Blatt
7. quirlständiges Blatt

man auch ihre Farbgebung beachtet. Sind die Grüntöne ähnlich, so kommen unterschiedliche Formen gut zur Geltung. Andererseits sollte man bei mehreren Farben durch ähnliche Formen für eine gewisse Ruhe in der Gestaltung sorgen. Blattformen können auch den Stil eines Gartens unterstützen. Einige Pflanzen spielen sich hier als Symbolpflanzen besonders in den Vordergrund. Die herzförmigen Blätter der Funkien (Hosta) beispielsweise passen gut zu Formen des Jugendstils. Das Akanthusblatt dagegen hat in der Klassik eine große Bedeutung gewonnen, ebenso wie das Lorbeerblatt. Beide ergänzen daher den klassischen Stil sehr schön. Mit den schmalen riemenförmigen Gräsern dagegen verbindet man eher einen Naturgarten, denn diese Form mischt sich in sehr viele natürliche Pflanzengemeinschaften.

Wuchsformen

Die verschiedenen Wuchsformen von Gehölzen und krautigen Pflanzen wurden bereits auf den Seiten 38–41 ausführlich beschrieben. Bei Bäumen muss man die Kronenform besonders wegen des zukünftigen Raumbedarfs beachten. Nach einigen Jahren Wachstum kann nämlich die Krone so an Volumen zunehmen, dass sie Bauten oder andere Gehölze bedrängt bzw. selber in der Entfaltung durch diese beeinträchtigt wird. Außerdem hat die Wuchsform natürlich Einfluss auf den Schattenwurf. Innerhalb von Blumenbeeten sollten sich die Wuchsformen zu einer dichten Decke ergänzen. Aufrecht bzw. buschig wachsende Horste gedeihen beispielsweise harmonisch Seite an Seite, ohne sich gegenseitig zu bedrängen. Ebenso kann man Polsterstauden nebeneinander pflanzen, so dass die Kissen eine dichte Decke ergeben.

Aufbau eines Blumenbeetes

Für den Aufbau einer Rabatte ist vor allem die Wuchshöhe der einzelnen Pflanzen von Bedeutung. Es ergeben sich die folgenden vier Kombinationsmöglichkeiten:

- Beim pultförmigen Aufbau steigt die Höhe der Pflanzen von vorne nach hinten gleichmäßig an. Im Vordergrund finden niedrige, buschige Stauden und Polster Platz. Im Hintergrund dagegen platziert man aufrechte Stauden, dazwischen buschige. Natürlich sollten sich immer dominantere Arten, wie beispielsweise großblumige Prachtstauden, mit etwas kleineren abwechseln. Ideal für diesen Aufbau ist ein gleichmäßiger Hintergrund, wie zum Beispiel eine Klinkermauer oder eine Formschnitthecke.
- Kann man um ein Beet herumgehen, so bietet sich der kegelförmige Aufbau sehr gut an. In der Mitte des Beetes befindet sich gleichzeitig der höchste Punkt, zu dem die anderen Pflanzen langsam aufsteigen. Inselbeete und Halbinselbeete eignen sich für diesen Aufbau besonders gut. Je ruhiger und gleichmäßiger die Umgebung ist, desto besser kommt so ein Beet zur Geltung.
- Natürlich kann man den Höhenaufbau auch freier und mit schwingenden Konturen gestalten – wie eine seicht geformte Hügellandschaft. Hierbei wechseln sich höhere und flachere Wuchsformen ab und ergänzen und stützen sich gegenseitig.
- Bei teppichartigen Pflanzungen lassen sich gut Akzente setzen. Einzelne höhere Pflanzen ragen aus der Pflanzendecke heraus und lockern den einheitlichen Bewuchs auf. Diese Form ist recht pflegeleicht und eignet sich besonders gut für die Gestaltung größerer Flächen.

Gartenschmuck

Nicht nur Pflanzen haben eine große Bedeutung in der Gartengestaltung, auch Schmuckelemente kennt man schon sehr lange in der Geschichte der Gartenkunst. Die reine Dekoration des Gartens spielt bei ihrer Verwendung jedoch nur eine relativ kleine Rolle. Denn auch Figuren, Urnen, Töpfe und andere Kunstobjekte prägen ganz entscheidend den Stil eines Gartens. Ebenso werden die Schmuckstücke als gestalterisches Element mit besonderer Funktion eingesetzt oder sie dienen einem praktischen Zweck, so wie eine Bank eine Sitzgelegenheit ist oder eine Lampe für Helligkeit in den Abendstunden sorgt. Ganz gleich welcher Art der Gartenschmuck, er entfaltet seine Wirkung eigentlich immer unabhängig von der Jahreszeit. Zum einen stellen die Accessoires einen ruhenden Pol dar, der die Veränderungen in der Umgebung unterstreicht. Auf der anderen Seite können sie auch in den Winterwochen für etwas Leben und Farbe im Garten sorgen. Ganz entscheidend für den Einsatz ist das richtige Maß. Es sollten niemals zu viele Objekte verwendet werden, da die Pflanzen immer noch die wichtigste Rolle spielen. Außerdem sieht sich das Auge mit der Zeit an den Stücken satt, wenn nicht immer noch ein gewisser Überraschungseffekt durch die Platzierung oder den Bezug zur Bepflanzung erhalten bleibt.

Witterungsbeständigkeit

Sollen die Schmuckstücke dauerhaft Freude bereiten, müssen sie unbedingt witterungsbeständig sein. Dabei steht vor allem die Frostfestigkeit des Materials im Vordergrund. Gefäße und Objekte aus Ton zum Beispiel lassen sich nur verwenden, wenn der Ton „gesintert" wurde. Bei diesem Prozess verschmelzen die einzelnen Körner aufgrund der hohen Brenntemperatur vollständig miteinander, so dass keine offenen Poren zurückbleiben. Daher kann auch kein Wasser in das Material eindringen und es bei Frost zerstören. Auch bei glasierten Tonobjekten besteht die Gefahr, dass sich zwischen Ton und Glasur Wasser sammelt und so bei Frost Schäden entstehen. Hingegen gelten die italienischen Terrakottagefäße aus Impruneta, deren Oberfläche eine Art weißlichen Belag aufweist, als frostfest. Ihr Händler sollte Ihnen beim Einkauf in jedem Fall ein Zertifikat über Frostfestigkeit geben. Natürlich müssen auch die Farben der Witterung standhalten und dürfen nicht zu schnell in der Sonne verblassen.
Bekommen dagegen Stein- oder Eisenobjekte etwas Patina, da Rost bzw. Moos Spuren hinterlassen, so sollte man sich darüber freuen. Die farblichen Veränderungen, die mit diesen Alterungsprozessen einhergehen, sorgen nämlich für eine elegante Einbindung der Stücke in das gesamte Gartengefüge.

Stilrichtung und Themen

Hinsichtlich der Stilrichtung kann man klassische Richtungen unterstützen oder auch dem modernen Garten ein unverkennbares Gesicht geben. Wichtig ist allerdings, dass Sie sich für einen Stil entscheiden und kein Potpourri zusammenstellen. Außerdem sollten zwischen Wohnhaus und Garten eindeutige stilistische Parallelen zu erkennen sein. Daher wird man heute natürlich seltener einen Garten im viktorianischen Stil oder nach dem Vorbild der Renaissance gestalten. Aber Sie können hier den Begriff „Stil" auch durch „Thematik" ersetzen. Ein mediterraner Garten lässt sich mit vielen Terrakottaelementen und -gefäßen stimmungsvoll gestalten. Ebenso können Sie durch verschnörkelte und reich verzierte Objekte dem Garten eine romantische Note verleihen.

Blickfang

Gartenschmuck wird häufig als Blickfang eingesetzt. Dabei lenkt eine Steinbank oder eine Amphore das Auge, wenn es durch den Garten schweift.
Am Ende des Gartenweges beispielsweise sollte der Betrachter ein Ziel haben, auf das er sich konzentrieren kann. So bekommt der Weg nämlich Tiefe. Ebenso vermag eine Amphore, in der Mitte eines Beetes platziert, dieses in zwei Bereiche zu teilen und dadurch

einen bestimmten Aspekt der Pflanzenauswahl und -anordnung zu unterstreichen.

Auch lässt sich ein unbepflanzter Tontopf als beruhigendes Element in eine reich blühende Staudenrabatte stellen, damit das Auge ausruhen und das Treiben der Blüten ausgiebig genießen kann. In einem Topfgarten sorgen Tonkugeln für Akzente. Die runde Form lockt den Betrachter und plötzlich entdeckt man die Schönheit der Pflanze daneben. Zugleich strahlt die Form auch Ruhe aus.

Der richtige Platz

Um Kunstobjekte richtig aufzustellen, muss man sich etwas länger mit ihnen beschäftigen. Meist entdeckt man irgendwo einen Putto oder einen Findling und ist von seiner Schönheit begeistert. Dann fehlt im Garten „nur noch" das optimale Umfeld. Je unruhiger das Objekt selber wirkt, desto wichtiger ist ein gleichmäßiger Hintergrund, beispielsweise eine Hecke oder ein Rasen. Gleichzeitig sollten die Größen miteinander harmonieren. Es lohnt sich, mit dem Zollstock vor Ort Höhe und Breite des Stücks abzustecken, damit man eine Vorstellung von der Wirkung bekommt.

Gartenschmuck und Farbe

Selbst in einem farbigen Blumenbeet kann Gartenschmuck das gewisse Etwas darstellen. Haben Sie nämlich Ton-in-Ton-Kombinationen gewählt, so mag vielleicht gerade eine Rosenkugel in einem kontraststarken dunkleren Farbton der entscheidende Pfiff sein, um dem Blütenmeer Struktur zu geben. Sie sollten bei der Farbauswahl viel Wert auf harmonische Zusammenstellungen legen, damit die Situation stimmig wirkt.

Funktioneller Schmuck

Natürlich ist Gartenschmuck eine Geschmacksfrage und manch ein leidenschaftlicher Pflanzenliebhaber hat kein Verständnis, warum er seine botanischen Raritäten durch Figuren „verschönern" sollte. Doch achten Sie auch bei Gartenmöbeln, Lampen und Werkzeug grundsätzlich auf eine gute Qualität und ein schmuckes Äußeres. Ein großer Weidenkorb statt einem Plastikeimer, eine Zinkgießkanne statt einer aus Kunststoff oder dezente Gartenschläuche sind ein Ausdruck der Hochachtung gegenüber den Pflanzen, denn solche Geräte fügen sich viel besser in die Umgebung ein und wirken in keiner Weise störend. Ebenso kann sich eine Holzbank optisch dezent in den Hintergrund zurückziehen, was Plastikmöbeln in aller Regel schwerlich gelingt.

Gartenschmuck und Jahreszeiten

Die Verwendung von Gartenschmuck bietet eine schöne Möglichkeit, die typischen Eigenschaften der Jahreszeiten zu unterstützen. In den Frühlingswochen flattern zum Beispiel farbige Bänder durch den Garten. Wie hübsch, wenn diese Stoffbänder dann die Blütenfarben der Frühlingsklassiker widerspiegeln und so den Eindruck verstärken. Zum Osterfest kann man bunte Eier an die Bäume hängen, jedoch sollten diese knallig wirken, damit sie sich auch zwischen den Zweigen als solche ausmachen lassen.

Im Sommer werden dann farbige Windräder aufgestellt, wer mag, schmückt die Beete mit Rosenkugeln. Außerdem kann man dekorative Tontöpfe mit Stroh ausgestopft in die Bäume hängen oder auf Stecken stellen. Da sie Ohrkneifer anlocken, lässt sich so sehr einfach das Schöne mit dem Nützlichen verbinden.

Auch alte Blechkanister, die einmal mit Oliven oder Öl gefüllt waren, verleihen dem Garten ein Flair von Urlaub und Sonne. Dazu müssen Sie lediglich duftende Kräuterbüsche in die Behälter pflanzen, und schon ist der Blickfang perfekt. Vogelscheuchen können ebenfalls nette Ergänzungen im Gartentreiben sein. Der Spaß, sie zusammen mit den Eltern zu basteln, wird auch bei Ihren kleinen Gärtnern nicht ausbleiben.

Im Herbst schmücken dann Erntekörbe die Tische im Garten. Frische Äpfel und Birnen geben ein verlockendes Stillleben ab. Auch Maiskolben, die zum Trocknen aufgehängt wurden, wirken nun sehr dekorativ. Wenn es dann Winter wird, kommen die Vogelhäuschen wieder an ihren Platz. Kahle Stellen lassen sich gut mit großen Koniferensträußen dekorieren. Stellen Sie dazu die Zweige einfach in einen großen Tonkübel und versehen das Arrangement noch mit einer dicken Schleife.

Gestaltungstricks: So machen Sie mehr aus Ihrem Garten

Es gibt zahlreiche Wege, wie Sie die Möglichkeiten, die der Garten bietet, voll ausschöpfen können. Für welchen Sie sich auch immer entscheiden – in jedem Fall muss das **Konzept** klar zu erkennen sein. Sie sollten sich unbedingt für ein Thema bzw. einen Stil entscheiden, der dem Garten sein Gesicht verleiht. Alle Aspekte, also Flächenaufteilung, Materialverwendung, Farbgestaltung, Pflanzenauswahl etc., sollten sich diesem Thema unterordnen.

Mit so einem Konzept lässt sich viel leichter eine **Harmonie** herstellen. Auf diese sollten Sie großen Wert legen und Störfaktoren möglichst geschickt kaschieren. So ist zum Beispiel ein Gartenhäuschen für Werkzeuge recht nützlich. Es wirkt jedoch wesentlich attraktiver bzw. fällt weniger auf, wenn Sie es von Waldreben *(Clematis)* zuranken lassen. Ebenso sollte der Komposthaufen nicht unbedingt in einer der Hauptsichtachsen liegen.

Weiche Übergänge geben dem Garten Gefälligkeit. Lassen Sie beispielsweise Treppenfugen und -ritzen mit Glockenblumen *(Campanula poscharskyana)* einwachsen oder den zufällig ausgesamten Frauenmantel *(Alchemilla mollis)* am Fuß der Gartenbank stehen. Gartengestaltung ist in gewisser Weise die Kunst der **Beschränkung**. Wählen Sie nicht nur Pflanzen aus, die Ihnen gefallen, sondern versuchen Sie mit ihnen ein Bild zu gestalten. Die botanische Sammlung können Sie ja zusätzlich im Topfgarten kultivieren. Außerdem verhilft die flächige Verwendung einzelner Arten dem Garten zu einer großzügigen Note und ist zudem wesentlich pflegeleichter.

Natürlich muss man bei der Bepflanzung **Akzente** setzen. Wenn Sie beispielsweise die Terrasse mit Töpfen schmücken möchten, dann sollten Sie nicht fünf von Größe und Form her ähnliche Pflanzen gleichmäßig verteilen, sondern ganz bewusst fünf exakt gleiche Pflanzen in genau gleichem Abstand aufstellen, um den Grundriss der Fläche zu betonen. Oder Sie bilden eine kleine Gruppe aus fünf verschiedenen Pflanzen und legen vielleicht einige Accessoires aus Terrakotta dazu. So ein Arrangement gibt sich dann als Schmuck deutlich zu erkennen. Ebenso können Sie mitten in eine Blumenrabatte einen Obelisken als Rankgerüst für eine Clematis setzen.

Versuchen Sie im Garten immer wieder **Beziehungen** aufzubauen. Lassen Sie Vorder- und Hintergrund durch bestimmte Pflanzen zu einer Einheit verschmelzen, geben Sie dem linken und rechten Gartenrand eine Querverbindung. Gerade bei starken Gegensätzen können Sie durch die Wiederholung von Pflanzen und Formen einen Zusammenhalt erreichen.

Bei den **Proportionen** gibt es zwei Verhältnisse, die man als besonders harmonisch empfindet. Das ist zum einen das Verhältnis 1:1 und zum anderen das Verhältnis 1:3. Wenn Sie beispielsweise eine Fläche durch einen Weg aufteilen, so sollten Sie den Verlauf in der Mitte oder in der Mitte der linken bzw. rechten Hälfte einplanen. Ebenso ist eine Gartenbank oder ein Findling in der Beetmitte automatisch richtig platziert. Diese Aufteilung wirkt eher streng; daher erscheint gerade bei einer etwas lockeren Gestaltung eine asymmetrische Aufstellung im Verhältnis 1:3 eher ungezwungen und zufällig, ohne

Die weiße Bank lädt zum Verweilen im ländlichen Garten ein und ist zugleich eine Zierde

Die Kunst der Gartengestaltung
Gestaltungstipps

im negativen Sinn beliebig zu wirken. Dies einfache Hilfsmittel lässt sich konsequent anwenden und so gleichzeitig eine stimmige Verteilung erreichen.

Ein sehr wichtiger Aspekt der Gestaltung ist die **Ruhe,** die der Garten ausstrahlen soll. Große Grünanteile tragen hierzu bei. Gleichzeitig sollte Gartenschmuck nicht im Überfluss verwendet werden, sondern ganz dezent einfließen. Übrigens sind auch ein schöner Findling und eine schlichte Steinbank Schmuckstücke, ebenso wie Tischdecken, Markisen und Sonnenschirme mögliche Unruhefaktoren darstellen.

Gartenplanung Schritt für Schritt

Um von den ersten Wünschen zu einem perfekt geplanten Garten zu gelangen, sollten ganz konsequent die folgenden Schritte einzeln abgearbeitet werden.

■ Sammeln Sie Ideen und Wünsche. Jedes Familienmitglied soll notieren, wie es den Garten nutzen möchte, welches seine Lieblingspflanzen sind etc.

■ Machen Sie eine Bestandsaufnahme. Zeichnen Sie dazu einen maßstabsgetreuen Plan vom Garten, in dem Sie die Himmelsrichtungen, vorhandene Bäume und die Anschlüsse für Wohnhaus, Garage oder andere Bauten eintragen.

Als Maßstab ist 1:100 empfehlenswert, das heißt 1 cm auf dem Plan entspricht 1 m in der Natur. Lassen Sie die Bodenqualität prüfen. Studieren Sie außerdem das Umfeld und die Nachbargärten. Notieren Sie, welche Gartenstile zur Architektur des Hauses passen. Zeichnen Sie in einem Plan die Lichtverhältnisse bzw. den Verlauf der Sonne sowie die sonnigen und schattigen Flächen ein.

■ Anhand des Grundrissplans können Sie nun den Vorentwurf gestalten, in den Ihre Wünsche zur Gartenfunktion einfließen. Teilen Sie das Grundstück auf und zeichnen Sie Wege, Beete und wichtige Bereiche als Flächen ein.

■ Versuchen Sie, Alternativen zu entwickeln, die anderen Aspekten mehr Bedeutung geben. So können Sie über Vorstellungen und Ideen besser diskutieren.

■ Erstellen Sie ein Funktionsschema, in dem Blickachsen und Wege mit Pfeilen eingetragen werden. So können Sie Lücken und störende Elemente entdecken und Veränderungen vornehmen.

■ Bevor Sie den Detailplan anlegen, sollten Sie sich über Baumaterialien genau informieren und eine Auswahl treffen. Ebenso muss nun der Stil oder das Thema des Gartens festliegen. Sammeln Sie jetzt noch einmal anhand der Literatur Ideen und Gestaltungselemente.

■ Nun können Sie mittels dieser Vorarbeiten den Detailplan erstellen. Dazu werden Flächenverteilung und Bodenmodellierungen eingezeichnet. Im nächsten Schritt entwickeln Sie die Raumbildung. Bodenbeläge werden als Schema eingetragen, ebenso Bäume, Sträucher und Rasenflächen.

■ Für Blumenbeete legen Sie die Farben fest. Die detaillierte Bepflanzung sollten Sie entweder in einem entsprechend vergrößerten Plan festlegen oder aber mit einem Planausschnitt in einem großen Maßstab arbeiten, damit sich die Pflanzennamen leserlich eintragen lassen. Achten Sie bei der Bepflanzung auf folgende Aspekte: Höhen, Wuchsformen, gleichmäßige Verteilung der Blütezeitpunkte, Pflegeaufwand.

TIPPS & HINWEISE

Was Sie für die Planung brauchen
- Millimeterpapier für den Grundrissplan
- Transparentpapier für den Vorentwurf
- Lineale und Schablonen zum sauberen Eintragen von Flächen und Konturen
- Buntstifte zum Markieren und Kenntlichmachen von Funktionen, Bepflanzungsstrukturen und Lichtverhältnissen, Radiergummi
- Fachliteratur
- Prospekte von Baumaterialien, Accessoires, Pflanzen und baulichen Elementen mit genauen Größenangaben

Ausführung der Planung

Zunächst stecken Sie die Bereiche ab, die unterschiedliche Funktionen aufweisen. Als Nächstes müssen die Erdbewegungen durchgeführt werden, da diese Arbeiten nur so lange leicht fallen, wie die Fläche noch unbepflanzt ist. Dazu gehört auch das Ausheben des Teichbeckens oder das Fundament des Gartenhäuschens. Das Erdreich sollte so schnell wie möglich abgestützt werden. Mauern und Bohlen verhindern, dass die Erde wieder abrutscht.

Ist neuer Mutterboden nötig, sollte dieser nun angefahren werden. Achten Sie unbedingt darauf, dass er keine Quecken- oder Windenwurzeln aufweist. Diese lassen sich leicht an der weißen Farbe erkennen. Jetzt werden auch die Hecken gepflanzt und das Grundstück durch Zäune und Mauern abgegrenzt. Beetflächen sollten so früh wie möglich vom Rest des Gartens abgetrennt werden.

Wo nötig, wird der Boden gelockert. Danach ist noch eine Bodenverbesserung möglich, bevor die Struktur gebenden Gehölze gepflanzt werden. Auf unbepflanzte Flächen lässt sich eine Gründüngung ausbringen, die für eine Bodenlockerung und -verbesserung sorgt.

Anschließend werden die Flächen dem Plan entsprechend befestigt. Gleichzeitig können Sie nun das Gartenhaus, eine Pergola, Rosenbögen oder ähnliche feste Bauten aufstellen. Entlang von Wegen müssen jetzt Kabel für die Beleuchtung bzw. Wasserleitungen verlegt werden. Mit diesen Arbeiten sollten Sie aus Sicherheitsgründen nur Fachleute betrauen, die den exakten Leitungsverlauf auch in einem Plan festhalten, so dass spätere Reparaturen kein Problem darstellen.

Während die Staudenbeete am besten im Herbst oder Frühling bepflanzt werden und sich auch Rosen dann gut setzen lassen, ist für die Rasenanlage der Mai der beste Monat. Nach der Aussaat sollte der Rasen für einige Wochen nicht mehr als unbedingt notwendig betreten werden, damit sich eine dicht geschlossene Grasnarbe entwickeln kann. Auch für die Bepflanzung des Gartenteiches bietet sich der Mai an. Zum Schluss wird der Sitzplatz eingerichtet und der Topfgarten gestaltet.

Alte Gärten neu gestalten

Ein alter Garten will gut beobachtet werden, bevor man sich für Veränderungen entscheidet. Schließlich hat sich sein Charakter im Laufe der Jahre gebildet, und eine Veränderung mag dieses ineinander greifende System stärker zerstören, als man denkt. Nur wenn der Gartenanlage ein gutes Konzept zugrunde liegt, kann man in die Gestaltung eingreifen. Lediglich in diesem Fall lassen sich tatsächlich einzelne Teile ausbessern oder den eigenen Wünschen anpassen. Ist dagegen keine Gestaltung zu erkennen, so muss man eine grundlegende Neugestaltung ins Auge fassen.

Die einzelnen Schritte der Umgestaltung:
- Sorgfältige Bestandsaufnahme mit Bodenanalyse, Pflanzenbesatz, Licht- und Schattenschema
- Eigene Vorstellungen vom Garten notieren
- Abgleich zwischen Bestand und Wünschen: Markieren Sie die Bereiche, die bereits im Garten vorhanden sind. Überlegen Sie, inwiefern Sie mit der gewählten Gestaltung zufrieden sind und ob es reicht, mit geringfügigen Mitteln diesen Strukturen eine persönliche Note zu geben. Kennzeichnen Sie die Flächen, die nicht Ihren Vorstellungen entsprechen und zeichnen Sie diese mit einer anderen Farbe direkt in den Gartenplan bzw. eine Plankopie ein. Markieren Sie die Bereiche, die Möglichkeiten für zusätzliche Funktionen bieten; beispielsweise die Rasenfläche, die Sie sich auch als Sitzplatz vorstellen können oder den alten Sandkasten, in dem Sie sich Ihr Kräuterbeet anlegen möchten.
- Erstellung eines Funktionsschemas mit den alten und neuen Elementen
- Umgestaltung von Beeten, Pflanzenauswahl, Planung der Ausführung

Der kleine Garten

Kleine Gärten sind in Zeiten hoher Grundstückspreise keine Seltenheit. Die erforderliche Beschränkung betrifft dann nicht nur die Fläche; auch die verschiedenen Nutzungsansprüche und Wünsche müssen unweigerlich reduziert werden.

Mit etwas Geschick gelingt es aber auch auf einer kleinen Fläche, einen optisch großen Garten zu gestalten. Dabei zählt weniger die Größe des Grundstücks; viel wichtiger ist es, die zahlreichen konkurrierenden Wünsche gekonnt miteinander zu verknüpfen. In diesem Bestreben kommt einem die Pflanzenwelt mit ihrer großen Bandbreite zur Hilfe. Denn wenn in den Beeten zum Beispiel kein Platz für Rosen bleibt, so kann eine Kletterrose an der Garagenwand die gewünschte Blütenfülle bieten und gleichzeitig die unschöne Mauer verdecken. Und die üppige Blüte auf Fläche gepflanzter Sommerblumen ersetzen Sie im kleinen Garten durch einjährige Kletterpflanzen, die sich an Zäunen und Sichtschutzwänden zu einer blumigen Verkleidung entwickeln.

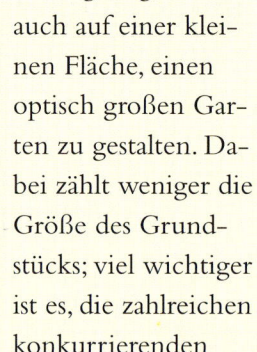

Außerdem erlangt ein Garten erst durch seine Vielfalt wahre Größe. Je mehr unterschiedliche Eindrücke er bietet, desto reichhaltiger und spannender wirkt er. Hierbei spielen die einzelnen Jahreszeiten, in denen der Garten immer ein anderes Gesicht zeigt, eine ebenso wichtige Rolle wie die verschiedenen Perspektiven, aus denen man das grüne Paradies betrachten kann. Lassen Sie sich überraschen, was es alles bei der Gestaltung eines kleinen Gartens zu beachten gibt und welche Tricks Sie anwenden können, um ihn optisch zu vergrößern.

Bild links:
Wenn der Platz knapp ist, vertreten Kletterrosen wie die Sorten 'Goldfinch' und 'Rote Flamme' die Königin der Blumen

Bild rechts:
So schmal und lang sind kleine Gärten oft geschnitten

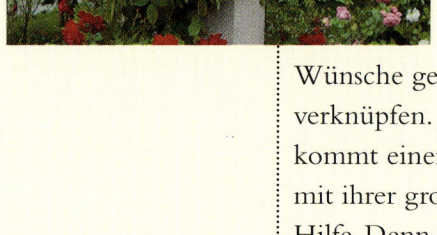

Die Kunst der Gartengestaltung
Der kleine Garten

Raumbildung

Räume haben im kleinen Garten große Bedeutung, denn sie ermöglichen es, verschiedene Themen klar voneinander zu trennen. Natürlich sollten die grünen Wände, mit denen diese Bereiche eingegrenzt werden, möglichst Platz sparend sein. Hier bieten sich Säume aus buschig wachsenden Stauden oder Raumteiler aus Metall bzw. Holz an.

Je blickdichter solche 'Paravents' sind, desto lauschiger wird das Eckchen. Kletterpflanzen sorgen für eine harmonische Einbindung, denn die baulichen Elemente sollten keinesfalls wie Fremdkörper erscheinen. Man kann aber auch zu teilweise transparenten Lösungen greifen. Diese geben den Blick etwas frei und ermöglichen es, den Hintergrund anderer Gartenräume oder auch den Nachbargarten mit in die Gestaltung einzubeziehen.

Ein Album voller Gartenbilder

Je mehr verschiedene Bilder und Eindrücke Sie in Ihrem Garten versammeln, desto größer und vielfältiger erscheint die Fläche. Einige gestalterische Mittel bereichern dabei die Perspektiven. Modellieren Sie beispielsweise das Grundstück mit leichten Höhen und Tiefen, so verändern sich die Blickwinkel, aus denen Sie die Pflanzungen betrachten. Es muss kein Senkgarten sein und auch kein Hügel, der eine Treppe erforderlich macht. Aber eine leichte Anhöhe am Rande des Gartens kann ein idealer Zweitsitzplatz sein, von dem aus sich der Garten betrachten lässt.

Auch die Raumbildung durch Hecken und andere Raumteiler hilft, neue Gartenbilder zu gewinnen. Die gesamte Fläche sollte nicht von einem Punkt aus zu erfassen sein. So muss man nämlich durch die verschiedenen Bereiche hindurchgehen und jedes Eckchen einzeln auf sich wirken lassen. Aus diesem Puzzle unterschiedlicher Szenen bildet das geistige Auge dann den Gesamteindruck. Dabei wird deutlich, wie wichtig es ist, durch die Verwendung gleicher Materialien sowie durch einen einheitlichen Stil für Zusammenhalt zu sorgen.

Einen weiteren Aspekt in diesem Zusammenhang stellt die Beleuchtung dar. Setzt man am Abend einen Gräserhorst oder einen bizarr gewachsenen Strauch mittels Licht in Szene, so entsteht ein völlig neuer und reizvoller Anblick in diesem Gartenbereich.

Vielfalt durch Überraschungen

Überraschungen und Illusionen machen den kleinen Garten interessanter. Hierbei sind die Möglichkeiten sehr vielfältig. Schlängelt sich beispielsweise der Gartenweg mit einigen Kurven durch das Grün, so entspricht die Blickrichtung nicht dem Wegverlauf. Man wird ganz automatisch von den Bildern des Wegesrandes angelockt und unterhalten. Nach der Biegung folgt ein Szenenwechsel, den man so nicht erwartet hätte. Steht hier zum Beispiel ein Stuhl neben der wunderschön blühenden Lilie, so freut man sich besonders über die kleine Einladung zum Verweilen. Wäre der Blick auf dieses Ensemble allerdings von Anfang an frei gewesen, dann hätte man sich nur davon locken lassen und sich nicht die Zeit genommen, auch auf andere Bereiche zu achten.

Die Überraschungen können auch ganz anderer Natur sein. Hängen Sie an einer Sichtschutzwand einen Spiegel auf und lassen den Rahmen von Efeu dicht umwachsen. So wirkt dieser Spiegel wie ein Fenster, das Ihnen vorgaukelt, es ginge dahinter geradeso lauschig weiter. Sie brauchen übrigens keine Bedenken zu haben, dass Vögel gegen so einen Spiegel prallen. Schließlich fliegen sie immer ihrem Spiegelbild entgegen und weichen dann automatisch aus. Spiegel verdoppeln Flächen. Dreiecke werden zu Vierecken, Halbkreise rund; auf diese Weise entsteht optische Weite.

Auch Wandbilder machen Illusionen möglich. Haben Sie zum Beispiel keinen Platz für ein größeres Arrangement aus Pflanzen und Töpfen, so malen Sie dieses an die Wand. Natürlich sollte es realistisch aussehen. Ein oder zwei echte Töpfe reichen dann schon aus, um Wirklichkeit und Illusion für den Betrachter zu einem Verwirrspiel zu vermischen. Trompe l'oeil nennt die Gartenkunst dieses traditionelle Gestaltungselement. Auch Perspektiven lassen sich künstlich verlängern. Spaliere, die durch die Anordnung der Hölzer dem Auge Tiefe vorgaukeln, oder die geschickte Höhenstaffelung kleiner Kugelbäume, die nach hinten immer einen Tick kleiner werden, sind dezente Spielereien, die dem Garten Pfiff geben.

Geschickte Kompromisse

Wenn nur wenig Fläche zur Verfügung steht, sind Kompromisse unausweichlich, will man nicht auf allzu viele Wünsche verzichten. Hier bieten sich jedoch auch diverse reizvolle Möglichkeiten an. Sie können beispielsweise schöne Kräuter als Begleiter von Prachtstauden einsetzen, damit Sie diesen Teil des Nutzgartens nicht entbehren müssen. Ebenso lässt sich der Wunsch nach sommerlichen Rosenblüten durch kletternde Rosen erfüllen, die gleichzeitig eine Sichtschutzwand zum Nachbarn kaschieren.
Das Blumenbeet am Sitzplatz ermöglichen Sie sich durch Stauden, die in Töpfen kultiviert werden und je nach Platzbedarf mehr oder weniger dicht zusammengerückt werden.

Sommerblumenbeete en miniature sind die berühmten 'hanging baskets', die in Großbritannien fast jeden Hauseingang schmücken. Diese Drahtkörbe werden nicht nur oben, sondern auch von den Seiten her bepflanzt. So entsteht eine bunte Mischung aus hängenden und buschigen, aufrechten und kletternden Arten.
Besonders lebendig werden diese Minigärten durch unterschiedliche Blütenformen. Trompetenförmige Petunien *(Petunia)*, die Lippenblüten von Salvien *(Salvia)*, margeritenförmige Spanische Gänseblümchen *(Erigeron karvinskianus)* und die Rachenblüten der rankenden Maurandien *(Asarina)* ergeben ein wunderschönes Potpourri. Damit die Pflanzen sich ergänzen, sollten die Farben sorgfältig ausgesucht und eventuell einige Blattpflanzen als Strukturbildner ergänzt werden. Hier bieten sich Buntnesseln *(Coleus-Blumei-*Hybriden), graulaubige Strohblumen *(Helichrysum petiolare)* und Efeu *(Hedera helix)* an.
Den Platz für einen großen Gartenteich kann man in einem kleinen Garten nur schwer abteilen. Doch eine kleine Wasserstelle bekommen Sie immer irgendwo unter. Sie können zum Beispiel zwei alte Holzfässer aufstellen und mit klein bleibenden Seerosen *(Nymphaea)* und niedrigem Rohrkolben *(Typha minima)* bepflanzen. So werden Sie auch auf die Libellen im Sommer nicht verzichten müssen. Wer sich dagegen mehr

nach dem Plätschern eines Baches sehnt, der installiert an der Hauswand einen Wandbrunnen, der gleichzeitig ein sehr stilvoller Blickfang sein kann. Modelle nach südländischen Vorbildern schaffen eine mediterrane Atmosphäre am Sitzplatz, die sich leicht durch einige Palmen in Terrakottatöpfen unterstreichen lässt.

Farbgestaltung im kleinen Garten

Da leuchtende Farben sehr dominant und eher flach wirken, sollten Sie mit diesen Tönen sparsam umgehen. Helle Pastelltöne dagegen geben dem Gartenraum Volumen und sorgen dafür, dass er Tiefe bekommt. Wohl platzierte kräftige Tupfer sind genau richtig, um Akzente zu setzen und einzelne Bereiche hervorzuheben. Besonders vorsichtig sollten Sie mit Rot- und Orangetönen umgehen. Diese warmen Farben spielen sich nur allzu gerne in den Vordergrund. Selbst wenn sie in größerem Abstand am Rande des Gartens stehen, wird man das Leuchten der Blüten immer sehen. Wer nicht auf diese Farben verzichten möchte, der sollte versuchen, den freien Blick durch einen Busch oder eine Amphore abzulenken.

Besonderheiten der Pflanzenwahl

Die Proportionen sind im kleinen Garten etwas verschoben. Hier wird man selbstverständlich keine großen Laubbäume setzen. Doch genauso falsch wäre der Umkehrschluss, dass Bäume in so einem Garten nichts zu suchen haben. Vielmehr besinnt man sich dann auf klein bleibende Formen und bevorzugt langsam wachsende Arten. Natürlich sollten die Pflanzen viel zu bieten haben. Blüten und Früchte, ein schöner Laubaustrieb oder eine auffällige Herbstfärbung sind ebenso wichtige Eigenschaften wie eine hübsche Wuchsform und ein dekorativer Rindenschmuck. Daneben gilt es auch, den Schattenwurf der Kronen zu beachten. Verwenden Sie möglichst Arten mit einer säulenförmigen Krone oder kompakte Kugelbäume, damit nicht zu viele Schattenbereiche entstehen.

Auf frei wachsende Hecken sollten Sie verzichten, denn diese Pflanzen nehmen viel Raum ein. Besteht allerdings der Wunsch, die Hecke nicht nur als grüne Wand zu gestalten, dann können Sie beispielsweise auf formgeschnittene Hecken aus Forsythien *(Forsythia)* und einigen Zierquitten *(Choenomeles)* ausweichen, die im Frühjahr mit Blüten locken. Auch Blutjohannisbeeren *(Ribes sanguineum)* lassen sich zu einer schmalen Blütenwand erziehen. Ebenso kann der Wechsel von rot- und grünlaubigen Buchen *(Fagus)* belebende Farbmuster bieten. Für Attraktivität im Winter sorgen gelbbunte Ilexsorten *(Ilex aquifolium*-Sorten*)* mit rotem Fruchtbehang. Sie sollten aber auch bedenken, dass eine grüne Hecke dem Garten einen sehr ruhigen Rahmen verleiht und so das Augenmerk viel stärker auf die Blumenbeete gelenkt wird. Für den kleinen Garten haben Kletter- und Hochstammrosen eine große Bedeutung, da sie sehr Platz sparend das klassische Rosenbeet ersetzen. Achten Sie bei der Sortenwahl jedoch unbedingt auf eine lange Blütezeit.

Daneben gibt es unter den Miniaturrosen zahlreiche Sorten, die von Höhe und Blütengröße den Proportionen eines kleinen Gartens entsprechen. Sie finden sogar kleine Strauchsorten, die sich ohne großen Platzbedarf in das Gesamtgefüge des Gartens einfügen. Stauden sollten Sie vor allem nach folgenden Kriterien auswählen:

- Vermeiden Sie stark wachsende und wuchernde Arten.
- Legen Sie Wert auf lange Blütezeit und verwenden Sie remontierende Arten und Sorten. Diese blühen nicht nur im Frühsommer, sondern auch im Spätsommer. Rittersporn *(Delphinium)*, Feinstrahl *(Erigeron)* und Sommersalbei *(Salvia nemorosa)* gehören zu dieser Gruppe.
- Natürlich muss man bei Stauden auch auf die Wuchshöhe achten. Giganten wie das große Chinaschilf *(Miscanthus gigantheus)* eignen sich nicht für kleine Flächen. Die höchsten Stauden sollten etwa eine Höhe von 1,20–1,50 m erreichen.
- Es ist wichtig, dass Sie sich bei der Pflanzenwahl beschränken, so dass größere Flächen mit einer Art zuwachsen können. Das gibt dem Garten eine wesentlich großzügigere Note als ein kunterbuntes Sammelsurium.
- Natürlich sollten immer einige Frühlingsblüher zwischen die Stauden gemischt werden, die das Beet in den Frühlingswochen angemessen ergänzen.

Den Platz optimal nutzen

Wer den Garten optimal nutzen will, der sollte jedes noch so kleine Eckchen gestalten. Unter den Gewächsen sind Kletterpflanzen sicherlich ein Geheimtipp, denn sie bringen nicht nur viel Grün in den Garten, sondern bereichern mit ihren Blüten und Blattfärbungen die Stimmungen in den einzelnen Jahreszeiten. Eine weitere Möglichkeit für kleine Gärten bieten Treppen und Mauern, die zusätzliche Pflanzflächen darstellen, wenn man den Platz dafür frühzeitig einplant. In kleinen Gesteinsspalten siedeln sich bevorzugt Pflanzen der Bergwelt an, die mit den kargen Bedingungen gut klarkommen. Mauerpfeffer *(Sedum acre)*, Hauswurz *(Sempervivum* in Arten und Sorten*)* sowie niedrige

Die Kunst der Gartengestaltung
Der kleine Garten

Glockenblumen *(Campanula)* werden sich rasch ausbreiten und in die Ritzen schmiegen. Auch wassergebundene Wegedecken aus Splitt oder Kies eignen sich hervorragend zur Ansiedlung zusätzlicher Gartenpflanzen. Die Königskerze *(Verbascum olympicum)* entwickelt aus ihren Rosetten wunderschöne Kerzen, die mannshoch werden, aber durch ihren schlanken Habitus selbst in kleinen Gärten gut zur Geltung kommen.

Die Hochstammrose 'Paul Noël' bildet zauberhafte rosafarbene Blütenkaskaden

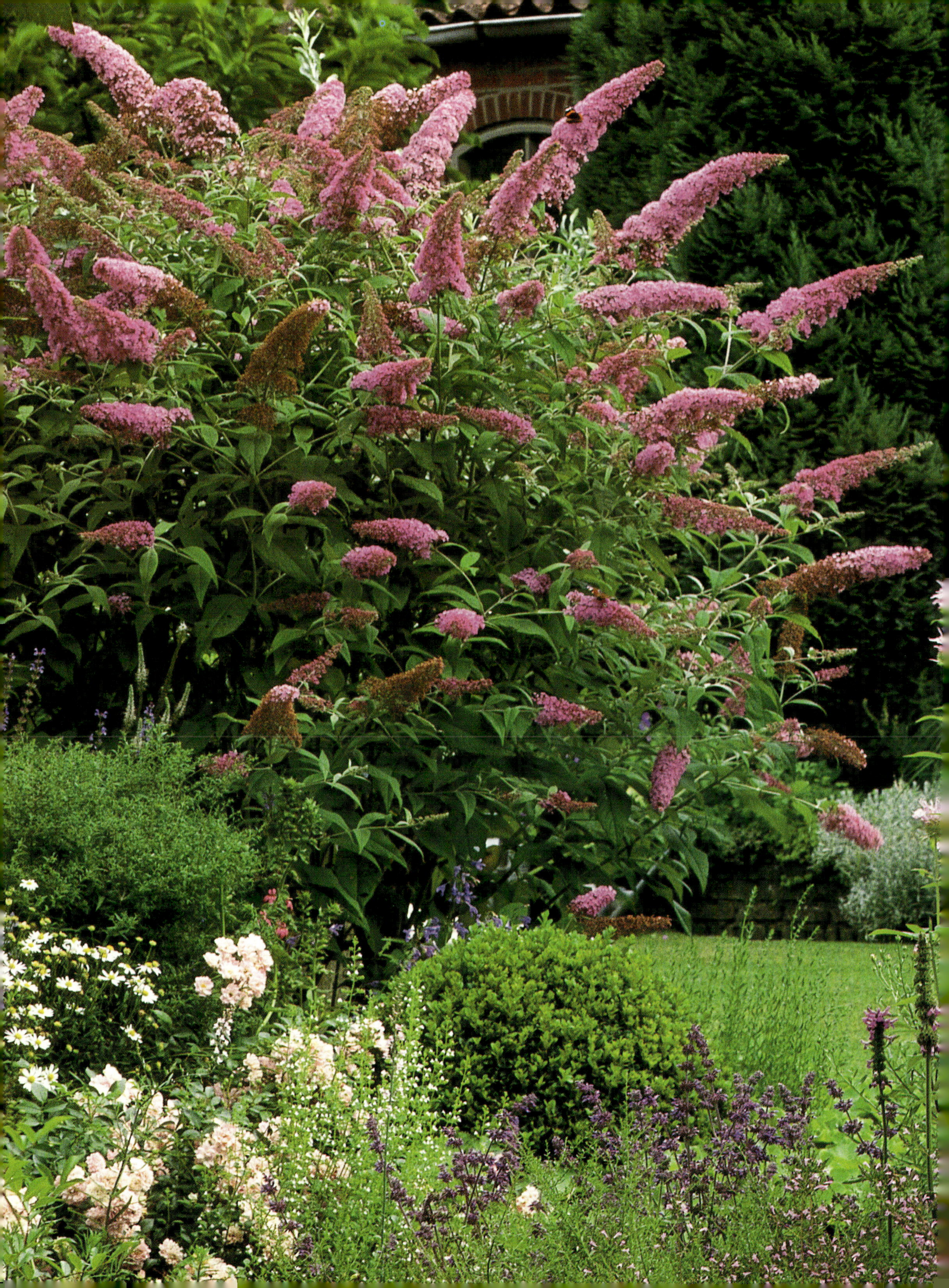

Schöne Gärten rund ums Jahr

Schöne Gärten im Frühling

Im Frühling hat das Hoffen auf Blüten endlich ein Ende. Zwar ist es im Freien immer noch recht frisch und Niederschläge sind keine Seltenheit, aber dennoch entfalten die ersten Knospen bereits ihre Schönheit. Besonders Zwiebelblumen, Zweijährige und Sträucher bestimmen diesen Flor. Widmen Sie den ersten Farbtupfern der neuen Gartensaison ein eigenes Beet, und pflanzen Sie die Frühaufsteher an die Stellen, an denen Sie häufig vorbeigehen. In der Frühlingsrabatte zeigt sich der Lenz in seiner ganzen Pracht. Noch ist das Laub an den Zweigen rar, so dass viel Licht durch Sträucher und Bäume bis auf den Boden hindurch dringt.

Der Gartenweg wird in diesen Wochen häufig benutzt, denn die Frühlingsarbeiten sind nun in vollem Gange und die nasse, kalte Erde sollte noch geschont werden. Auf dem Weg können Sie aber Tag für Tag im Vorbeigehen die großen Fortschritte der Natur beobachten und sich daran erfreuen. Daher sollten Sie darauf achten, dass gerade auch die nähere Umgebung des Pfades attraktiv gestaltet ist. Im Folgenden finden Sie Vorschläge für die Bepflanzung eines Blumenbeetes sowie für die Ränder eines Gartenweges.

Bild links:
Im Frühlingsgarten leuchten der gelb blühende Hundszahn und die dunkelrote Christrose

Bild rechts:
Aus einem Meer von roten Tulpen erheben sich majestätisch die Kaiserkronen

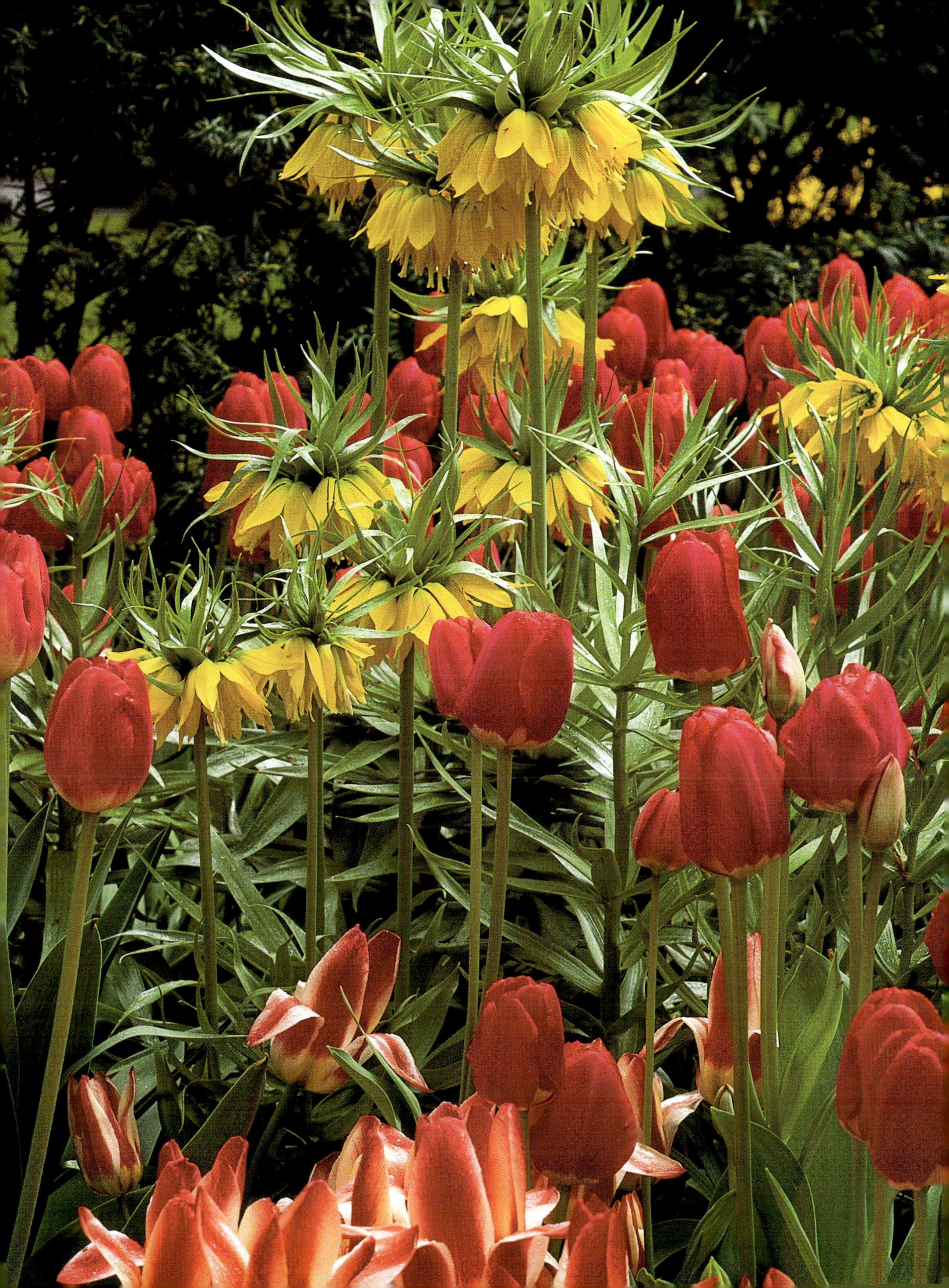

Das Blumenbeet

Stauden, Gehölze und Sommerblumen spielen in diesem Beet die Hauptrolle und lassen den Frühling in allen Tönen erklingen. Die roten Azaleen (Rhododendron-Hybriden) und der Ranunkelstrauch (Kerria japonica) geben dem Beet an den hinteren Ecken einen Rahmen, der sich im Laufe des Sommers schließen wird. Geißbart (Aruncus dioicus) und Schönaster (Kalimeris incisa) wachsen dann zu stattlichen Horsten heran und schließen den Rand zu einer vollständigen Kulisse. Der erste Hauch von Frühling geht durch das Beet, wenn die Narzissen, die zwischen Wieseniris (Iris sibirica) und Taglilien (Hemerocallis) verstreut wachsen, ihre Trompeten öffnen. Für eine nahtlose Fortsetzung dieses Blütenauftakts sorgen die Kaukasusvergissmeinnicht (Brunnera macrophylla). Hierbei wird nicht die normale Art, sondern die Sorte 'Langtrees' verwendet, da sie kleine silbrige Tupfen auf den herzförmigen Blättern trägt. Diese Zeichnung bereichert das Gartenbild auch nach der Blüte. Grundsätzlich wirken die verzweigten Blütenstände dieser Staude sehr lange dekorativ, denn nach und nach öffnen sich immer wieder neue Blüten, die den Vergissmeinnicht (Myosotis sylvatica) zum Verwechseln ähnlich sehen. Daher ergibt sich hier auch eine schöne Ergänzung durch den Teppich aus Vergissmeinnichtpolstern. Diese zweijährige Pflanze schafft einen eleganten Übergang zu den angrenzenden Beetbereichen und dem davor liegenden Plattenbelag.

Schöne Gärten rund ums Jahr
Im Frühling

ⓐ Amphore
❶ rote Azaleen (Rhododendron-Hybride)
❷ Ranunkelstrauch (Kerria japonica)
❸ orange Azalee (Rhododendron-Hybride)
❹ Kaukasusvergissmeinnicht (Brunnera macrophylla 'Langtrees')
❺ Goldfelberich (Lysimachia punctata)
❻ Geißbart (Aruncus dioicus)
❼ Hasenglöckchen (Hyazinthoides)
❽ Wieseniris (Iris sibirica 'Ego')
❾ Weinbergtulpe (Tulipa sylvestriis)
❿ Vergissmeinnicht (Myosotis sylvatica), im Sommer schmalblättrige Zinnie (Zinnia angustifolia)
⓫ Storchschnabel (Geranium-Pratense-Hybride 'Johnson's Blue')
⓬ Narzissen (Narzissus)
⓭ Schönaster (Kalimeris yomena)
⓯ rotblättriger Günsel (Ajuga reptans 'Atropurpurea') mit Traubenhyazinthen (Muscari armeniacum)
⓰ Taglilie (Hemerocallis-Hybride 'Corky')
⓱ Schleifenblume (Iberis sempervirens)

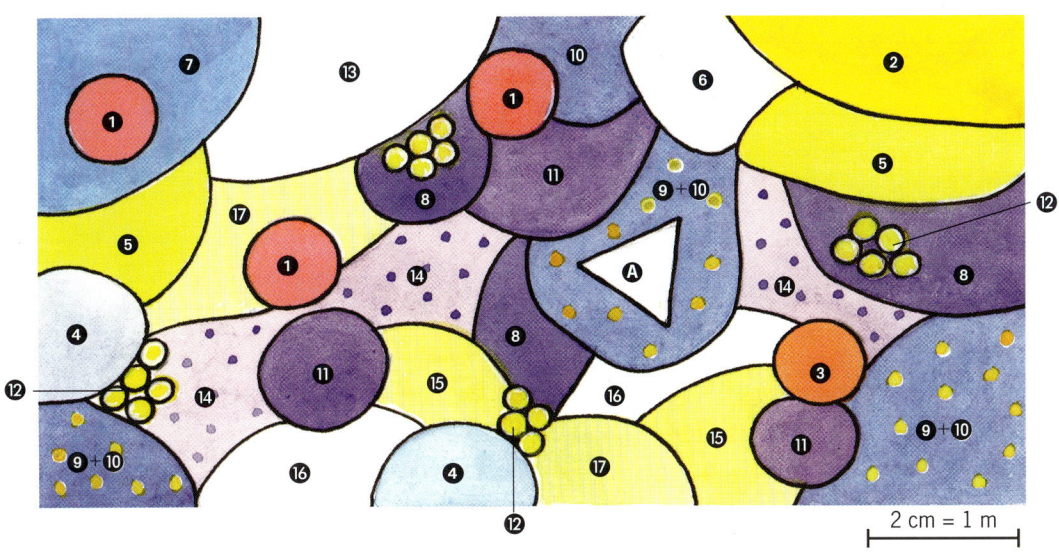

2 cm = 1 m

Blaue Blütenkissen umfließen die Azaleenbüsche (Rhododendron), die die Gartenszene mit ihren leuchtenden Farben dominieren

Inmitten dieses blauen Sees wachsen Weinbergtulpen *(Tulipa sylvestris),* die ihre Blütenstiele schwungvoll überneigen, bis die Blüten tatsächlich gegen Ende April geöffnet sind. Als Alternative lassen sich auch Narzissen zwischen die Vergissmeinnicht mischen.

Das Duett aus Zwiebelblume und Zweijähriger wiederholt sich am entgegengesetzten Ende des Beetes, so dass die Pflanzung einen Zusammenhalt über die Eckpunkte bekommt. Die Amphore, die der Bepflanzung einen dauerhaften Ruhepol gibt, unterteilt das Beet in der Breite in gleich große Hälften, in der Länge dagegen im Verhältnis 1:2. Beides sind harmonische Maße, die das Auge als angenehm empfindet. Auch vor diesem Tonobjekt erscheint nochmal ein kleines Polster aus Vergissmeinnicht und Weinbergtulpen, wodurch im Frühjahr eine Dreiecksbeziehung deutlich wird.

Das Gelb der Weinbergtulpen spiegelt sich im Ranunkelstrauch rechts im Beet wider. Ebenso bekommt das Blau der beiden Vergissmeinnicht Unterstützung durch die kräftig blauen Blüten der Traubenhyazinthen, die sich durch den dichten Teppich des Günsels *(Ajuga reptans* 'Atropurpurea') schieben. Dadurch entsteht ein klarer Kontrast zu den roten Azaleen. Wem deren kräftig rote Blütenfarbe nicht zusagt, der kann hier mit einer Kletterrose zu einem späteren Zeitpunkt einen Höhepunkt setzen. Die Mandarinrose *(Rosa moyesii)* 'Nevada' beispielsweise fügt sich wunderschön ein. Ihre weißen Blüten sind über den ganzen 2,50 m hohen Strauch verteilt und bilden einen hübschen, hellen Fleck im Halbschatten des Baumes im Hintergrund. Die Blütezeit entspricht etwa der des Storchschnabels *(Geranium-Pratense*-Hybride) 'Johnson´s Blue', so dass sich hier eine willkommene Beziehung ergibt.

Zusätzlich bereichern die weißen Kissen der Schleifenblume *(Iberis sempervirens)* das Beet mit ihrem Flor. Kaum noch etwas ist von den Blättern zu sehen, so dicht stehen die Blüten im April und Mai. Förderlich sind in diesen Wochen sonnige, nicht zu heiße Tage, damit die Blütenpracht möglichst lange anhält. In den übrigen Wochen des Jahres erweist sich die mehrjährige Schleifenblume als ein sehr angenehmer Begleiter, denn das dunkelgrüne Laub schmückt das Beet dezent.

In den Frühlingswochen schließen sich die Lücken zwischen den bereits blühenden Pflanzen. Goldfelberich *(Lysimachia punctata)* und Frauenmantel *(Alchemilla mollis)*, Wieseniris *(Iris sibirica)*, Geißbart *(Aruncus dioicus)* und Schönaster *(Kalimeris)* füllen die Zwischenräume. Eine sehr geschickte Kombination stellen Taglilien *(Hemerocallis)* und Narzissen *(Narcissus)* dar. Das Laub der Zwiebelblumen muss nach der Blüte noch stehen bleiben, aber es dauert einige Wochen, bis es welkt. Diese gelbbraunen Büschel sehen natürlich im Mai nicht mehr sehr dekorativ aus, weshalb man sie von dem sehr ähnlichen, straff aufrecht stehenden Laub der Stauden überwachsen lässt. Auch auf andere Beetsituationen kann diese Kombination sehr schön übertragen werden. Voraussetzung dafür sind allerdings früh blühende Narzissen-Sorten und Taglilien, die im Winter das Laub einziehen.

Wenn der Sommer kommt
Fast nahtlos geht das Frühlingstreiben auf dem Beet in ein Sommerfest über. Die Kulisse schmückt nun der Geißbart mit seinen rahmweißen Blütenrispen, die sich wie Federn im Wind wiegen. Den Höhepunkt bilden natürlich im Frühsommer die Wieseniris. Mit 'Ego', die ab Anfang Juni blüht, bekommen Sie eine bewährte Sorte mit interessanten Blüten. Sie können die Horste auch aus verschiedenen Sorten zusammenstellen, so dass die Blütezeit etwas verlängert wird. 'Blue Mere' oder 'Cambridge' sind Wieseniris, die erst Mitte Juni blühen. 'Annic' und 'Blue Burgee' dagegen öffnen schon im Mai ihre violetten oder blauen Blüten. Bei solchen Kombinationen müssen die verschiedenen Wuchshöhen immer gut aufeinander abgestimmt werden, damit sich die Sorten nicht gegenseitig verdecken. Das Blau bekommt durch den Storchschnabel 'Johnson´s Blue' mit seinen auffällig großen Blüten eine zusätzliche Betonung.

An die Amphore schmiegt sich nun von hinten der Goldfelberich, der einen auffälligen Kontrast zu den Blautönen darstellt. Gleich-

Im Sommer bestimmen Goldfelberich (Lysimachia) und Taglilien (Hemerocallis) zusammen mit Geißbart (Aruncus) im Hintergrund und niedrigen Glockenblumen (Campanula) das Blumenbeet. Noch immer schmücken die dekorativen herzförmigen Blätter des Kaukasusvergissmeinnicht (Brunnera) die Randbereiche

zeitig unterstützt der Frauenmantel mit seinen gelbgrünen Blütenwolken die helle, lichte Note. Da die Vergissmeinnicht nun allmählich vergehen, sollte mit den Eisheiligen Mitte Mai ein Wechsel vorgenommen werden. Besonders hübsch wirken die kleinen, schmalblättrigen Zinnien *(Zinnia angustifolia)*. An ihren Trieben erscheinen in einem klaren Orange margeritenförmige Blüten und leuchten die Eckpunkte des vorderen Dreiecks aus.

Als Alternative zu den Zinnien bieten sich kleinblumige Studentenblumen *(Tagetes)* an, die Sie sowohl in klarem Gelb als auch in Orange verwenden können. Vermeiden sollte man allerdings die bräunlichen bzw. großblumigen Typen, damit die Wirkung nicht zu kräftig und extravagant wird.

Ab Juli kommen dann an den Taglilien die ersten Blüten zum Vorschein. Die Sorte 'Corky' zählt zu den kleinblumigen Formen und trägt zitronengelbe Blüten. Diese sitzen an dunkelbraun gefärbten Stielen, wodurch sich ein weiteres Detail ergibt.

Als abschließender Höhepunkt des Sommers spielt sich die Kulisse nochmals in den Vordergrund. Ab August sind die Büsche der Schönaster dicht mit weißlila Blüten übersät, so dass der Eindruck einer hellen Wolke entsteht, die meist bis zu den ersten Frösten einen hübschen Blickfang bietet.

Der Lenz wird begrüßt

Die verschwenderische Schönheit zu Beginn des Gartenjahres unterscheidet sich von der des Sommers vor allem dadurch, dass sie nicht auf Vielfalt beruht, sondern auf vielen gleichen Blüten. Es sind die Bilder, die aus der Natur bekannt sind: Buschwindröschen *(Anemone nemorosa)* in riesigen Teppichen, Bärlauch *(Allium ursinum)* als große Decke mit unverkennbarem Duft oder Schlüsselblumen *(Primula veris),* die ihre schwefelgelben Blüten als Rasenteppich strecken.

Auch im Garten können diese Bilder lebendig werden, wenn man die entsprechenden Pflanzen verwendet und ihnen genügend Raum zum Ausbreiten lässt. Der Elfenkrokus *(Crocus tommasinianus)* beispielsweise sorgt für eine frühlingshafte Pracht am Gehölzrand. Er verwildert im Laufe der Jahre und taucht in lockeren Abständen immer häufiger auf. Ganz ähnlich verhält es sich mit Schneeglöckchen *(Galanthus nivalis, Galanthus elwesii),* denen man am besten im halbschattigen Teil der Blumenwiese einen Platz einräumt. Ihre Samen werden von Ameisen „verschleppt", und so beginnen diese Frühaufsteher im gesamten Garten zu vagabundieren.

Die Teppiche von Gedenkemein *(Omphalodes verna)* mit den wasserblauen Vergissmeinnichtblüten und die weißen Decken des Waldmeisters *(Galium odoratum)* schmücken schattige Bereiche. Die Gesellschaft von einigen Farnen erweist sich als geschickt, da es so auch im Sommer nie langweilig wird. Allerdings sollte man bei der Pflanzenwahl für verschiedene Blattformen sorgen. Zu den quirlförmig angeordneten Blättern des Waldmeisters passt die ungefiederte Hirschzunge *(Phyllitis scolopendrium),* dagegen verträgt das Gedenkemein besser Arten mit gefiederten Wedeln wie beispielsweise den Rotschleierfarn *(Dryopteris erythrosora),* der durch seine rötlichen Stiele zusätzlich belebend wirkt.

Die verschwenderische Fülle des Frühlings kommt auch bei einem einzelnen Blütengehölz wie der Zierkirsche *(Prunus serrulata)* zum Ausdruck. Hierbei ist es aber wichtig, dass der Baum auf einer Wiese bzw. einem Rasen steht. Auf diese Art und Weise erleben Sie auch den eindrucksvollen Blütenfall, der die ganze Baumscheibe wie Schnee mit einer Decke aus rosa oder weißen Blütenblättern bedeckt. Fallen die Blütenblätter dagegen in ein Beet, kann man diesen Moment nicht so schön genießen, da schon allein der frische Auftrieb der Stauden auf seine Art einen besonderen Genuss darstellt.

Kleinere Gartenbereiche werden so während der Frühlingstage zu einem Höhepunkt, und Sie bringen den natürlichen Charme dieser Jahreszeit gut zur Geltung. Ist in einem kleinen Garten allerdings wenig Raum für derartige Großzügigkeit, so spielen Sie stattdessen mit gleichen Farben.

Kaiserkronen *(Frittilaria imperialis)* kombiniert mit Tulpen *(Tulipa)* und Narzissen *(Narcissus)* decken als kleines Arrangement den Bereich Gelb, Orange und Rot ab. Sie können hier auch ergänzend Gemswurz *(Doronicum plantagineum)* mit seinen großen, gelben Margeritenblüten pflanzen.

Ebenfalls hübsch auf Flächen, die kleiner als ein Quadratmeter sind, wirken Hyzinthen gemischt mit Traubenhyazinthen in verschiedenen Blau- und Lilatönen. Die Zwischenräume füllt man mit blau blühenden Primeln *(Primula vulgaris)* und schafft so hübsche Blickfänge.

Frühlingspracht

In den Wochen zwischen März und Mai gibt es einige Gartengewächse, die sich großartig in den Vordergrund spielen. Hierzu gehören beispielsweise die verschiedenen Rhododendren (*Rhododendron*-Hybriden): Sie wirken nicht nur gut in der Gruppe, sondern ergänzen sich auch gegenseitig auf sehr harmonische Art und Weise. Aber leider lassen Rhododendren nur wenigen Nachbarn genügend Raum, um sich gebührend zu entfalten. Hier ist ganz dezenter Blattschmuck gefragt, der das Bild vervollständigt, ohne die Farbenpracht der Sträucher zu beeinträchtigen. Dunkelrot belaubter Günsel (*Ajuga reptans* 'Atropurpurea'), Prachtspieren (*Astilbe-Chinensis*-Hybriden) und Funkien (*Hosta* in Arten und Sorten) erweisen sich in vielfältiger Hinsicht als günstige Partner.

Der Günselteppich kann vor der Rhododendron-Blüte mit Narzissen geschmückt werden, Prachtspieren und Funkien sorgen im Laufe des Sommers für Blütenschmuck.

Flieder (*Syringia vulgaris*) und Hortensien (*Hydrangea macrophylla*) haben eine Ausstrahlung, die der der Rhododendren ähnlich ist und daher etwas Fingerspitzengefühl braucht. Als Einzelstücke lassen sie sich wunderbar integrieren, aber bereits zwei oder drei dieser Gehölze beherrschen die Situation.

Ein recht ungewöhnliches Bild ergibt sich, wenn Sie violette Fliedersträuche mit einem Blauregen (*Wisteria*) kombinieren. Der Flieder sollte bereits gut eingewurzelt sein, bevor sich der schlingende Gast im Geäst breit macht. Außerdem sollte man die Triebe dieses Klettergehölzes regelmäßig zurückschneiden, damit sich die wundervolle Farbmischung aus herabhängenden, wasserblauen Blütentrauben und violetten Fliederblüten gut vermischt.

Auch die früh blühenden Waldreben *Clematis montana* und *Clematis alpina* verzaubern den Garten, wenn man sie in einen Baum hineinwachsen lässt oder aber eine Wand oder ein kleines Dach damit begrünt. Kleine rosa Blütensterne bzw. lilablaue Glöckchen verwandeln die Triebe in wahre Blütengirlanden.

Durch die Kombination einer früh und einer spät blühenden Sorte kann die Blütezeit dieses Blickfangs zusätzlich verlängert werden. Der Vorbau über einer Haustür bekommt so beispielsweise einen kleinen Blütenbaldachin, der den Eingang schmückt, bevor man ihn später mit einjährigen Margeritensträuchern (*Argyranthemum frutescens*) oder einer Blumenampel für den Sommer herausputzt. Das Blütenmeer verwandelt das Eckchen für kurze Zeit in eine malerische Situation, deren Bild man noch lange vor Augen hat. Begleiter sollten sich grundsätzlich dezent im Hintergrund halten, um diesen Eindruck nicht zu stören.

Wiesenzeit

Das Frühjahr ist die Zeit der bunt blühenden Wiesen. Margeriten (*Leucanthemum*), Klatschmohn (*Papaver rhoeas*) und Wiesenstorchschnabel (*Geranium pratense*) lockern das Grün von Schwingel (*Festuca*) und Seggen (*Carex*) auf. Daher zunächst einmal einige Sätze zu der einfacheren Version der Frühlingswiese, die mit Hilfe von Zwiebelblumen ihre Pracht entfaltet. Narzissen (*Narcissus*) und Krokusse (*Crocus*) lassen sich gut auf einer vorhandenen Rasenfläche pflanzen. Frühe Arten und Sorten zaubern zarte Farbtupfer in das grüne Gras.

Grundsätzlich sollten Sie mit den Zwiebeln nicht geizen, sondern sie lieber großzügig einsetzen. Damit die Frühlingsblüher locker auf der Rasenfläche verstreut auftreten, nehmen

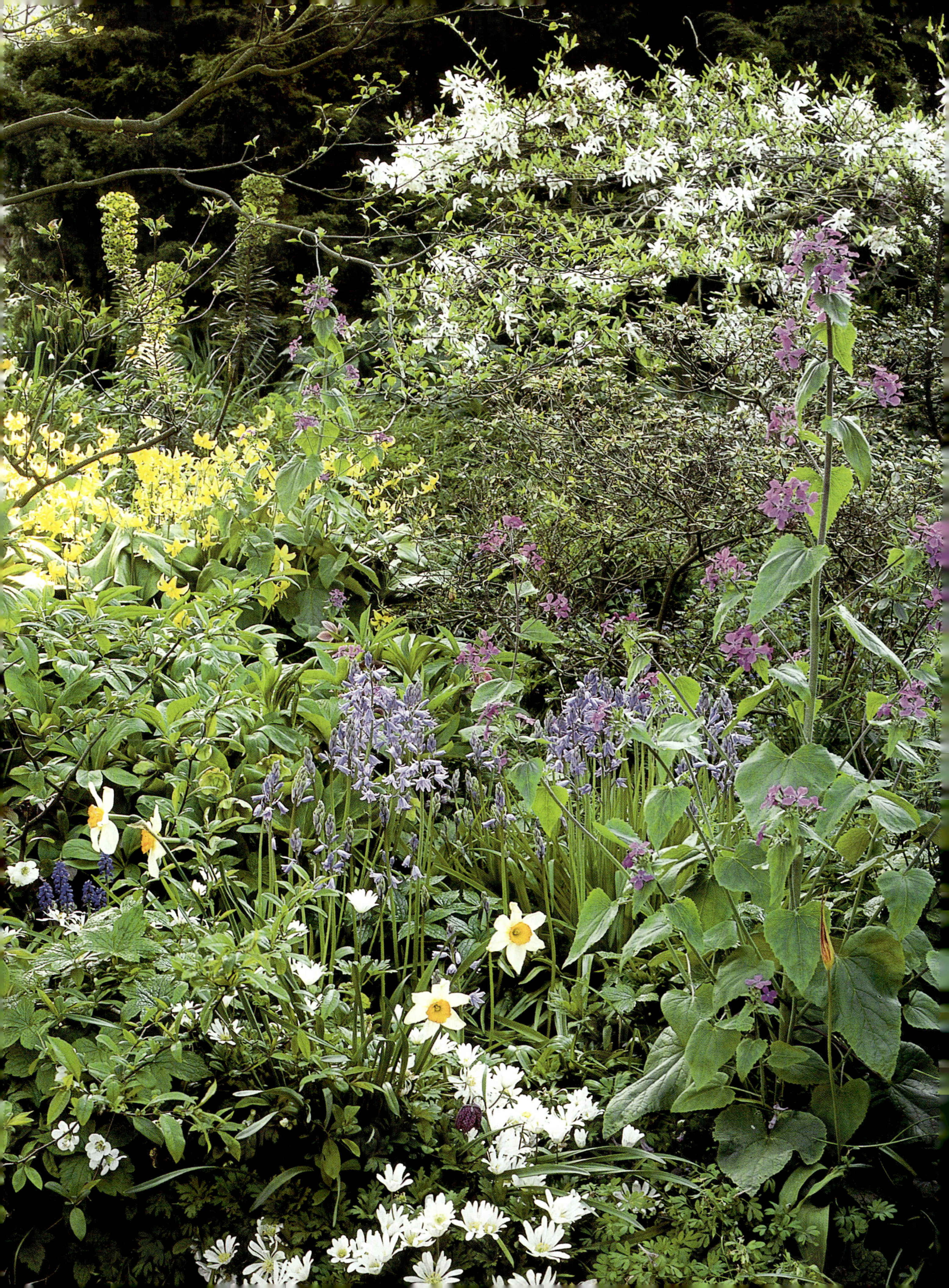

Sie bei der Pflanzung jeweils eine Handvoll Zwiebeln und werfen diese senkrecht in die Luft. Wo die einzelnen „Knöllchen" landen, werden sie dann auch gesteckt. Besonders gut eignen sich Wildarten für diese wiesenartige Verwendung, etwa Elfenkrokus *(Crocus tommasinianus)* und Zwergnarzissen wie *Narcissus cyclamineus*. Auch die späte Dichternarzisse *(Narcissus poeticus)* fügt sich malerisch in die Rasenfläche des Gartens ein. Unter Bäumen wirken Blausternchen sehr schön *(Scilla bifolia)*, die sich dann wie ein blauer Hauch auf dem grasgrünen Teppich ausnimmt.

Folgendes muss bei der Pflanzung von Zwiebeln im Rasen allerdings grundsätzlich beachtet werden:

- In den ersten zwei bis fünf Jahren sollten im Herbst regelmäßig einige Zwiebeln nachgepflanzt werden, damit sich diese Pflanzen auch durchsetzen können.
- Das Mähen darf im Bereich der Zwiebelpflanzungen erst beginnen, wenn das Laub von Narzissen und Co. allmählich gelb wird. Vorher tanken die Pflanzen nämlich auch Kraft für die Blüten des folgenden Jahres.

Eine „echte" Blumenwiese dagegen braucht unbedingt einen sehr nährstoffarmen Boden, um sich gut zu entwickeln. Daher sollten Sie einen fetten Boden entsprechend vorbereiten. Säen Sie dazu eine schnell wachsende Pflanzenart wie beispielsweise Bienenfreund *(Phacelia)* oder Sonnenblumen *(Helianthus)* ein, die reichlich Nährstoffe aufnimmt. Nach der Blüte werden die Pflanzen dann vollständig entfernt und kompostiert, im Gegensatz zu einer Gründüngung, bei der das Material in den Boden eingearbeitet wird. Auf diese Art und Weise lässt sich der Nährstoffgehalt des Bodens reduzieren. Möchte man eine Rasenfläche in eine Wiese umwandeln, so sollte die Düngung etwa ein Jahr zuvor eingestellt werden.

Der Boden wird gut gelockert. Welche Kräuter die Wiese dann besiedeln sollen, müssen Sie gut überlegen. Am besten studieren Sie die Wiesen in der Umgebung und greifen auf die dort auftretenden Arten zurück. Eventuell können Ihnen auch Naturschützer dazu gute Tipps geben. Die bekannten Klassiker der Wiese sind Kleearten *(Trifolium)* und Hahnenfuß *(Ranunculus)*. Lichtnelken *(Lychnis)* schmücken mit ihren fransigen rosa Blüten die Randbereiche. Weiße Margeriten *(Leucanthemum)* blühen im Mai und zusammen mit lilablauem Wiesensalbei *(Salvia pratensis)* erinnern sie an Wiesensträuße aus Kinderhänden. Ehrenpreis *(Veronica)*, Thymian *(Thymus)* und Gamander *(Teucrium)* wachsen eher flach und füllen die Wiese mit zarten lilablauen bzw. rosa Blüten. Diese Schönheiten sät man etwas tiefer als die Gräser. Auf einer kleineren Fläche können Sie die mehrjährigen Kräuter auch pflanzen. Dies ist zwar etwas mühsamer, aber dafür kann man den Erfolg schneller sehen. Die Grassaat wird auf die Fläche gestreut und nur mit etwas Sand abgedeckt. Geeignete Arten sind Straußgras *(Agrostis)*, Wiesenrispe *(Poa)* und diverse Schwingel *(Festuca)*.

Im Frühlingsgarten blühen Anemonen (Anemone blanda), blaue Hasenglöckchen (Waldhyazinthe) der violette Judassilberling (Lunaria), gelbweiße Narzissen (Narcissus) und gelber Hundszahn (Erythronium) vor dem weißen Busch der Sternmagnolie (Magnolia stellata)

Der Anblick einer Wiese im Frühjahr, wenn sich die ersten Blüten öffnen, ist wunderschön. Allerdings reagiert die Wiese auch empfindlich auf häufiges Betreten. Für alle, die die Fläche zum Spielen, Toben und Liegen haben möchten, wäre eine hoch wachsende Blumenwiese daher ungeeignet. Zwei- bis dreimal im Jahr wird die Blumenwiese gemäht. Da die Pflanzen dann höher stehen, sollten Sie eine Sense oder einen Balkenmäher benutzen. Das Gras lässt man trocknen und verwendet es anschließend als Mulchmaterial bzw. Tierfutter oder kompostiert es zusammen mit gröberen Stoffen wie zum Beispiel Holzhäcksel. Wichtig ist, dass die Wiese erst dann gemäht wird, wenn sich Gräser und Blütenpflanzen aussamen konnten. So entwickelt sich hinsichtlich der Artenvielfalt eine Eigendynamik.

Besonders schön wirkt eine Blumenwiese zwischen Obstgehölzen oder als Gartenende, wenn dahinter unbebautes Land liegt. Auf diese Weise bildet man einen malerischen Übergang von der Ziergartenflora zur landwirtschaftlich genutzten bzw. natürlichen Fläche.

Der Gartenweg

Das Frühjahr ist noch nicht so einladend warm, dass man sich tatsächlich Ruhepausen unter freiem Himmel gönnt. Etwas Bewegung tut gut, damit es angenehm bleibt, und schließlich ist auch genügend zu tun. Im Vorübergehen sollten Sie den Frühling aber dennoch pur genießen können, und so sollten unbedingt am Wegesrand die ersten Schönheiten blühen. In dem Entwurf des Gartenwe-

Blaue Zwergiris (Iris) und goldgelbes Steinkraut (Alyssum) bestimmen die Farbpalette zwischen der rotlaubigen Berberitze (Berberis) und dem graulaubigen Lavendel (Lavandula)

ges ist diese Idee realisiert worden. Dabei wurde aber nicht ein schnurgerader Weg gewählt, sondern einer, der sich etwas schlängelt, so dass man die Umgebung immer aus einem anderen Blickwinkel betrachten kann. Am Wegesrand wurde sogar ein kleiner Sitzplatz eingeplant.

Er lockert nicht nur die gleichmäßige Struktur am Rand auf, sondern wirkt zugleich einladend und freundlich. Vielleicht reicht ja doch schon die Mittagssonne aus, um sich eine kurze Pause zu gönnen. Stünde der Stuhl nicht bereit, kämen Sie bestimmt nicht auf die Idee, den Garten auch einmal aus der sitzenden Perspektive zu betrachten. Schließlich müßten zuvor die Möbel aus dem Winterquartier geholt werden.

Als Einfassung dieser ungewöhnlichen Kombination von Beet, Wegrand und Sitzplatz dient eine Berberitze *(Berberis thunbergii)*. Sie bildet eine kleine Hecke, die zwar optisch dem Ensemble Zusammenhalt verleiht, aber keinen Sichtschutz darstellt.

So bleiben die angrenzenden Gartenbereiche gut einsehbar. Rotlaubige Sorten der Berberitze, zum Beispiel 'Purpurascens' oder 'Rose Glow', wirken sehr dekorativ. Zum einen spielen sich bei Frühlingsbeginn die austreibenden Blätter wunderschön in den Vordergrund, zum anderen bieten die Blüten im Mai sowie die Früchte im Herbst zusätzlich Höhepunkte. Schließlich ist nicht allzu viel Platz vorhanden, so dass man mög-

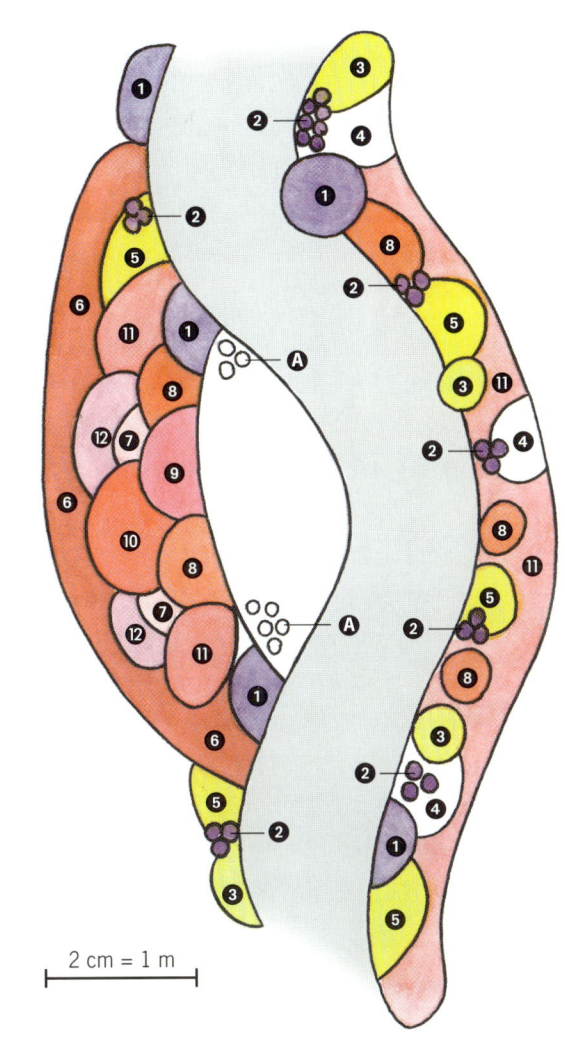

2 cm = 1 m

❶ Lavendel (Lavandula angustifolia 'Hidcote Blue')
❷ Zwerg-Schwertlilie (Iris-Barbata-Nana)
❸ Steinkraut (Alyssum saxatile)
❹ rotblättriger Salbei (Salvia officinale 'Purpurascens')
❺ Heiligenkraut (Santolina chamaecyparis)
❻ Zwergberberitze (Berberis thunbergii)
❼ Schwertlilie (Iris-Barbata-Elatior 'Vanity')
❽ Fetthenne (Sedum-Telephium-Hybride 'Herbstfreude')
❾ hohe Flammenblume (Phlox paniculata 'Landhochzeit')
❿ Indianernessel (Monarda-Hybride 'Croftway Pink')
⓫ Braunelle (Prunella grandiflora 'Rosa')
⓬ Gelenkblume (Physostegia 'Bouquet Rose')
● Töpfe mit Sukkulenten

lichst viele Bilder durch wenige Pflanzen in Szene setzen muss, damit keine Langeweile entsteht. Weitere interessante Aspekte der Farbgestaltung kommen durch die rote Laubfarbe im Kontrast zu den grauen Blättern des Lavendels *(Lavandula angustifolia)* und der Fetthenne *(Sedum)* ins Spiel bzw. durch die rosa Blüten der Schwertlilien *(Iris-Barbata-Elatior* 'Vanity').

Die Bepflanzung rund um den Sitzplatz ist so gewählt, dass er während der Sommermonate von wunderschönen, duftenden Blüten umgeben ist. Indianernessel *(Monarda*-Hybriden) und Phlox *(Phlox paniculata)* überzeugen durch eine anhaltende Blüte. Außerdem wachsen die Horste so hoch, dass man in einer Nische etwas geschützt sitzen kann, was der ganzen Situation Gemütlichkeit und Geborgenheit verleiht.

Im Frühjahr dagegen spielen niedrige Steingartenpflanzen die Hauptrolle. In erster Linie sind es Steinkraut *(Alyssum saxatile)* und Zwergiris *(Iris-Barbata-Nana*-Hybriden), die als Duo auftreten. 'Cyanea' mit 15 cm Höhe oder 'Adrienne Taylor', deren Stiele 35 cm hoch werden, wirken hier mit violettblauen Blüten eindrucksvoll als Kontrast zu den kleinen gelb blühenden Büschen des Steinkrautes. Dieses Paar wiederholt sich immer wieder in der Randbepflanzung.

Die zusätzliche Frühlingswirkung dieser Gestaltung beruht zu einem großen Teil auf den Blattfarben. Die lilablauen Zwergiris heben sich beispielsweise von dem rotblättrigen Salbei *(Salvia officinalis* 'Purpurascens') sehr schön ab, zumal diese Blätter im Austrieb eine frische Note tragen. Auf der anderen Seite bieten die Lavendelbüsche mit ihren weißgrauen Blättern einen schönen Hintergrund. Dieses Grau verstärken zusätzlich die treibenden Fetthennen *(Sedum-Telephium*-Hybriden 'Herbstfreude') und das Heiligenkraut *(Santolina chamaecyparissus)*. Das Heiligenkraut ist ein beliebter Halbstrauch für geschnittene Einfassungen. Im Beispiel werden die Sträucher zwar durch Schnitt kompakt gehalten, aber keineswegs ganz kantig gestutzt. Der Busch sollte sich wie ein lockerer Kragen um die Schwertlilien legen.

Wenn der Frühling seinem Ende entgegengeht, findet ein Wechsel der Hauptakteure statt. Jetzt spielen Lavendel, Heiligenkraut und Braunelle *(Prunella grandiflora* 'Rosea') die erste Geige. Dabei umschließt die Braunelle mit ihren rosa Lippenblüten den Beetrand wie ein Saum. Die Lavendelbüsche sind dicht am Rand platziert, damit man ohne Mühen ihr köstliches Parfüm im Vorbeigehen erschnuppern bzw. einfach einmal mit der Hand einen Duftschwall aus dem Laub lösen kann. Das Heiligenkraut dient dazu, den bereits aus dem Frühjahr bekannten Kontrast zum Gelb erneut aufzubauen. Auf der Seite mit dem Sitzplatz verbindet sich das Lilablau hingegen mit rosaroten Blüten. Als Ergänzung kann man nun auf der mit Splitt befestigten Fläche kleine Gruppen mit Sukkulenten in Töpfen aufstellen. Fetthennen *(Sedum*-Arten), Hauswurz *(Sempervivum)* und nicht winterharte Echeverien *(Echeveria)* fühlen sich in der heißen Sommersonne wohl. Sie brauchen nur selten Wasser und runden die Bepflanzung ab. Wer etwas mehr Farbe wünscht, kann auch verschiedene Mittagsblumen *(Dorotheanthus)* und Portulakröschen *(Portulaca)* in die Töpfe pflanzen. Die Blüten öffnen sich nur in der warmen Mittagssonne.

Nun mag es sein, dass bei Ihnen im Garten der Weg länger oder kürzer ist, als in dieser Gestaltung gezeigt wird. Dieser Aspekt wurde in der Planung berücksichtigt, denn Sie können das Bepflanzungsmuster in der gleichen Weise noch einmal anschließen oder es auch verkürzen, indem Sie einzelne Gruppen von Iris und Fetthenne weglassen. Sie sollten jedoch davon absehen, Gruppen einzelner Arten zu vergrößern, um dadurch eine Verlängerung zu erreichen. Denn so würde die Wirkung schwerfällig und der Wegesrand seine Leichtigkeit verlieren.

Wenn der Herbst kommt

Ein weiterer Wechsel der Blumenbilder am Wegesrand findet im September statt. Nun beginnen die wundervollen Fetthennen, die gut 50 cm hoch wachsen, ihre purpurnen Blütenschirme aufzustellen. Schmetterlinge lassen sich gerne noch einmal davon locken und durch die rhythmische Wiederholung der kugeligen Einzelpflanzungen bekommt diese einfache Pflanzenwahl eine interessante Dynamik. Natürlich beginnt allmählich auch das Laub der Berberitze zu leuchten, und die kleinen roten Beeren blitzen dazwischen hervor. So ergibt sich ein Band, das wie eine Flammenwand wirkt. Die unermüdliche Gelenkblume (*Physostegia virginiana*) nutzt den Spätherbst für eine eindrucksvolle Blütenpracht und einen hübschen hellrosa Fleck zwischen den rot glühenden Berberitzen. Aber nicht nur die Bepflanzung allein sorgt für den Höhepunkt im Spätjahr, sondern auch Sie können diesen Moment

unterstützen. Vor dem Ende des Sommers sollten nämlich die Lavendelbüsche und das Heiligenkraut einmal mit der Schere zurückgeschnitten werden.

So erhalten diese verholzenden Halbsträucher eine saubere Form, die das Bild abrundet.

Zusätzliche Farben können Sie zum Herbst einbringen, indem Sie um den Stuhl Töpfe mit Winterchrysanthemen (*Dendrathema indicum*) stellen. Empfehlenswert sind natürlich solche Sorten, die sich dem Farbkonzept unterordnen. 'Nebelrose' und 'Herbströschen' sind hierbei zu empfehlen, da diese beiden zwar erst spät, dann aber bis in den November hinein blühen. Ideale Standorte für die Töpfe bieten die Ränder vor den hohen Schwertlilien, da diese ihren Charme nun verloren haben. Hübsch sieht es auch aus, wenn Sie auf dem grauen Splittbelag rote Blätter, die bereits von den Bäumen gefallen sind, auslegen.

Der Gartenweg im Herbst:
Rosafarbene Blüten mischen sich
zwischen die dekorativ gefärbten
Blätter von Berberitze (Berberis)
und Lavendel (Lavandula)

Den Frühling herausfordern

Nicht überall im Garten beginnt die Gartensaison mit einem bunten Blütenfest wie in den beschriebenen Situationen. Schließlich müssen auch für die anderen Jahreszeiten noch einige Höhepunkte übrig bleiben. Dennoch kann man auch an diesen Stellen Akzente setzen. In Terrakottagefäße werden Hornveilchen (*Viola cornuta*) und Narzissen (*Narcissus*) gesetzt, Primeln (*Primula vulgaris*) mit Traubenhyazinthen (*Muscari*) oder Vergissmeinnicht (*Myosotis sylvatica*) und Bellis (*Bellis perennis*) kombiniert. Dabei sollten Sie die Töpfe so dicht bepflanzen, dass kräftige Farbkleckse entstehen. Zwiebelblumen werden mit geringem Abstand gesteckt, damit selbst auf der kleinen Fläche das Gefühl von verschwenderischem Blütenüberfluss entsteht. Die Gefäße stellen Sie in einer kleinen Gruppe zusammen, so dass sich ein Blickfang ergibt, der das Auge vom kahlen Beet ablenkt und sich dabei selbst in den Vordergrund spielt. Stimmen Sie die Farben sorgfältig aufeinander ab, damit eine Verbindung entsteht. Zu den blauen Vergissmeinnicht passen gut weiße und rosa *Bellis*. Die gelben Narzissen bekommen durch gelbe Primeln und Hornveilchen stimmungsvolle Partner. Ebenso können Sie anstelle von auffälligen Blüten auch mal mit Blattschmuck ergänzen. Ein rotlaubiger Günsel (*Ajuga reptans* 'Atropurpurea') setzt zu weißen Hornveilchen einen hübschen Kontrast. So reicht dann meistens eine Gruppe mit drei Gefäßen bereits aus.

Im Sommer werden die Zweijährigen entfernt und die verwelkten Zwiebelblumen bis zur Herbstpflanzung trocken und kühl gelagert. Dabei sollten diese Zwiebeln dann doch im Garten Verwendung finden, damit sich die Speicherorgane im normalen Boden wieder erholen können. Die mehrjährige Topfkultur von Zwiebelgewächsen wie Tulpen und Narzissen erweist sich nämlich als ausgesprochen schwierig und eine überzeugende Blütenpracht über mehrere Jahre hinweg bleibt zumeist aus. Daher sollte man im Herbst jeweils neue, kräftige Zwiebeln kaufen und in die Töpfe pflanzen. So können Sie bei engem Pflanzabstand eine schöne Blütenfülle im Frühjahr erzielen.

Als Solist bereichert die Wolfsmilch (*Euphorbia characias* var. *wulfenii*) die Gartenbühne. Die immergrüne Staude bildet meterhohe Büsche mit grüngelben Blüten. Sie lässt sich gut im Topf kultivieren, da so der notwendige winterliche Nässeschutz leichter zu realisieren ist. Neben eine blaue Gartenbank oder einen einzelnen Stuhl gestellt, bietet die Wolfsmilch ein

Im Frühling entfalten die Azaleen (Rhododendron) ihre üppige Blütenpracht in allen Farbschattierungen. Hier geben sie einen leuchtenden Rahmen für die schlichte Steinfigur im Hintergrund ab

harmonisches Farbenspiel, das den Garten in den Monaten April und Mai ziert.

Ganz ähnlich können Sie Bergenien (*Bergenia*-Hybriden) mehrjährig im Topf kultivieren. Ist in einem Beet eine größere Lücke entstanden oder fehlt an der Treppe ein Farbtupfer, so stellen Sie das Gefäß zur Blütezeit dorthin. Im Sommer setzt man den Topf in ein verschwiegenes Eckchen und holt ihn zum Herbst wieder hervor. Dann nämlich färben sich die großen Blätter rot und schmücken zum Beispiel zusammen mit großen Kürbissen die Terrasse.

Hängende Kätzchenweiden *(Salix caprea* 'Pendula') bieten als Topfpflanzen einen stattlichen Blickfang, der bereits zeitig seine grauen, filzigen Blüten in der Frühlingssonne wiegt. Die Bäumchen, die meist nicht höher als 1,50 m sind, sollten aber kein Solo abgeben.

Die Erde um den Stamm herum kann mit Ehrenpreis *(Veronica)* oder Hornveilchen *(Viola cornuta)* bepflanzt werden. Allerdings muss man beachten, dass die Wurzeln der Weide rasch wachsen und einen dichten Filz bilden. Da die Pflanzen sich sonst gegenseitig das Wasser nehmen, sollte der Topf regelmäßig gegossen werden. Bei älteren Bäumen empfiehlt es sich, die Blumen einfach in kleineren Schalen um den Topf herum aufzustellen, da das Einpflanzen in den Wurzelfilz relativ mühsam ist. Außerdem sollte die Standsicherheit des Arrangements unbedingt berücksichtigt werden. In leichten und kleinen Töpfen kippen die Bäume an windigen Tagen immer wieder um. Entweder Sie beschweren den Topfboden mit Steinen oder Sie verwenden schwere Töpfe, die sich nicht so schnell aus dem Gleichgewicht bringen lassen. Nach der Blüte sollten die Zweige der Weide kräftig zurückgeschnitten werden, damit sich lange dekorative Zweige bilden, die im kommenden Frühjahr dicht mit Kätzchen besetzt sind. Den ganzen Sommer über muss immer wieder gründlich gegossen werden, da nicht nur der Wasserverbrauch der Weide sehr hoch ist, sondern sie bei Trockenheit auch anfällig für Pilzkrankheiten wird und dann nur kümmernd wächst.

Schöne Gärten im Sommer

Während der Sommermonate schmücken Blüten den Garten in Hülle und Fülle. Die Vielfalt an Farben und Formen kennt keine Grenzen, doch ist es eine Kunst für sich, die sommerliche Pracht zu inszenieren. Wie ein Regisseur muss der Gärtner für lückenlose Blüte in den Rabatten sorgen und zugleich darauf achten, dass für die übrigen Monate des Jahres dennoch einige „Highlights" bleiben. Schließlich soll sich dem Betrachter das ganze Jahr ein ansprechendes Bild bieten. Eine solche Situation zeigen wir anhand eines Inselbeetes. Besonders gut macht sich das Inselbeet an zentraler Stelle im Garten, so dass sein Blumenflor von jedem Punkt einen Blickfang darstellt.

Als zweiter Gestaltungsvorschlag präsentiert sich die Königin der Blumen – die Rose – mit einem kleinen, feinen Beet. Verschiedene Wuchsformen und Blüten-Schönheiten dieser Gattung werden von zahlreichen staudig wachsenden Kavalieren umworben.

Während der Sommermonate hält man sich im Garten vor allem auf, um den Lohn der Mühen und das schöne Wetter zu genießen. Daher sollte der Sitzplatz wie in unserem dritten Beispiel eine blütenreiche Oase sein, die zu vergnüglichen Stunden einlädt.

Bild links:

Der Stuhl zwischen den Rosenbüschen lädt zu einer kleinen Pause ein. In aller Ruhe kann man Pfingstrosen und Türkenmohn bewundern

Bild rechts:

Großblumige Sonnenblumen, zartes Mädchenauge und Sonnenhut lassen auch an trüben Sommertagen die Sonne scheinen

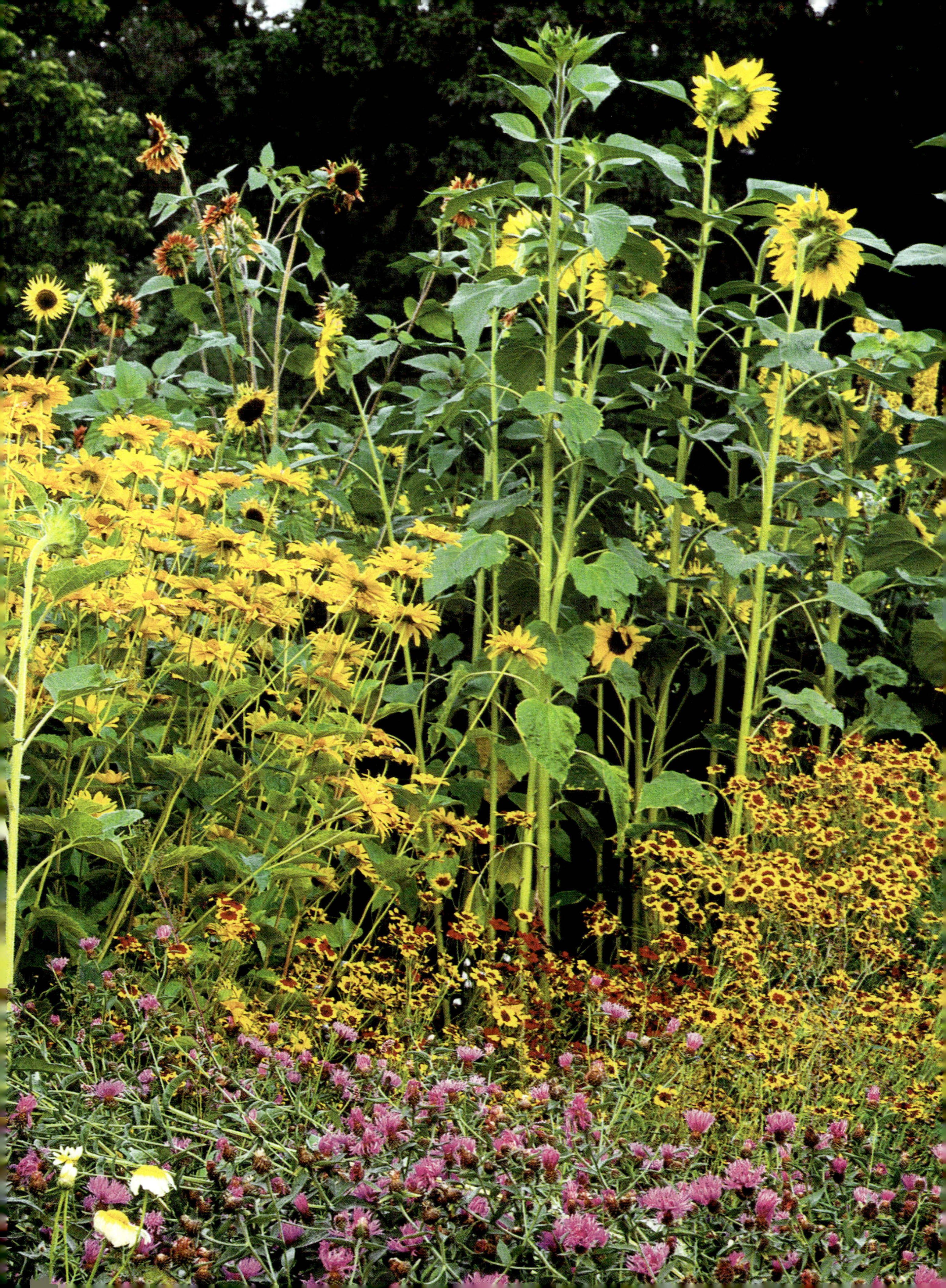

Die Blumeninsel im Rasen

Dieses Blumenbeet wirkt wie eine bunte Insel im Grün des Rasens. Das Besondere: Sie können sich die Gestaltung von allen Seiten ansehen und bekommen von der Pflanzung immer wieder ein neues Bild. Gleichzeitig ist eine solche Insel bequem zu pflegen und setzt im Garten einen Höhepunkt in puncto Blütenpracht.

Die Grundlage dieser Bepflanzung bildet eine besondere Höhenstruktur. Im Zentrum wachsen die höheren Pflanzen und zu den Seiten hin werden die Gewächse jeweils niedriger. Abstrakt gesehen bilden die Horste die Form eines Kegels. Wer diese großzügige Möglichkeit einer von allen Seiten begehbaren Gestaltung nicht hat, der kann natürlich auch eine Rabatte am Gartenrand ähnlich gestalten.

Dazu lässt man bei der Umsetzung den hinteren Bereich des Kegels weg, so dass die Bepflanzung wie bei einem klassischen pultförmigen Beetaufbau von der vorderen Seite zum Hintergrund ansteigt. Der in der Zeichnung hintere Teil der Insel wird begradigt. Diese Kante verläuft entlang der begrenzenden Kulisse, die ein Zaun, eine Hecke oder eine Mauer sein kann.

Im Sommer belebt das Farbtrio Weiß, Lilablau und Schwefelgelb die Insel. Am Anfang des Sommers stellen zunächst die Pfingstrosen *(Paeonia lactiflora)* einen Höhepunkt dar. Sie überzeugen durch ihre großen weißen Blüten und brauchen nur kleinere Begleiter wie Ehrenpreis *(Veronica spicata* 'Blaufuchs') oder Teppichglockenblume *(Campanula poscharskyana* 'Glandore'). Wer den Pfingstrosen dennoch etwas Höheres als Partner gegenüber stellen möchte, setzt im Herbst einige Zwiebeln vom Zierlauch *(Allium aflatunense)*

Schöne Gärten rund ums Jahr
Im Sommer

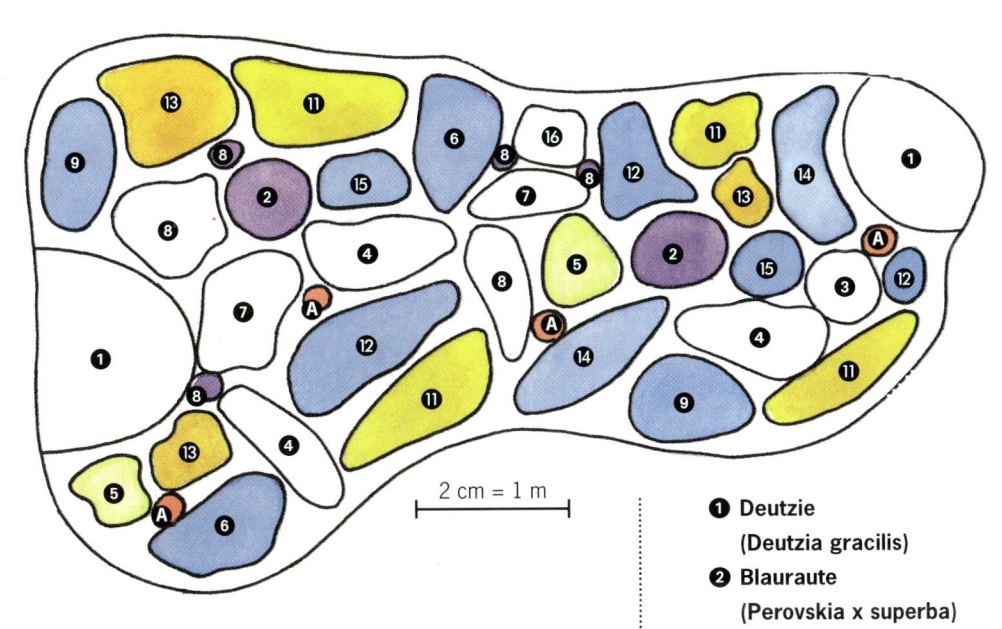

dazwischen. Die violetten Blütenstände sehen aus wie große Paukenschläger, die 70 cm hoch aus dem Bewuchs herausragen. Da diese Zwiebelblumen wenige Wochen nach der Blüte einziehen, kann man sie problemlos zwischen die Stauden setzen. Seitlich geben die niedrigen Büsche der Deutzie *(Deutzia gracilis)* dem Ensemble einen Zusammenhalt und unterstützen im Mai und Juni das weiße Farbelement in der Rabatte.

2 cm = 1 m

❶ Deutzie (Deutzia gracilis)
❷ Blauraute (Perovskia x superba)
❸ weiße Königskerze (Verbascum chaixii 'Album')
❹ Flammenblume (Phlox maculata 'Mrs Lingard')
❺ Schafgarbe (Achillea-Clypeolata-Hybride 'Moonshine')
❻ Teppichglockenblume (Campanula poscharskyana 'Glandore')
❼ weiße Pompon-Dahlie (Dahlia-Hybride)
❽ Pfingstrose (Paeonia-Lactiflora-Hybride)
❾ Ehrenpreis (Veronica spicata 'Blaufuchs')
❿ Gamander (Teucrium x lucidrys)
⓫ Mädchenauge (Coreopsis verticillata 'Moonbeam')
⓬ Bleiwurz (Ceratostiogma plumbaginoides)
⓭ Gemswurz (Doronicum caucasicum)
⓮ Polsterphlox (Phlox subulata 'G.F. Wilson')
⓯ Kaukasusvergissmeinnicht (Brunnera macrophylla)
⓰ Gänsekresse (Arabis caucasica 'Plena')
⓱ Rote Tulpen (Tulipa-Hybride)
⓲ lila Hyazinthen (Hyazinthus orientalis)

Die weißen Büsche der Deutzie (Deutzia) geben dem Beet einen schönen Rahmen

Im Hochsommer setzen die Blaurauten *(Perovskia* x *superba)* mit ihren straff nach oben gerichteten Trieben zwei rhythmische Akzente. Diese Halbsträucher werden nach dem Winter stark zurückgeschnitten, damit sich bis zum Sommer einige kräftige Blütenzweige bilden. Mit Beginn der Blüte im Juli entwickeln sich diese beiden Büsche dann mit 120 cm Höhe zu den Leitelementen, an denen sich die übrigen Pflanzen orientieren. Die lilablauen Blütenrispen sind jedoch immer noch so fein und zurückhaltend, dass für andere Blüten genügend Platz zur Entfaltung bleibt.

Betrachtet man die Insel von den unterschiedlichen Blickwinkeln aus, so ergeben sich immer wieder andere Gesellschaften. Mal schmiegen sich die schwefelgelben Blüten des Mädchenauges *(Coreopsis verticillata)* 'Moonbeam' an die Blauraute, mal bauen sich dahinter die gelben Schirme der Schafgarbe *(Achillea-Clypeolata-*Hybriden*)* 'Moonshine' auf. Die Dahlien *(Dahlia-*Hybriden*)* wirbeln ihre weißen Pompons durch die Luft, und all diese Pflanzen überzeugen durch eine ausgesprochen lange Blütezeit, die meist bis in den Herbst anhält. Und so geht das Mädchenauge ab September eine neue Verbindung mit dem erblühenden Bleiwurz *(Ceratostiogma plumbaginoides)* ein. Seine stahlblauen Blüten stehen über dem feuerroten Herbstlaub, so dass sich farblich in diesen Bereichen ein ganz klassischer Dreiklang ergibt. Diese Pflanzkombination sollten Sie sich übrigens auch für kleinere Ecken am Wegesrand oder neben der Treppe merken.

Die Dahlien müssen natürlich vor den ersten Frösten ausgegraben werden. Damit nun keine Lücken entstehen, verwenden Sie Winterchrysanthemen *(Dendranthema-Indicum-*Hybriden*)*, die es im Herbst in verschiedenen Farben für Balkone gibt. Pflanzen Sie möglichst knospige, buschige Exemplare, damit sich die Mühe, die Dahlien auszugraben und Winterastern zu setzen, mit einer deutlichen Verlängerung der Blüte bezahlt macht. Doch zurück zu den sommerlichen Begleitern. Die weißen Königskerzen *(Verbascum chaixii* 'Album') füllen die Zwischenräume mit ihrer Blütenpracht, ebenso der grazile Phlox *(Phlox maculata* 'Mrs. Lingard'). Letzterer unterscheidet sich von den wesentlich populäreren *Phlox paniculata-*Sorten durch einen ausgesprochen gesunden und robusten Wuchs.

Lilablaue Glockenblumen und Gamander *(Teucrium* x *lucidrys)* mit rosalila Blüten legen sich sehr hübsch zwischen die Horste und schaffen einen bodennahen Abschluss der Blumeninsel. Dabei können die Glockenblumen ihre Triebe an den Nachbarpflanzen emporklettern lassen.

Schon in den ersten Frühlingstagen erwacht das Beet zu neuem Leben. Rote Tulpen und die goldgelben Blüten des Gemswurz (Doronicum) stechen zwischen den kugeligen Büschen der Deutzien von weitem schon ins Auge

Frühlingsblüher wie Gemswurz *(Doronicum caucasicum)* und Kaukasusvergissmeinnicht *(Brunnera macrophylla)* sorgen auch im Sommer für schönen Blattschmuck. Die herzförmigen rauhen und glatten Oberflächen der Blätter bilden die unterschiedlichsten Grüntöne. Interessant schillern die graugrünen Kissen der Gänsekresse *(Arabis caucasica* 'Plena'). Einerseits stellen die Pflanzen einen optischen Ruhepunkt dar, an dem sich das Auge des Betrachters erholen kann. Andererseits haben Farb- und Formenspiel des Laubes ihren eigenen Reiz.

Wenn das Frühjahr kommt

Bereits zu Beginn der Gartensaison bietet die Blumeninsel ein farbenprächtiges Bild. Natürlich können Sie aufgrund des Platzes keine Wunder erwarten, aber immerhin erwachen schon im März die ersten Blüten aus dem Winterschlaf. Das große weiße Polster der Gänsekresse *(Arabis caucasica* 'Plena') eröffnet den Reigen zusammen mit lila Hyazinthen *(Hyacinthus-*Hybriden) und roten Tulpen *(Tulipa)*. Sie können die Blütezeit der Tulpen dadurch verlängern, daß Sie verschiedene früh, mittel oder spät blühende Sorten in der gleichen Farbe miteinander mischen. Zusammen mit der Gänsekresse entfaltet das Kaukasusvergissmeinnicht *(Brunnera macrophylla)* seine frischgrünen Blätter, und darüber tanzen die stark verzweigten Blütenstände im Frühlingswind. Über den grünen Blattkissen des Gemswurz *(Doronicum caucasicum)* leuchten die goldgelben Margeritenblüten. Wunderschöne kleine Einheiten ergeben sich zusammen mit den lilablauen Hyazinthenblüten, die einen süßlichen Duft verströmen. Außerdem steht der Polsterphlox *(Phlox subulata)* ab April in voller Blüte. Von den nadelförmigen Blättern ist fast nichts mehr zu erkennen, so dicht stehen die kleinen Sternchenblüten. Mit der wasserblauen Sorte 'G. F. Wilson' wirken die Flächen frisch und kühl, so wie die Frühlingsluft in diesen Wochen noch häufig genug ist.

Die Spuren des Winters verwischen

Die sommerlichen Blumenbeete sollen möglichst lückenlos und üppig blühen. Ärgerlich ist es deshalb, wenn da und dort eine Pflanze den Winter nicht überlebt hat. Aber es lässt sich kaum verhindern, dass vielleicht die eine oder andere Staude im Frühjahr nicht wie gewohnt auf der Gartenbühne erscheint. Frost, kalte Nässe und anhaltende Trockenheit im Winter sind hier regelrecht Feinde, wie auch Schnecken den Zorn des Gärtners auf sich ziehen, wenn sie sich im Frühling schamlos über die zarten Triebe hermachen. Mit mangelnder Fachkenntnis hat das nichts zu tun, und viel wichtiger ist das gärtnerische Geschick, den Ausfall zu kaschieren. Natürlich kann man gleich wieder dieselbe Pflanze setzen, doch damit wird man im Sommer häufig an den Verlust erinnert. Schließlich war der Horst zuvor eingewachsen und hatte sich mit der Rabatte entwickelt. Dazu sind Jungpflanzen im ersten Jahr eintriebig und zeigen auch noch nicht die typische Höhe und den gleichen Blütenreichtum, es sei denn, Sie können ein größeres Teilstück vom Nachbarn bekommen.

Grundsätzlich sind Sie in einem solchen Fall mit Sommerblumen gut beraten. Das Repertoire ist groß, und von Farben und Formen lässt sich leicht ein Ersatz finden, der tatsächlich in diesem Sommer überzeugt. Größere Löcher, die beispielsweise eine Leitstaude hinterlassen hat, flicken Sie mit einer Tithonie *(Tithonia rotundifolia)*, da sich diese wunderschön verzweigt. Sie müssen nur aufpassen, ob die orangeroten Blüten zu den Farben der Rabatte passen. Eine Alternative in Rosa, Weiß oder Violett ist die Spinnenpflanze *(Cleome spinosa)*, die gerne die Hauptrolle übernimmt. Ihre ungewöhnlichen Blüten geben dem Beet eine extravagante Note.

Bei kleineren Lücken muss man zwischen großblumigem oder kleinblütigem Ersatz entscheiden. Zinnien *(Zinnia elegans)* und Sommerastern *(Callistephus chinesis)* haben große rundliche Blüten. Gemeinsam decken sie die Farbpalette von Weiß über Gelb bis hin zu Orange, Rot, Rosa und Lila ab. Sehr dankbar und sehr schnellwüchsig ist auch der einjährige Sonnenhut *(Rudbeckia hirta)*. Als rispenartige Blütenstände bieten sich Levkojen *(Matthiola incana)*, Bartfaden *(Penstemon-Hybriden)* und einjähriger Rittersporn *(Consolida ajacis)* an. Eher lockere Füller mit kleineren Blüten sind Goldkamille *(Tanacetum parthenium)*, Jungfer im Grünen *(Nigella damascena)* und Eisenkraut *(Verbena rigida)*.

Diplomatische Nachbarn

Eine etwas andere Form von Lückenfüller benötigt man für die früh blühenden Stauden, die direkt nach der Blüte wieder einziehen. Vor allem Tränendes Herz *(Dicentra spectabilis)* und Türkenmohn *(Papaver orientale)* machen sich im Sommer rar und hinterlassen größere Löcher. Daher dürfen sie nicht zu weit vorne in einer Rabatte gepflanzt werden. Die duftigen Wolken des Schleierkrautes *(Gypsophila paniculata)* legen sich ganz diplomatisch in die Lücken. Ebenso kann man vor solchen Stauden höhere Herbstblüher wie beispielsweise Herbstastern *(Aster novi-belgii, Aster novae-angliae)* platzieren. Sie schießen erst im Laufe des Sommers richtig in die Höhe und bauen sich wie ein Paravent vor der Lücke auf.

Unverhoffte Blütenpracht

So mancher Baum oder Strauch, der im Frühling viele Blüten gebracht hat, lässt im Laufe des Sommers eher zu wünschen übrig. Doch Sie sollten solche Gehölze wie zum Beispiel Goldregen *(Laburnum* x *watereri)* oder Zierkirschen *(Prunus serrulata)* nicht unterschätzen, denn sie stellen im Sommer ein ideales Rankgerüst dar. Rankrosen und gelb blühende Waldreben *(Clematis orientalis, Clematis tangutica)* erweisen sich hier als kletternde Akrobaten, die derartige Gehölze mit einer zweiten Blütenpracht überziehen. Dabei beginnt bei den Waldreben im Hochsommer die Blüte, und ab Ende August schimmern zwischen Blüten und

Zwischen Trockenmauern hat sich eine Bepflanzung ausgebreitet, die sich der Farbe Rot unterordnet. Die verschiedenen Farbschattierungen bilden dabei einen starken Kontrast zum grünen Laub

Ästen bereits die fedrigen Samenstände silbrig hervor. Bei den Rankrosen haben sich die einmal blühenden Sorten 'Lykkefund', 'Seagull' und 'Bobbie James' bewährt. 'Super Dorothy' hingegen gehört zu den ebenfalls geeigneten öfter blühenden Rankrosen.

Der kleine Rosengarten

Wenn im Juni die Rosenblüte beginnt, sind gute 10 m² des Gartens dieser beliebten Schönheit gewidmet. Mit Hilfe der wunderschön rankenden Sorte 'New Dawn' sorgen Sie dafür, dass diese Partie einen eigenen Gartenraum bildet, dessen Thema leicht zu erkennen ist. Um zwei Seiten des Vierecks ist ein Rankgerüst gebaut, das der Kletterrose Halt bietet und im Laufe der Jahre vollständig von ihr verdeckt wird. So entsteht eine malerische Girlande, die das Rosenbeet einrahmt.

Der Auftakt gehört aber nicht den Rosen, sondern den edlen Königslilien *(Lilium regale)*. In der Beetmitte erscheint diese Zwiebelblume mit ihren weißen Blütentrompeten, die den Beginn des sommerlichen Rosenfestes verkünden. Bis zu dreißig Einzelblüten kann man an einem einzigen Blütenstil zählen. Dieses Spektakel eröffnet die eigentliche Rosenblüte. Dabei stellt 'New Dawn' eine geradezu ideale Sorte dar: Die Blüten sind hellrosa und wirken dadurch wundervoll zurückhaltend. Auch ihr feiner Duft nach frischen Äpfeln wird nie aufdringlich. 'New Dawn' kann man zu der Gruppe der rankenden, also weichtriebigen Kletterrosen zählen, aber mit dem entscheidenden Vorteil, dass die Blüten bis zum Frost immer wieder neu erscheinen. Widerstandsfähigkeit und Winterhärte sind weitere Pluspunkte, die auch dem Anfänger ohne Schwierigkeiten rosige Zeiten bescheren.

Als weitere Rosensorten bestimmen die Beetrose 'Bonica 82' und die Bodendeckerrose 'Sommerwind' diesen kleinen Themengarten. Beide Sorten tragen wunderschöne, gefüllte Blüten und verstärken den rosa Farbton innerhalb der Gestaltung. 'Sommerwind' gehört zu den breitbuschig wachsenden Bodendeckern, die sich sehr gut als Miniaturstrauchrosen in eine Beetgestaltung integrieren lassen.

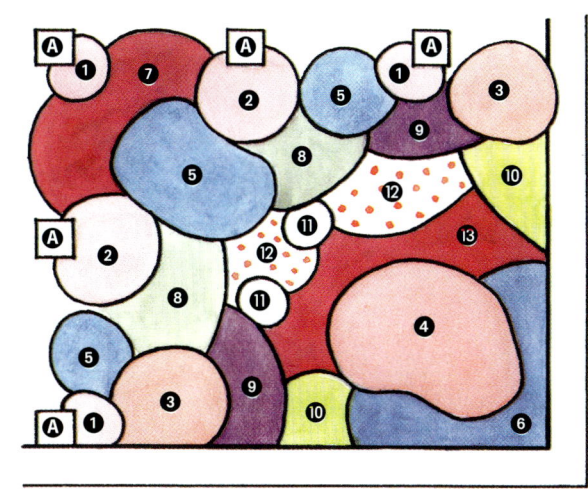

2 cm = 1 m

❶ Rankrose
(Rosa 'New Dawn')
❷ Wasserdost
(Eupathorium maculatum 'Atropurpureum')
❸ Beetrose
(Rosa 'Bonica '82')
❹ Bodendeckerrose
(Rosa 'Sommerwind')
❺ Rittersporn
(Delphinium-Elatum-Hybride 'Lanzenträger')
❻ Sommersalbei (Salvia nemorosa 'Rügen')
❼ Bergenie
(Bergenia-Hybride)
❽ Wollziest (Stachys byzanthina)
❾ Sommersalbei
(Salvia nemorosa 'Ostfriesland')
❿ Frauenmantel
(Alchemilla mollis)
⓫ Königslilie
(Lilium regale)
⓬ Knautie
(Knautia macedonica)
⓭ rotblättriges Purpurglöckchen
(Heuchera mircrantha 'Palace Purple')
Ⓐ Pfosten für Rankgerüst

Die gelbgrünen Blütenbüschel des Frauenmantels (Alchemilla mollis), der blaue Rittersporn (Delphinium-Elatum-Hybride 'Lanzenträger') und der blaue Sommersalbei (Salvia nemorosa 'Ostfriesland') im Vordergrund geben dem Rosengarten eine kontrastreiche Farbkontur

Im Beispiel breitet sie ihre Zweige dekorativ im vorderen Bereich des Beetes aus und schmiegt sich zwischen die benachbarten Rosenkavaliere. Bei der Sortenwahl spielt neben der langen Blütezeit die Robustheit und Anspruchslosigkeit dieser Rose eine große Rolle. 'Bonica '82' vervollständigt die Rosenpracht an den Eckpunkten des Rankgerüstes. Sie wird etwa 50 cm hoch. Die gefüllten Blüten stehen in dichten Büscheln nebeneinander, so dass diese Sorte den Wunsch nach einem Meer von Rosenblüten problemlos erfüllen kann.

Dem romantischen Rosa der verwendeten Sorten werden zwei kraftvolle Farben entgegengesetzt. Zum einen spielen blau blühende Begleiter eine große Rolle, zum anderen verhelfen rotlaubige Gewächse dem Ensemble zu einer intensiveren Ausstrahlung. Gleichzeitig bekommt die kleine Rosenromanze im Laufe des Sommers immer wieder einen neuen Höhepunkt. Zu Beginn des Sommers stehen die kerzenähnlichen Rispen des Sommersalbeis *(Salvia nemorosa)* in voller Blüte. Die verwendeten Sorten bringen Variationen in Höhe und Farbe. 'Ostfriesland' blüht violettblau und erreicht 50 cm Höhe. Die 40 cm hohe 'Rügen' hat weniger Rotanteile in der Blüte und erscheint daher in einem reineren Blau.

Die grünlich gelben Blüten des Frauenmantels *(Alchemilla mollis)* ergänzen die Pracht und geben der Gestaltung eine sehr frische Note, die der Atmosphäre in den ersten Sommertagen entspricht. Außerdem harmoniert dieser Farbton sehr gut mit den Rosenblüten, ohne sich als starker Kontrast in den Vordergrund zu spielen. Kurz darauf wird auch der Rittersporn *(Delphinium-Elatum-*Hybriden*)* seine stattlichen Blütenrispen entfalten. An drei Stellen nahe am Rankgerüst greift er den Rhythmus der Pflanzenverteilung auf. Gleichzeitig übernimmt die Sorte mit dem sehr bildlichen Namen 'Lanzenträger' hier eine beschützende Rolle gegenüber den Rosen. Die Rispen sind dicht besetzt mit enzianblauen Blüten und erreichen eine Höhe von gut 2 m. Dabei weisen die Blütenstiele aber durchaus eine gute Standfestigkeit auf.

Rittersporn und Sommersalbei, die beiden blauen Rosenkavaliere, machen sich zwar Ende Juli rar, aber sie zählen zu den so genannten remontierenden Stauden. Schneiden Sie daher die Horste nach der Blüte zurück. Anschließendes Düngen und Wässern fördern den erneuten Austrieb und etwa Ende August erfolgt eine wunderschöne zweite Blüte. Natürlich sollten die Sommerwochen dazwischen nicht ganz verblassen, aber dafür sorgen zum einen die unermüdlichen Rosen. Zum anderen übernimmt der Wasserdost *(Eupatorium maculatum)* nun die Beschützerrolle des Rittersporns. Die rötlichen Blätter der Sorte 'Atropurpureum' lassen die Rosen in der Sommersonne leuchten, und so vermisst man kaum das Blau, das Ende Juli verschwunden ist. Dieses Farbenspiel wird zusätzlich durch die dunkelroten Blüten der Knautien *(Knautia macedonica)* und das rote Laub des Purpurglöckchens *(Heuchera micrantha* 'Palace Purple'*)* verstärkt. Als aufhellendes Element haben sich dazwischen zwei große Teppiche des Wollziests *(Stachys byzantina)* ausgebreitet. Sie erweisen sich mit ihrem wolligen Laub als ein überaus beständiges Element in der Gesamtgestaltung.

Im Winter zeigt der Rosengarten Struktur: Bizarre Blütenstände, trockene Blätter und die Hagebutten prägen das Bild

Wenn der Winter kommt

Alle drei Rosensorten sind nicht zuletzt wegen der langen Blütezeit ausgewählt worden. Bis zum Frost öffnen sich immer noch einige Blüten, die man in den Wochen der einsetzenden Herbsttristesse besonders schätzt. Es sollten auch möglichst wenige Begleiter bei den Aufräumarbeiten im Herbst zurückgeschnitten werden.

Denn einige Tage im November und Dezember bescheren immer wieder einzigartige Gartenbilder. Meist kommt nämlich ganz unverhofft der erste Raureif, der seine eisigen Verzierungen auf Blüten und Rispen hinterlässt. So erscheint dann eine Rosenblüte wie kandiert, und auch wenn dieses Ereignis nur kurz und nicht ganz so spektakulär ist, wie wir es aus den Sommertagen gewohnt sind, so prägt sich dieses Bild doch in unser Gedächtnis ein als zauberhafte Winterimpression. Die Blätter des Frauenmantels, der Bergenien (*Bergenia*-Hybriden) und der Purpurglöckchen warten auf die Tage, wenn sich Väterchen Frost als „Zuckerbäcker" betätigt.

Mit dem Rückschnitt im Beet lassen Sie sich bis Anfang März Zeit. Dann allerdings sollten Rosen und Stauden gleichermaßen in Form gebracht werden, damit die Bergenien mit ihren purpurnen Glockentürmchen die neue Saison im Rosengarten einläuten können.

Dauerblüher stehen hoch im Kurs

Je länger eine Blume blüht, desto wertvoller erscheint sie uns. Dadurch haben die Sommerblumen trotz der Mühe, die das jährliche Aussäen und Pflanzen macht, großen Erfolg. Doch auch bei den Stauden kennt man solche Dauerblüher, mit denen sich sehr schöne Gartenbilder erzeugen lassen. Die prächtigen Stauden mit kürzerer Blütezeit setzt man dagegen als Höhepunkt dazwischen, so dass man immer wieder Veränderungen in der Gartenszenerie beobachten kann. So lässt sich zum Beispiel eine kleinere Gruppe aus wunderschönen, aber nur wenige Wochen blühenden Taglilien (*Hemerocallis*-Hybriden) und dem unermüdlichen Sonnenhut (*Rudbeckia fulgida* var. *sullivantii* 'Goldsturm') zusammenstellen. Dazwischen könnte man noch einige flache Kissen des Goldkörbchens (*Chrysogonum virginianum*) pflanzen, dessen goldgelbe Blüten vom Frühsommer an leuchten.

Ähnlich ausdauernd blühen Steinquendel (*Calamintha*), Gaura (*Gaura lindheimeri*) und Katzenminze (*Nepeta*). Dies sind kleinblumige Stauden, die sich wundervoll als Lückenfüller verwenden lassen. Genauso kann man auch einige Sträucher wie Sommerflieder (*Buddleja davidii*), Roseneibisch (*Hibiscus syriacus*) und Fingerstrauch (*Potentilla fruticosa*) mit ausgesprochen langer Blütezeit in den Garten holen. Gerade vor Immergrünen, die sonst im Jahresverlauf leicht monoton wirken können, oder als Solitäre lassen sich solche Gehölze hübsch bei der Gartengestaltung einsetzen.

Kurzes Intermezzo

Blumen, die nur kurz blühen, sollten durch besondere Schönheit auffallen. Hier kann man auch einmal ungewöhnliche Kontraste ausprobieren. Früh blühende dunkellila Schwertlilien (*Iris-Barbata-Elatior*) in Kombination mit Feuerwolfsmilch (*Euphorbia griffithii* 'Fireglow') bieten mit ihren Blüten ein auffälliges Farbbild. Auch eine Steppenkerze (*Eremurus*) stellt mit ihren langen Blütenkerzen einen besonderen Höhepunkt dar, der wegen seiner Größe nicht leicht zu integrieren ist. Da sich diese Schönheit jedoch schon nach wenigen Wochen wieder vollkommen zurückzieht, braucht man sich eigentlich nicht viele Gedanken um mögliche Kombinationen zu machen. Den nur kurz

Rosarote Zeiten im Garten: Die hohen Flammenblumen (Phlox paniculata), Indianernesseln (Monarda), Kuckuckslichtnelken (Lychnis flos-cuculi) und die lockeren Blütenstände der karminroten Spornblume (Centranthus ruber) harmonieren farblich gut

blühenden Sommerblumen wie Jungfer im Grünen *(Nigella damascena)* oder Klatschmohn *(Papaver rhoeas)* sollten Sie allerdings einen attraktiven Platz geben, an dem man ihr Intermezzo nicht verpasst.

Sommerlicher Duft

Eines der schönsten Geschenke des Gartens sind die wundervollen Düfte der Blüten. In der warmen Sommerluft breiten sich die ätherischen Öle rasch aus. Es sollten immer wieder einige wohlriechende Akzente gesetzt werden, niemals sollten sich aber zu viele Gerüche wie in einer Parfümerie vermischen. Rabatten, die reich an Blüten und arm an Duft sind, bekommen ihre feine Note mit Hilfe von Gewächsen, die ihr Aroma unspektakulär präsentieren. Die Gartenresede *(Reseda odorata)* trägt kleine grünliche Blütenkerzen mit starkem Duft. Durch die unauffällige Blütenfarbe lässt sich die niedrige Sommerblume leicht in jede Gestaltung einfügen. Ebenso können Sie viele Pflanzen mit aromatischen Blättern zu duftenden Begleitern machen. Thymian *(Thymus vulgaris)*, Rosmarin *(Rosmarinus officinalis)* und Lorbeer *(Laurus nobilis)* zum Beispiel lassen sich als herb-würzig charakterisieren. Duftgeranien *(Pelargonium)* können vielfältiger nach dem speziellen Geschmack ausgewählt werden, da die Sortenunterschiede hinsichtlich des Duftes relativ groß sind.

Für kleinere Gartenräume eignen sich sehr gut die großen Duftkünstler. Ein Pfeifenstrauch *(Philadelphus*-Hybriden) beispielsweise erweist sich als schöner Strauch, der im Vorbeigehen die Nase mit einer schweren orientalischen Note kitzelt. Ein hoher Phlox *(Phlox paniculata)* kann am Zaun platziert so manchen Passanten durch seinen Duft in Erstaunen versetzen. In den Abendstunden entfalten Lilien *(Lilium)*, Nachtkerzen *(Oenothera)* und Ziertabak *(Nicotiana sylvestris)* ihren köstlichen Duft.

Das Blumenbeet am Sitzplatz

Kaum ein Gartenraum wird so intensiv genutzt wie der Sitzplatz. Daher umgibt ihn in unserem Beispiel eine blumige Rabatte wie ein Rahmen. Das Beet ist etwa 1 m breit, und Sie können den Pflanzplan durchaus so verändern, dass Sie ihn in eine gerade Rabatte verwandeln. Nehmen Sie im hinteren Bereich einige der hohen Pflanzen heraus beziehungsweise wählen Sie kleinere Stückzahlen der einzelnen Arten und Sorten, um die unterschiedliche Länge von Vorder- und Hinterkante des Beetes auszugleichen.

Die Höhen der Stauden, Sommerblumen und Gehölze steigt von vorne nach hinten an, damit das ganze Ensemble eine lauschige, ungestörte Atmosphäre bekommt. An den äußeren Eckpunkten sorgen der Sommerflieder *(Buddleja davidii)* und die strauchig wachsende Moschusrose *(Rosa moschata* 'Felicia') für einen Abschluss der Rabatte. Zusätzlich verströmen beide Pflanzen einen sehr angenehmen Duft. Daneben lockt der Sommerflieder Schmetterlinge magisch an, deren Treiben man im Hochsommer in aller Ruhe beobachten kann.

Die meisten Blumen haben einen natürlichen Charakter und fügen sich daher wundervoll zusammen. Der Steinquendel *(Calamintha nepeta* ssp. *nepeta)* schmückt sich mit kleinen lilablauen Blüten, die entlang der beblätterten Stiele sitzen. Die Flockenblume *(Centaurea bella)* zieren typische Kornblumenblüten in zartem Rosa, während der buschige Storchschnabel *(Geranium endressii* 'Wargrave Pink') schlichte Schalenblüten in der gleichen

Schöne Gärten rund ums Jahr
Im Sommer

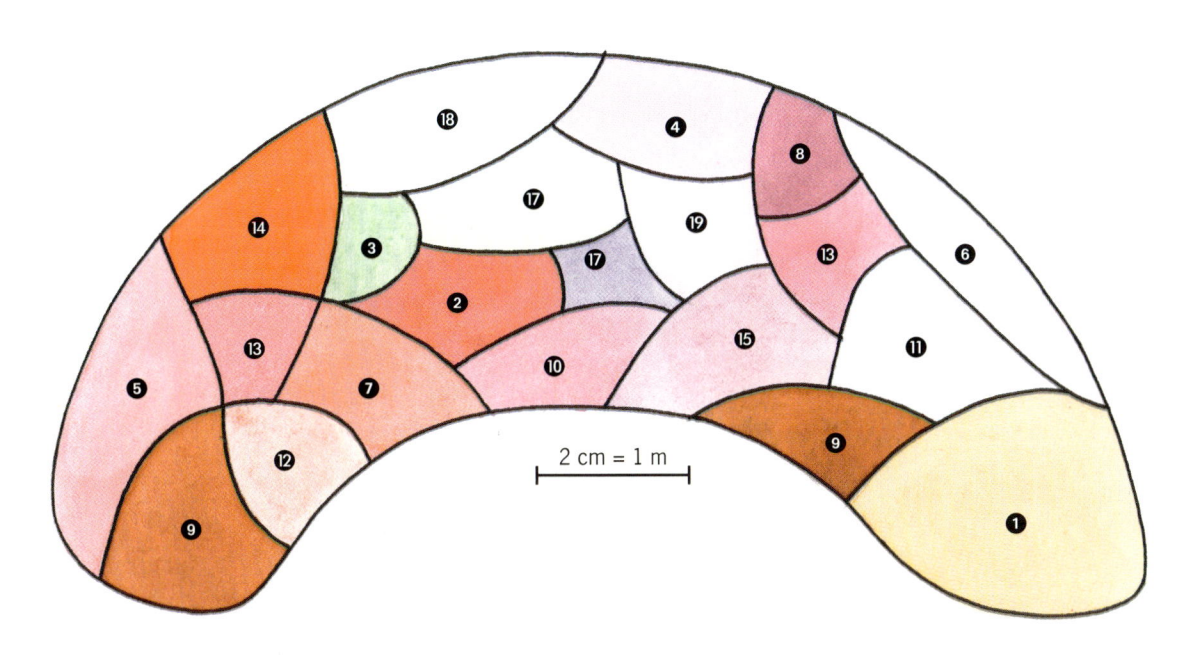

❶ **Moschusrose** (Rosa moschata 'Felicia')
❷ **roter Sonnenhut** (Echinacea purpurea 'Abendsonne')
❸ **Blaustrahlhafer** (Helictotrichon sempervirens 'Saphirsprudel')
❹ **Raublattaster** (Aster novae-angliae 'Rudelsburg')
❺ **Sommerflieder** (Buddleja davidii 'Fascinating')
❻ **Herbstanemone** (Anemone japonica 'Königin Charlotte')
❼ **Storchschnabel** (Geranium endressii 'Wargrave Pink')
❽ **Brandkraut** (Phlomis tuberosa)
❾ **Blumensedum** (Sedum-Telephium-Hybride 'Herbstfreude')
❿ **Dost** (Origanum-Laevigatum-Hybride 'Herrenhausen')
⓫ **Katzenminze** (Calamintha nepetoides)
⓬ **Flockenblume** (Centaurea bella)
⓭ **Winteraster** (Dendranthema-Indicum-Hybride)
⓮ **Knöterich** (Polygonum amplexicaule)
⓯ **Bärenklau** (Acanthus hungaricus)
⓰ **Ballonblume** (Platycodon grandiflorus 'Perlmutterschale')
⓱ **Edelraute** (Artemisia absinthium 'Lambrook Silver')
⓲ **Virginischer Ehrenpreis** (Veronica virginica 'Albo-Rosea')
⓳ **Moschusmalve** (Malva moschata)

Während der Sommermonate rahmen Stauden dicht an dicht den Sitzplatz. Die Wuchshöhe der Stauden steigt vom Sitzplatz zum äußeren Beetrand, so dass die üppige Blütenpracht besonders gut zur Geltung kommt und gleichzeitig Sichtschutz gewährt

Farbe trägt. Auch die Ballonblume *(Platycodon grandiflorus* 'Perlmutterschale') öffnet ihre kugeligen Knospen in einem sehr zarten Rosaton. Einen kräftigen Akzent setzt dagegen der Sonnenhut *(Echinacea pupurea)* mit seinen pinkfarbenen Blütenblättern, die die schwarzbraune Mitte einrahmen.

Die Moschusmalve *(Malva moschata)* dagegen zeigt sich schon wieder etwas zarter und leitet elegant zu den etwas ungewöhnlicheren Sommergästen wie Akanthus *(Acanthus hungaricus)* mit malerischen Blütenähren über dem klassischen Laub und Brandkraut *(Phlomis tuberosa)* über. Letzteres trägt seine rosaroten Lippenblüten in mehreren Quirlen übereinander. Dadurch erscheint der Horst locker, aber dennoch als intensiver Farbklecks. Diese ungewöhnlichen Blütenstände nehmen geschickt den Dialog mit den hohen, schlanken Blütenkerzen des Virginischen Ehrenpreis *(Veronica virginica)* auf. Im Vordergrund der Rabatte breitet der Dost *(Origanum laevigatum* 'Herrenhausen') seine Polster aus, die übrigens auch im Winter sehr dekorativ grün gefärbt sind. Die Blüten tragen eine lilarosa Farbe und locken mit ihrer lang anhaltenden Pracht viele Insekten an.

Natürlich braucht das bunte Treiben auch ein paar ruhigere Momente. Hier kommen zum einen die herbstblühenden Purpurfetthennen *(Sedum-Telephium-*Hybriden) mit ihren blaugrauen Blattpolstern zum Tragen. Weiterhin sorgt der silbrige Blatthorst des Wermuts *(Artemisia absinthium)* für einen schillernden Ruhepol. Er findet nicht nur in den Purpurfetthennen eine Entsprechung, sondern auch im Blaustrahlhafer *(Helictotrichon sempervirens* 'Saphirsprudel'), da dieses Gras eine ähnliche Blattfarbe in silbrigem Blaugrau zeigt. Ab August erscheinen die locker überhängenden Blütenrispen aus dem Blatthorst des Grases. Die gräuliche Blattfarbe wiederholt sich auch im Laub der Winterchrysanthemen *(Dendrantema-Indicum-*Hybriden) und der kleinen Flockenblume, deren Blätter bei intensiver Sonneneinstrahlung sogar fast weiß erscheinen.

Der zeitliche Schwerpunkt der Rabattenplanung liegt eindeutig auf den Sommer- und Herbstmonaten. Wer bereits im Frühjahr zusätzlich Blüten wünscht, der kann mit Tulpen *(Tulipa-*Hybriden), Hasenglöckchen *(Hyacinthoides non-scripta)* und Hyazinthen *(Hyacinthus orientalis)* für eine Belebung sorgen. Sie sollten dabei möglichst die Zwischenräume zwischen einzelnen Staudenhorsten zur Pflanzung der Zwiebeln nutzen und auch von den Farben her möglichst nur auf Blau-, Rosa- und Weißtöne zurückgreifen. Dann dürfen sich die Blütezeiten auch überschneiden, ohne dass sich die Farben beißen.

Für die Wirkung dieser Rabatte ist es sehr wichtig, dass Sie auch bei Möbeln und Stoffen, die am Sitzplatz verwendet werden, eher eine schlichte Linie verfolgen. Setzen Sie entweder auf die Rosatöne, die das Blütenmeer bestimmen, oder verwenden Sie grüne, graue oder weiße Materialien. So können Sie die Gesamtwirkung unterstützen und die Gestaltung ganz leicht abrunden.

Wenn der Herbst kommt

Die warmen Herbsttage lassen sich ebenfalls in einer ausgesprochen blumigen Atmosphäre genießen. Denn nicht nur die Rose und der Sommerflieder werden nicht müde, es kommen im Herbst auch immer neue Farbklecks im Beet dazu. Die Herbstanemonen *(Anemone japonica)* beispielsweise trumpfen ab August auf. Wichtig für ihr üppiges Gedeihen ist ein humusreicher Boden. Auch die Purpurfetthennen zeigen nun ihre großen Blütendolden. Besonders hübsch präsentiert sich der Kerzenknöterich *(Polygonum amplexicaule)*. Seine Blätter bekommen einen purpurnen Schimmer, der hervorragend mit den rosaroten Blüten harmoniert. Die leicht überhängenden Ähren des Blaustrahlhafers glänzen goldgelb, verstärkt durch das warme Licht der flach stehenden Herbstsonne. Im Hintergrund erscheinen die Sternenwolken der Herbstastern *(Aster novae-angliae* 'Rudelsburg') und sorgen für einen neuen Blickfang. Das leuchtende Rosa dieser Sorte wird durch das warme Licht im Herbst intensiviert.

Die Winterchrysantheme 'Nebelrose' sorgt schließlich noch bis in den November für neue Blütenpracht. Dazu wirken die Fruchtstände des roten Sonnenhuts und des Brandkrauts überaus malerisch, und es macht Spaß, jeden sonnig warmen Tag unter freiem Himmel auszukosten.

Purpurfetthennen (Sedum telephium), Winter-(Dendranthema-Indicum-Hybride) und Herbstastern (Aster-Arten) blühen rund um den Sitzplatz im goldenen Oktober

Schöne Gärten im Herbst

Wenn die Gartensaison ihren Höhepunkt überschritten hat, scheinen alle Pflanzen noch einmal richtig auftrumpfen zu wollen. Was die Farben betrifft, so geht es im Herbst sehr lebhaft zu, und auch der Reichtum an Formen ist kaum zu übertreffen. Es ist ein wahres Finale, das vor allem in der Mischung der unterschiedlichsten Gewächse vom Gehölz bis zur Zwiebelblume seinen Ausdruck findet. Daher zeigen wir eine so genannte „Mixed Border" in dieser Saison. Es handelt sich dabei um ein Staudenbeet im erweiterten Sinn.

Eine andere Gestaltung ist unter das Motto Gräser gestellt worden. Diese besonderen, meist mehrjährig wachsenden Pflanzen entfalten nämlich in den Oktoberwochen eine wunderschöne Farbenpracht in warmen Gelb-, Braun- und Rottönen und zeigen auch ihre ungewöhnlichen, aber in der Regel ausgesprochen dekorativen Blütenstände zum Ende des Gartenjahres. Dabei kommt ihre Schönheit nur richtig zur Geltung, wenn man Stauden dazugesellt, die eben auch noch in den Herbsttagen leuchtende Farben in das Beet bringen.

Bild links:
Immergrüne in allen Farbschattierungen und Formen gestalten den Vorgarten. Kürbisse setzen einen dekorativen Farbakzent

Bild rechts:
Typisch für die Herbstwochen sind die lilablauen Herbstastern und das Pampasgras, dessen cremefarbene Wedel an kunstvolle Federbüsche erinnern

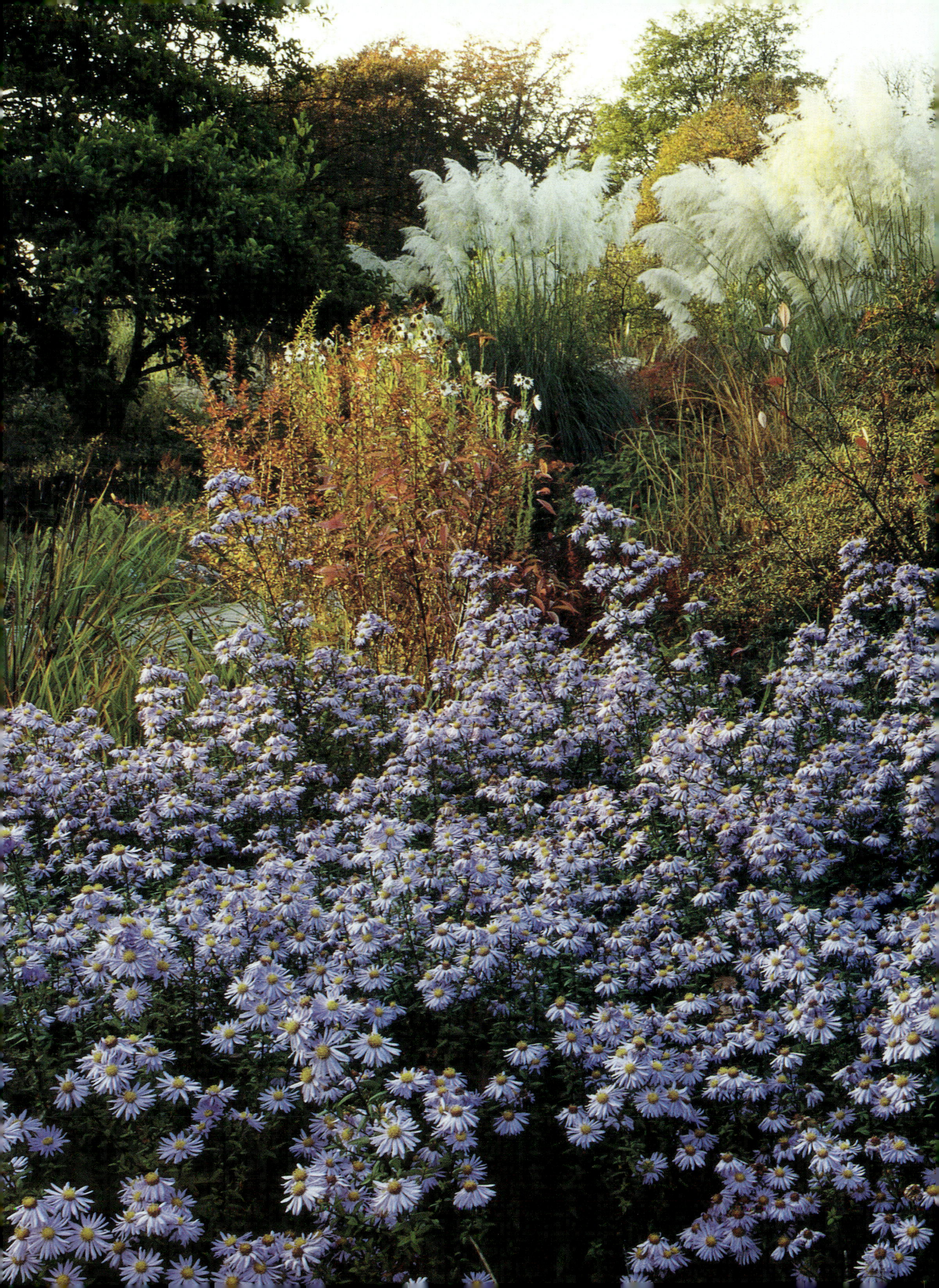

Mixed Border

Die wörtliche Übersetzung von „Mixed Border" würde auf Deutsch gemischte Rabatte beziehungsweise Staudenrabatte heißen. Doch hat sich der englische Fachbegriff bei uns nahezu gleichwertig eingebürgert.

Damit die Pflanzen in diesem Beet einen thematischen und optischen Zusammenhalt bekommen, wird mit Hilfe der Farbe im wahrsten Sinne des Wortes ein roter Faden hergestellt, denn das Verbindungsglied für Gehölze, Stauden, Kräuter und Knollenblumen bildet der Farbverlauf von Rot, Orange und Gelb in Blüten und Blättern. Im Herbst, wenn die Blätter sich intensiver färben, bekommt das Beet eine besondere Leuchtkraft.

Hin und wieder sorgen weiße Blüten für erfrischende Tupfer, wie die Silberkerze *(Cimicifuga ramosa)* und der Schneefelberich *(Lysimachia clethroides)*.

Schöne Gärten rund ums Jahr
Im Herbst

Warme Herbstfarben bestimmen die Gestaltung. Die goldgelben Farbtöne der Gräser fügen sich mit den verschiedenen Rottönen von Blättern und Blüten zum harmonischen Gesamtbild

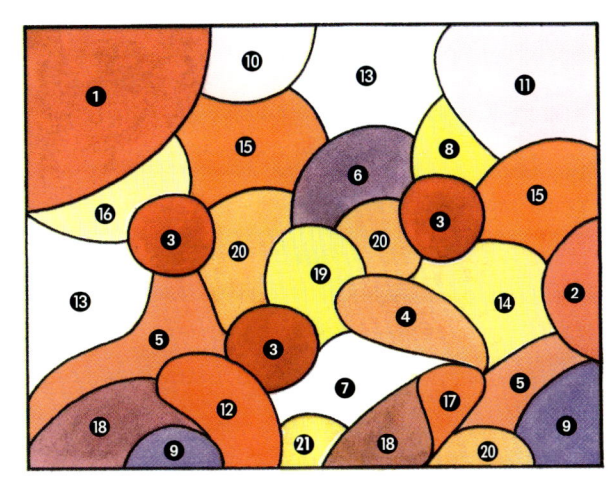

2 cm = 1 m

❶ rotlaubiger Perückenstrauch (Cotinus coggygria 'Royal Purple')
❷ Berberitze (Berberis thunbergii)
❸ rotblühende, rotlaubige Dahlie (Dahlia-Hybride 'Bishop of Llandaff')
❹ Taglilie (Hemerocallis-Hybride)
❺ Stachelnüsschen (Acaena microphylla 'Kupferteppich')
❻ rotlaubiger Günsel (Ajuga reptans 'Atropurpurea')
❼ rotlaubiger Basilikum (Ocimum basilicum 'Purpurascens')
❽ rotlaubiger Fenchel (Foeniculum vulgare 'Purpureum')
❾ rotlaubiger Salbei (Salvia officinalis 'Purpurascens')
❿ Silberkerze (Cimicifuga ramosa 'Atropurpurea')
⓫ Rankgerüst mit Bergwaldrebe (Clematis montana 'Tetrarosa')
⓬ Montbretie (Crocosmia masionorum)
⓭ Schneefelberich (Lysimachia clethroides)
⓮ Nachtkerze (Oenothera tetragona 'Sonnenwende')
⓯ Kolibritrompete (Epilobium canum ssp. latifolium)
⓰ Färberkamille (Anthemis tinctoria 'Wargrave')
⓱ Lichtnelke (Lychnis x arkwrightii 'Vesuvius')
⓲ Fingerkraut (Potentilla atrosanguinea 'Gibson's Scarlet')
⓳ Gemswurz (Doronicum orientale)
⓴ Nelkenwurz (Geum x heldreichii 'Georgenberg')
㉑ Goldwolfsmilch (Euphorbia polychroma)

In der Zeichnung ist das Beet als Vorgarten angelegt. Dieser Teil des Hausgartens stellt grundsätzlich eine besondere Herausforderung dar, da er als Aushängeschild des Hauses das ganze Jahr über ansehnlich sein muss. Durch die Waldrebe *(Clematis montana)* wird eine dezente Überleitung zur Fassade entwickelt, so dass Gartenarchitektur und Hausarchitektur miteinander verbunden sind. Natürlich sollte auch die Farbe des Hauses mit dem Rot des Beetes harmonieren.

Direkt am Haus baut sich zunächst der Perückenstrauch *(Cotinus coggygria)* auf. Die Sorte 'Royal Purple' trägt burgunderrote Blätter, und die duftigen Fruchtstände, die diesem Gehölz seinen deutschen Namen gegeben haben, scheinen geradezu durch das Geäst zu schweben. Ein weiteres rotlaubiges Gehölz steht beinahe auf der entgegengesetzten Ecke des Beetes: die Berberitze *(Berberis thunbergii)*. Mit ihrer kugeligen Gestalt bildet sie inmitten des vielfältigen Blütentreibens einen ruhigen Pol. Die Verbindung zwischen den beiden Gehölzen übernehmen Dahlien *(Dahlia-*Hybriden). Dabei wird für diese Gestaltung eine Sorte verwendet, die nicht nur wegen ihrer feuerroten Blüten gefällt, sondern auch durch dunkelrotes Blattwerk ins Auge sticht. 'Bishop of Llandaff' heißt eine berühmte Sorte, die diese Eigenschaften aufweist.

Als weitere rotlaubige Gewächse breiten sich die Teppiche des Stachelnüsschens *(Acaena microphylla* 'Kupferteppich') und des Günsels *(Ajuga reptans* 'Atropurpurea') im Beet aus. Außerdem hat sich das rotlaubige Basilikum *(Ocimum basilicum)* aus dem Kräutergarten in die Pflanzung geschlichen. Das einjährige Gewürz lässt sich in der zweiten Hälfte des Herbstes, wenn die Tage kälter werden, auch durch einen rotblättrigen Zierkohl ersetzen. Als mehrjährige Pflanze gesellt sich vor die Waldrebe ein Horst des dunkelroten Fenchelkrautes, *(Foeniculum vulgare* 'Purpureum'), der im Sommer seine gelbgrünen Blütendolden über dem nadelförmig gefiederten Laub ausbreitet.

Daneben sorgt an der vorderen Beetkante der purpurne Salbei *(Salvia officinalis* 'Purpurascens') für eine dezente rote Note. Das dunkelrote Laub der Silberkerze *(Cimicifuga ramosa* 'Atropurpurea') und die Lichtnelke *(Lychnis x arkwrightii* 'Vesuvius') stellen weitere Leuchtfeuer dar. Verstärkt wird der Eindruck durch die beiden größeren Horste des Schneefelberichs, der bis zum September seine schwungvollen Blütenkerzen trägt und sich zum Jahresende schließlich in glutrotes Blattwerk hüllt.

Die rötlichen Töne greifen die Blüten von Taglilien *(Hemerocallis-*Hybriden), Riesenmontbretie *(Crocosmia masoniorum)* und Kolibritrompete *(Epilobium canum* ssp. *latifolium)* in der orangefarbenen Variante auf. Es sind genau die Töne, die den Zauber der Herbstwochen ausmachen. Die Riesenmontbretie lockert mit ihren frischgrünen Blättern den vorderen Bereich auf. Wer diese Blume nicht bekommt oder aufgrund des rauhen Klimas nicht mehrjährig pflanzen kann, könnte als Alternative auch eine Fackellilie *(Kniphofia-*Hybriden) mit orangeroten Blütenkolben setzen.

Das Fingerkraut *(Potentilla atrosanguinea* 'Gibson´s Scarlet') lässt seine feuerroten Blütenschalen bis zum Herbst über den malerischen Blättern stehen. Die unermüdliche Färberkamille *(Anthemis tinctoria* 'Wargrave') bildet laufend neue Blüten, die an langen Trieben an dem Perückenstrauch aufwärts streben. Die hellgelben Blüten heben sich sehr schön von dem roten Blattwerk ab.

Die Waldrebe (Clematis) steht im Frühjahr in voller Blüte und belebt die Hauswand. Gelb blühende Berberitzen (Berberis) und orange blühende Nelkenwurze (Geum) setzen kräftige Farbakzente

Wenn der Frühling kommt

Auch der Beginn der neuen Gartensaison ist von den wundervollen Rottönen der Blätter gekennzeichnet, da die Pflanzen im Austrieb eine besonders intensive Färbung zeigen. Das Blütentreiben beginnt mit dem Berberitzenstrauch in der Rabatte. Am vorderen Beetrand öffnet auch die Goldwolfsmilch *(Euphorbia polychroma)* ihre Blütenstände. Der noch im Austrieb befindliche Horst wirkt in diesen Frühlingswochen sehr regelmäßig. Im Laufe der nächsten Wochen werden sich die wachsenden Triebe elegant auf den Boden legen. In der Beetmitte sorgen zwei Exemplare des Nelkenwurz *(Geum-*Hybride 'Georgenberg') für Farbe und setzen sich wunderschön vom rotlaubigen Teppich des Günsels ab. Dabei entwickelt sich mit den lilablauen Blütenkerzen ein frischer Kontrast zu den Blüten des Nelkenwurz. Auch der Gemswurzhorst *(Doronicum orientale)* stellt mit seinen gelben Margeritenblüten einen Höhepunkt dar. Die Horste schneiden Sie am besten sofort nach der Blüte bis auf die Höhe der Blätter zurück, damit die weitere Entwicklung nicht gestört wird. Ab April blüht auch die Waldrebe *(Clematis montana* 'Tetrarosa'). Es entsteht eine wunderschöne Girlande aus sternförmigen Blüten über dem Hauseingang. Wenn dann endlich auch wieder die Dahlien gepflanzt werden können, wird es munter, denn die Lichtnelke und das Fingerkraut öffnen ihre ersten Blüten und locken alsbald auch Taglilien und die gelbe Nachtkerze *(Oenothera tetragona* 'Sonnenwende') aus der Reserve. Der Sommer kann also kommen.

Die Zierde der Früchte

Zu den Herbstimpressionen im Garten gehört die bunte Vielfalt der Früchte, die jetzt viele Gehölze zieren, die im Frühjahr in voller Blüte standen. Zieräpfel (*Malus*-Sorten), Ebereschen (*Sorbus*-Arten), Berberitzen (*Berberis*), Zwergmispeln (*Cotoneaster*) und Pfaffenhütchen (*Euonymus*-Arten) lassen rote Früchte zwischen den Blättern leuchten.

Ungewöhnlich sind die Früchte des Liebesperlenstrauches (*Callicarpa bodinieri*), die zunächst fliederfarben durch das rötliche Herbstlaub glänzen. Die kleinen Kugeln haften noch bis weit in den Winter an den unbelaubten Ästen dieses aus China stammenden Gehölzes. Auch in der großen Gruppe der Rosen entwickeln sich nun an Wildarten und einigen alten Rosensorten Früchte: die Hagebutten.

Dabei ist das Spektrum hinsichtlich Farbe, Form und Größe breit gefächert, und manch eine Sorte schmückt ihre Hagebutten zusätzlich mit feinen Härchen oder einem reifartigen Belag. Für ihre schönen Hagebutten sind vor allem die folgenden Sorten bekannt: *Rosa moyesii, Rosa rugosa, Rosa glauca, Rosa pendulina, Rosa sweginzowii* und *Rosa villosa*. Bei den meisten modernen Hybriden findet keine Fruchtbildung statt, da die Blüten zugunsten der starken Füllung steril sind.

Der Schneeball lässt seine Früchte meist zuerst erröten und später schwarz glänzen. Besonders hübsche Früchte in dichten Dolden tragen die folgenden Arten: Gabelförmiger Schneeball (*Viburnum furcatum*), Wolliger Schneeball (*Viburnum lantana*) und Koreanischer Schneeball (*Viburnum carlesii*).

Für geschützte Standorte an der Südseite des Hauses bietet sich die dornige Bitterorange (*Poncirus trifoliata*) an. Wenn der Strauch nach etwa drei Jahren gut eingewachsen ist, blüht er zunächst im Frühling mit zahlreichen weißen Blüten, die den typischen süßlichen Duft von Orangenblüten verbreiten. Im Herbst leuchten dann aus dem grünen Astwerk orangegelbe Früchte, die meist etwas runzelig sind und mit ihrem sauren, herb-bitteren Geschmack nicht gerade zum Verzehr einladen.

Die Zierquitte (*Choenomeles*-Hybriden) schmückt sich in den Herbstmonaten mit kleinen gelben Früchten, die übrigens köstlich duften und in der warmen Wohnung ihr Aroma wie ein Potpourri entfalten.

Aber nicht nur Sträucher tragen Früchte, auch im Staudenreich zeigen sich jetzt diverse

Der schwarze Schlangenbart (Ophiopogon planiscapus 'Nigrescens') verleiht dem schattigen Farnbeet eine besondere Note. Seine nahezu schwarzen, riemenförmigen Blätter heben sich vom Untergrund gut ab und fallen sofort ins Auge

Formen. Der Aronstab *(Arum italicum)* lässt seine wie mit Perlschnüren besetzten Fruchtkolben in Orangerot durch das Laub leuchten. Die Stinkende Schwertlilie *(Iris foetidissima)* fällt nicht so sehr durch ihre Blüten auf, dafür sitzen die orangeroten Samenkörner wie Glaskugeln in den Kammern der Samenkapseln, die im Herbst aufspringen. Die Lampionblume *(Physalis alkekengi* var. *franchetii)* macht ihrem Namen alle Ehre, nachdem sie sich den ganzen Sommer über in Zurückhaltung geübt hat. Sie lässt nun ihre blasenartigen roten Fruchthüllen zwischen dem Laub hervorscheinen. Derartige Pflanzen können einer Rabatte mit sommerlichen Höhepunkten auch im Herbst zu neuen Anziehungspunkten verhelfen.

Farbtupfer überall

Natürlich spiegelt sich die Schönheit des Herbstes auch in den Blüten ganz deutlich wider. Einen starken Kontrast bilden lilablaue Farben zu roten oder orangefarbenen Blättern und Früchten, wobei diese Jahreszeit solche Kraft durchaus gut verträgt. Unter den wichtigsten Pflanzen des Herbstes finden sich die Herbstastern. Sie sorgen mit den verschiedenen Arten für unterschiedliche Wuchsformen, die leicht zu integrieren sind. Mit Kissenastern beispielsweise überlässt man den Rand eines Beets der dritten Jahreszeit und kann dahinter Höhepunkte für die übrigen Wochen der Saison aufbauen.

Die hohen Glatt- und Rauhblattastern *(Aster novi-belgii, Aster novae-angliae)* dagegen nehmen inmitten der Rabattenkulisse ihren Platz ein und verstehen es, die Aufmerksamkeit ab September auf sich zu ziehen. Wichtig ist nur, dass Sie ein Aussamen der Fruchtstände im Herbst vermeiden. So schön die Büsche auch verblüht aussehen, überwachsen sonst die Sämlinge nach wenigen Jahren die sorgfältig ausgewählten Namenssorten.

Das Gräserbeet

In der Wärme des Sommers haben sich die Gräser zu prächtigen Horsten entwickeln können, die im warmen Licht der Herbstwochen ihre schönen Blütenstände präsentieren. Das Beet liegt vor einer Mauer, was den Vorteil hat, dass sich hier die Wärme immer etwas sammelt und die Pflanzen so relativ geschützt stehen. Zum anderen bildet die Blättertapete des Wilden Weins *(Parthenocissus tricuspidata)* einen malerischen Hintergrund, zumal sich das Laub im Herbst in ein loderndes Rot verfärbt, das von Weitem die Aufmerksamkeit des Betrachters auf sich zieht.

Als „Giganten" aus dem Reich der Gräser stellen sich zwei große Horste des Chinaschilfs *(Miscanthus sinensis* 'Malepartus') direkt in den Schutz der Mauer. Diese Sorte erreicht leicht eine Höhe von 2 m. Die rötlichen Blüten stehen über dem Blattwerk, dessen Spitzen leicht überhängen. In der Mitte zwischen diesen großen Solitären breitet die Sternenwolkenaster *(Boltonia asteroides* var. *latisquama)* ihre blütenreichen Zweige aus. Sie blüht meist erst Ende September, doch dann scheint der Horst geradezu überzuschäumen. So entsteht zusammen mit dem rot gefärbten Weinlaub ein eindrucksvolles Bild.

Die aufrechte Wuchsform des Chinaschilfs greift das Goldbartgras *(Sorghastrum nutans)* vorne links im Beet nochmals auf, bleibt aber mit gut 1 m hohen Blüten und nur 80 cm hohem Laub deutlich niedriger. Zwischen die blaugrauen Halme schmiegen sich die unermüdlichen Blütenwolken der Spornblume *(Centranthus ruber* 'Coccineus'). Sie sind zwar nicht mehr so üppig wie im Frühsommer, aber doch beständig vorhanden.

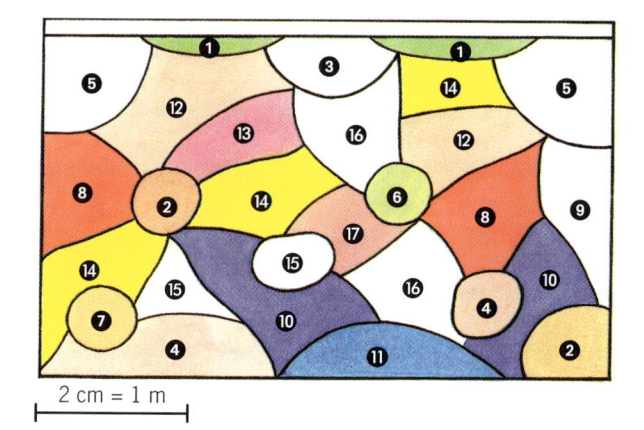

108

Schöne Gärten rund ums Jahr
Im Herbst

1. Wilder Wein (Parthenocissus tricuspidata)
2. Federborstengras (Pennisetum alupecuroides 'Hameln')
3. Sternwolkenaster (Boltonia asteroides var. latisquama)
4. rotlaubiges Blumensedum (Sedum-Hybride 'Matrona')
5. Chinaschilf (Miscanthus sinensis 'Malepartus')
6. Pfeifengras (Molinia caerulea 'Windspiel')
7. Goldbartgras (Sorghastrum nutans)
8. Spornblume (Centranthus ruber 'Coccineus')
9. Gaura (Gaura lindheimeri)
10. Sommersalbei (Salvia nemorosa 'Mainacht')
11. Kissenaster (Aster dumosus 'Mittelmeer')
12. Glattblattaster (Aster novi-belgii 'Rosenhügel')
13. hohes Eisenkraut (Verbena bonariensis)
14. Sonnenhut (Rudbeckia fulgida 'Goldsturm')
15. Myrthenaster (Aster ericoides 'Monte Casino')
16. weiße Margerite (Leucanthemum-Maximum-Hybride 'Harry Poetschke')
17. Winteraster (Dendranthema-Indicum-Hybride 'L'Innocence')

Zwei weitere Gräser bestimmen das Beet durch ihren dominanten Charakter, und zwar das Pfeifengras *(Molinia caerulea)* und zwei Exemplare des Federborstengrases *(Pennisetum alupecuroides* 'Hameln'). Letzteres bildet sehr dekorativ zu den Seiten auseinander fallende Horste, über denen zahlreiche lampenputzerähnliche Blütenstände prangen. Die maximale Höhe einer Pflanze beträgt 60 cm.

Ab August stehen über dem Pfeifengras reich verzweigte Ähren, die sich leicht im Herbstwind wiegen. Zum Oktober hin verfärben sich die etwa 1,50 m hohen Blütenstände goldgelb. Das Laub bleibt mit 50 cm deutlich niedriger. Während die Horste des Federborstengrases sich gegenüber dem Goldbartgras als Gegenpol aufbauen, vervollständigt das Pfeifengras die Verteilung der Gräser zu einem fast trapezförmigen Viereck. Dazwischen können sich nun die verschiedensten Stauden ausbreiten und arrangieren.

Durch außergewöhnliche Ausdauer zeichnen sich Gaura *(Gaura lindheimeri)* und Sonnenhut *(Rudbeckia fulgida* 'Goldsturm') aus. Sie beginnen zusammen mit der Spornblume zwischen Juni und Juli mit der Blüte, und erst stärkere Fröste bremsen ihren Blütenreichtum. Als Höhepunkt im Vordergrund gibt die besondere Fetthenne *(Sedum*-Hybride) 'Matrona' den Ton in Burgunderrot und Rosa an. Ihre Verwandtschaft mit den bekannten *Sedum-Telephium*-Sorten kann sie nicht verleugnen, doch unterscheidet sich diese Herbstschönheit durch das rötliche Laub und die kräftige Statur deutlich von der altbekannten Verwandtschaft. Astern setzen mit ihren kleinen, unzählig vielen Sternchenblüten einen auflockernden Akzent. Im Vordergrund machen bereits im August die Kissenastern *(Aster dumosus)* 'Mittelmeer' mit ihren wasserblauen Blütenpolstern auf diese Gattung aufmerksam. Die dichten Blüten lassen kein Blättchen durchschimmern, und so spielt nun eine farbliche Komponente mit, die sich zum einen in den graublauen Blättern wiederfindet, sich aber auch von den Gelb- und Rottönen deutlich abhebt. Die Myrtenaster *(Aster ericoides)* begeistert mit den kleinen, einfachen Blütchen. Einzeln erinnern sie an ein Gänseblümchen, als gesamter Blütenstand dagegen wirkt diese Asternart wie eine kleine Sternwolkenaster oder ein großes Schleierkraut. Sie lenkt die Aufmerksamkeit auf zwei andere Herbstschönheiten, das hohe Eisenkraut *(Verbena bonariensis)* und die Glattblattaster *(Aster novi-belgii)* 'Rosenhügel'. Die kleinen, langgestielten Eisenkrautblüten lockern das Rosa der Aster wundervoll auf und geben ihm malerische Akzente.

Die Verbene ist in der Regel einjährig, doch lässt man die Blütenstände lange stehen, fallen genügend Samen auf den Boden, so dass Sie sich auf diese Art und Weise die nächste Generation sichern. Der Verlauf von Myrtenaster über Glattblattaster und Eisenkraut zur Sternwolkenaster präsentiert sich fließend und wird durch die Linienmuster der Gräserhorste zusätzlich wundervoll gelenkt.

Wenn der Winter kommt
Wenn die Tage kürzer werden und sich der Herbst allmählich verabschiedet, erlebt dieses Gräserbeet noch einmal ein Erwachen. Zwar wirbelten die feuerroten Blätter des Wilden Weins bereits vor Wochen durch die Herbstluft, doch bietet die Blüte der Winterchrysanthemen *(Dendranthema-Indicum-*Hybriden) neuen Anlass, das Beet noch nicht aus den Augen zu verlieren. 'L'Innocence' gehört dabei zu den

einfach blühenden Sorten, die in einem zarten Rosa erscheinen und durch die gelbe Scheibe in der Blütenmitte noch etwas Wärme ausstrahlen. Es hängt von der jeweiligen Witterung ab, ob sich dazu noch einige Sonnenhüte, Spornblumen und Asternblüten gesellen. Etwas üppiger wird der Eindruck der Winterchrysanthemen dadurch, dass Sie einige Exemplare in Töpfe pflanzen und diese an den Beetrand oder in kleinere Lücken stellen. Bleiben Sie der Sorte 'L'Innocence' treu, bekommt die Situation eine gewisse Einheit. Wenn es allerdings mehr als fünf Töpfe werden, wirkt das Blütentreiben durch eine zweite Sorte wesentlich lebendiger. Besonders zu empfehlen ist die rosafarbene Sorte 'Nebelrose', die für eine lang anhaltende Blüte bekannt ist.

Sollte es bereits gefroren haben, so kann man jetzt auf die malerischen Tage mit Raureif hoffen, die den Samenständen im Beet und den trocknenden Blättern der Gräser eine zuckerähnliche Kruste überziehen. Gedanken an einen Rückschnitt sollten Sie sich bei dieser Bepflanzung allenfalls bezüglich der Astern machen, denn der Anblick bei Schnee stellt einen weiteren Höhepunkt dar, der das Beet in neuem Glanz präsentiert.

Im Winter kommen die Wuchsformen im Gräserbeet besonders gut zur Geltung. Aufrechte und überhängende Gräser geben zusammen mit den trockenen Blütenständen dem Beet Struktur

Der Formenreichtum schöner Samenstände

Die Blüten des Sommers haben sich jetzt in Kapseln, Schoten oder ähnliche Gebilde verwandelt. Der Sonnenhut beispielsweise ziert die Beete noch wochenlang mit seinen schwarzen Köpfchen. Dabei tragen der Rote Sonnenhut *(Echinacea purpurea)* und die niedrige *Rudbeckia fulgida* recht große Früchte, während die höhere Art, *Rudbeckia triloba,* zahlreiche kleine, schwarze Köpfchen an den Stielenden aufweist. Die Kugeldistel *(Echinops ritro)* präsentiert ihre kugeligen Fruchtstände fast unverändert auf den verdorrten Stielen. Die blaue Farbe ist natürlich verblasst, aber dennoch stellen die Fruchtstände einen kleinen Blickfang dar.

Bei diesen Stauden wirkt vor allem die Masse der Tupfer und Pünktchen. Ungewöhnliche Formen bringen die Pfingstrosen in die Sammlung der Fruchtstände. Die Kapseln erinnern im aufgeplatzten Zustand an nordische Zipfelmützen. Darin sitzen glänzende, schwarzblaue Samenkörner.

Die Herbstanemonen *(Anemone japonica)* verwöhnen den Garten nicht nur mit Blüten. Bei den ungefüllten Sorten brechen im Spätjahr die runden Fruchtstände auf, aus denen watteartige Bäusche hervorquellen.

Für großartige runde Formen sorgt die Gattung der Zwiebeln *(Allium)*. Vor allem *Allium christophii* mit seinen gut 20 cm großen Blütenständen bereichert die Rabatten mit morgensternähnlichen Gebilden.

Waldreben *(Clematis)* tragen silbrig schillernde Samenstände, die wuschelig aussehen. Es sind allerdings nicht die großblumigen Hybriden, die uns diese kleine Zugabe schenken, sondern die gemeine Waldrebe *(Clematis vitalba)*, die mongolische *(Clematis tangutica)* sowie die orientalische *(Clematis orientalis)*.

Blätterleuchten

Bei den Gehölzen gibt es einige Arten, deren Laub sich in den Herbstwochen überzeugend und kraftvoll färbt. Goldgelb leuchten beispielsweise die Zaubernüsse *(Hamamelis)* mit ihrem flächigen Laub. Als Schmuck innerhalb eines Beetes können sie daher durchaus einen sehr dekorativen Platz einnehmen. Die kleineren Ahornbäume *(Acer japonicum, Acer palmatum)* sorgen an sonnigen Standorten für eine sehr intensive Herbstfärbung. Sie schenken

Vielfalt im Oktober: hoher Wasserdost (Eupathorium), der Knöterich (Polygonum amplexicaule) mit seinen kerzenförmigen Blütenständen, die Waldschmiele (Deschampsia caespitosa 'Goldschleier') und die grasgrüne Hakonokloa (Hakonokloa macra)

Die Zeit der Stillleben

Weitaus häufiger als in irgendeiner anderen Jahreszeit können Sie in den Herbstwochen kleine Stillleben auf der Gartenbühne inszenieren. Schön gefärbtes Laub, ein Gesteck aus den schönsten Samenständen oder einfach ein paar Kürbisse werten unscheinbare Gartenecken auf. Eine Tonschale mit Kastanien oder auch die zum Trocknen ausgelegten Dahlienknollen auf einem Bett aus roten Ahornblättern können ausgesprochen malerisch wirken. Maiskolben und Getreideähren gehören natürlich auch in diese Jahreszeit. Dabei lässt sich die Sitzecke in die Arrangements mit einbeziehen und der Tisch als Unterlage verwenden.

Mit Winterchrysanthemen (*Dendranthema-Indicum*-Hybriden), Zierkohl (*Brassica*) und Efeu (*Hedera helix*) bekommt der Topfgarten neue Highlights. Sie können aber auch einen eigenen Höhepunkt auf der Terrassentreppe oder neben dem Hauseingang schaffen. Drei bis vier Töpfe reichen bereits aus, um eine Dekoration zu gestalten, die die Blicke auf sich zieht. Oder Sie stellen die Töpfe auf Blätter, die wie ein farbiger Teppich den Rasen schmücken. Und um die Herbstzeitlosen (*Colchicum autumnale*) legen Sie eine kleine Manschette aus roten Blättern vom Wilden Wein (*Parthenocissus*).

dem Garten einen weiteren Höhepunkt, denn man nimmt das Blattwerk jetzt noch einmal sehr deutlich wahr.

Größere Bäume mit auffälliger Blattfärbung sind der Amberbaum (*Liquidambar styraciflua*), der Ginkgo (*Ginkgo biloba*) und der Eisenholzbaum (*Parrotia persica*). Sie sollten allein schon wegen ihrer Größe nur als Solitäre auf einem größeren Grundstück gepflanzt werden.

Unter den Stauden mit auffälliger Herbstfärbung sind Bergenien (*Bergenia*-Hybriden), Knöterich (*Polygonum*), Felberich (*Lysimachia*), Elfenblumen (*Epimedium*) und Bleiwurz (*Ceratostigma plumbaginoides*) besonders hervorzuheben.

Schöne Gärten im Winter

Der Winter hat seine ganz eigenen Gartenbilder. Die kräftigen Farben der Blüten und Früchte fehlen, und gerade an diese hatte man sich gewöhnt. Der Winter ist ruhiger, aber auch eigensinniger, das Auge kann sich erholen, aber gleichzeitig auch schulen. Denn jetzt lebt der Garten durch Details. Die Formensprache des Wuchses und der Früchte, kleinste Farbnuancen und Schattierungen treten an die Stelle überbordender Farbenpracht. Der Garten steckt noch voller Schönheit. Immergrüne und einige ganz „unverfrorene" Blütengewächse beleben jetzt das Bild. Daher dürfen diese Pflanzen in keinem Beet fehlen. Zumal gerade die Immergrünen in den übrigen Jahreszeiten als grüne Konstante eine wichtige Rolle bei der Gartengestaltung übernehmen. Eis und Schnee stellen sich als Formenkünstler der besonderen Art unter Beweis und treiben ihr Spiel, das sich nur bedingt durch gärtnerisches Können beeinflussen lässt. Aber gerade darin besteht der Reiz dieser Jahreszeit. Lassen Sie sich also überraschen, und nehmen Sie sich die Zeit, genau hinzusehen: welch phantastische Farben die Rinden der Gehölze im Winter tragen oder wie plastisch Dornen und Stacheln an Sträuchern hervortreten.

Bild links:

Pavillon im winterlich verschneiten Garten

Bild rechts:

Wenn der Raureif Blätter, Gräserblüten und Blütenstände mit seinen Eiskristallen überzieht, wirkt der Garten wie verzaubert

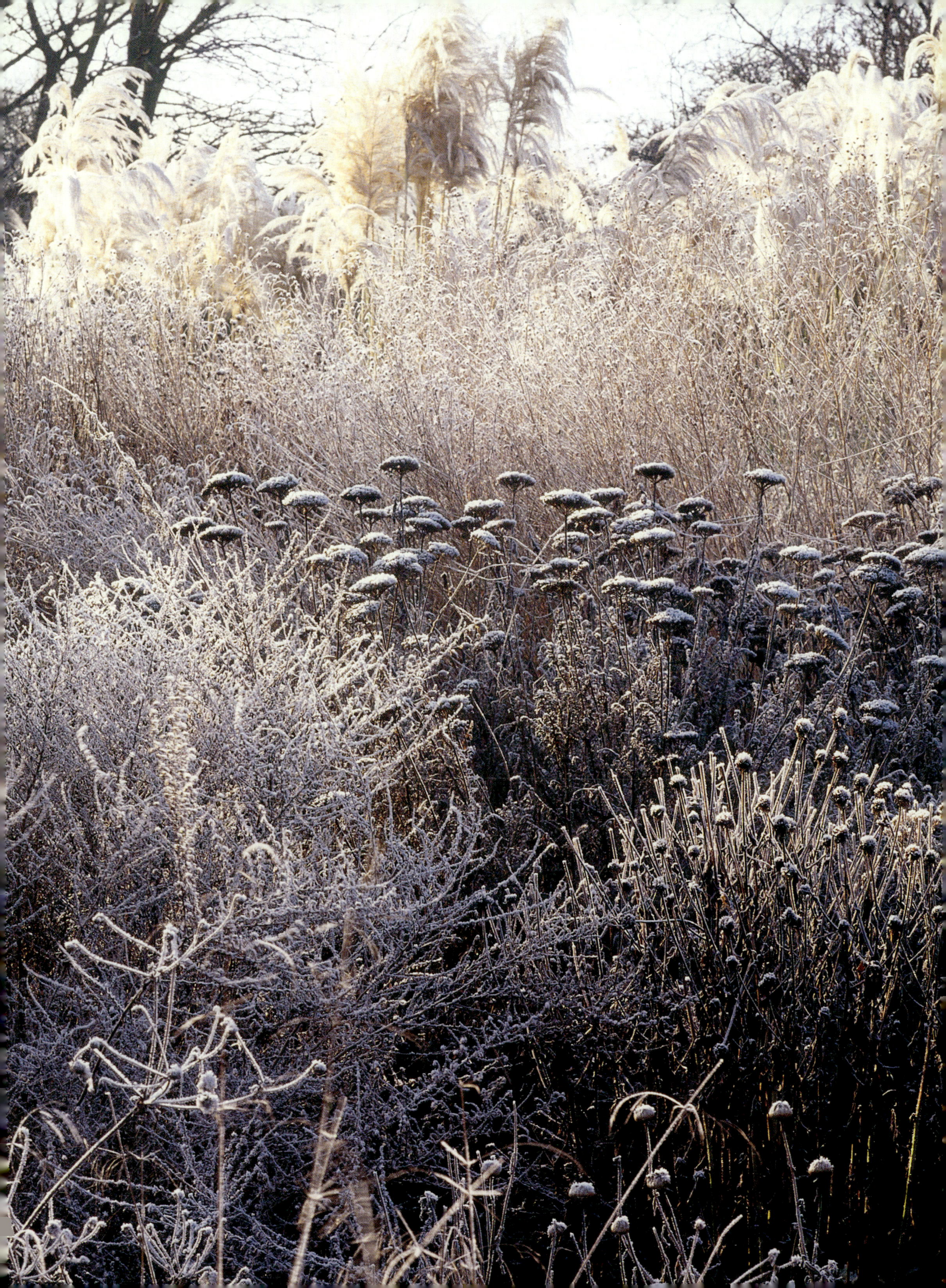

Der Vorgarten

Es ist kein Zufall, dass als Beispiel für winterliche Gärten ein Vorgarten gewählt wurde. Dieser Gartenteil, der vielfach auch als Visitenkarte des Hauses bezeichnet wird, muss rund ums Jahr schön aussehen. Dabei wollten wir nicht auf die weit verbreiteten Koniferengärten zurückgreifen, die eher einen etwas leblosen Eindruck machen.

In unserem Beispiel verändert sich der Garten mit den Jahreszeiten, hat aber auch Pflanzkombinationen, die ihn im Winter attraktiv machen. Ebenso bleibt der Charme in den anderen Jahreszeiten erhalten – jeweils mit einem persönlichen Gesicht.

In der kalten Jahreszeit prägen Gehölze diesen Vorgarten. Die Zaubernuss (*Hamamelis*-Hybriden) sorgt mit ihren wundervollen Blüten für einen einzigartigen Höhepunkt. Lange, schmale Blütenblätter in kräftigem Gelb trotzen der Kälte, und sollte es ihnen doch einmal zu unwirtlich werden, so rollen sie sich ein, bis die Temperaturen wieder etwas angestiegen sind. Wer übrigens lieber helle Gelbtöne mag oder dunkles Rot bzw. Orange bevorzugt, wird sich im *Hamamelis*-Sortiment jeden Wunsch erfüllen können.

Hat der Winter seinen Höhepunkt überschritten, betritt ein zweites Blütengehölz die Gartenbühne: der Winterjasmin *(Jasminum nudiflorum)*. Seine gelben Blüten sitzen an gras-

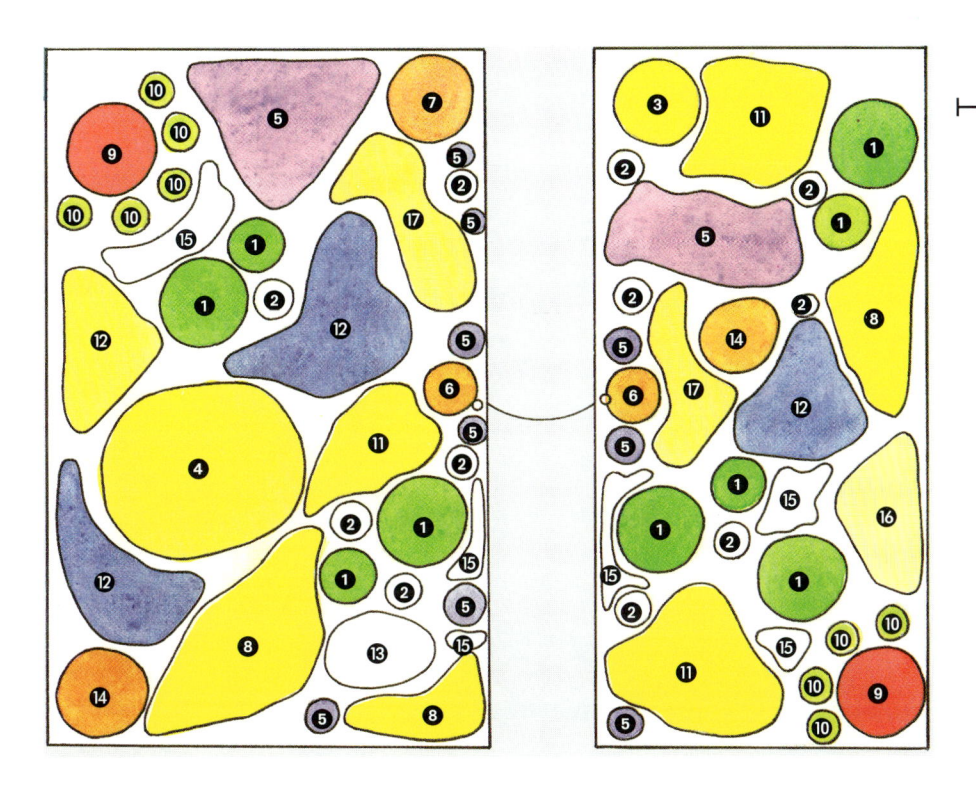

Schöne Gärten rund ums Jahr
Im Winter

grünen Trieben. Direkt neben dem Hauseingang legen sich die weichen Zweige schwungvoll über das Beet oder können auch an eine Stütze festgebunden und so etwas gezähmt werden. Durch ein regelmäßiges Auslichten der alten Zweige behält der Busch seine frischgrüne und blütenreiche Vitalität über viele Jahre.

Die gelb blühende Zaubernuss (Hamamelis) und die rotrindigen Hartriegel (Cornus) bestimmen mit den grünen Buchskugeln (Buxus) den winterlichen Vorgarten

❶ Buchsbaum (Buxus sempervirens)
❷ großblumiges Schneeglöckchen (Galanthus elwesii)
❸ Winterjasmin (Jasminum nudiflorum)
❹ Zaubernuss (Hamamelis-Hybride)
❺ Katzenminze (Nepeta x fassenii)
❻ Kletterrose (Rosa 'Goldener Olymp')
❼ Englische Strauchrose (Rosa 'Charles Austin')
❽ Sonnenhut (Rudbeckia fulgida 'Goldsturm')
❾ Hartriegel (Cornus alba 'Sibirica')
❿ Stinkende Nieswurz (Helleborus foetidus)
⓫ Nachtkerze (Oenothera tetragona 'Sonnenwende')
⓬ Sommersalbei (Salvia nemorosa 'Ostfriesland')
⓭ Lampenputzergras (Pennisetum alupecuroides)
⓮ Pfeifengras (Molinia arundianaceae 'Windspiel')
⓯ Stachelnüsschen (Acaena buchananii)
⓰ Brandkraut (Phlomis tuberosa)
⓱ Mädchenauge (Coreopsis verticillata 'Moonbeam')

Als weitere Gehölze bestimmen Buchskugeln die Gartenszenerie. Sie brauchen in den Sommermonaten einen regelmäßigen Schnitt, damit sie ihre runden Formen auch noch im Winter eindrucksvoll zeigen. Selbst eine Schneedecke kann diesen Formen ihren Reiz nicht nehmen. Im Gegenteil, die weißen Schneemützchen wirken sehr malerisch. Die Sträucher sind so verteilt, dass der Eindruck entsteht, als ob Bälle durch die beiden Beete rollten. Gleichzeitig bauen sie eine Verbindung zwischen den beiden Teilen des Vorgartens rechts und links des Weges auf, die in jeder Jahreszeit zusätzlich durch den Rosenbogen unterstützt wird.

Der Hartriegel (Cornus alba 'Sibirica') im Vordergrund rechts bietet in den Wintertagen ein weiteres Farbenspiel, denn die unbelaubten, jungen Triebe besitzen eine feuerrote Rinde. Als paralleles Streifenmuster setzen die Zweige einen markanten Punkt. Zum stimmigen Ensemble wird dieses Eckchen durch die stinkende Nieswurz (Helleborus foetidus). Die kleinen, grünlichen Blütenglöckchen, die dicht an dicht an den etwa 30–40 cm hohen Stielen sitzen, geben dem Strauch dahinter Pfiff. Diese Gruppierung sollten Sie sich unbedingt auch für andere Gartenecken, insbesondere Heckenränder, merken, denn als Blickfang im Winter lässt sie sich leicht übertragen. Im Vorgarten steht in der genau entgegengesetzten Ecke direkt am Haus ein weiteres Exemplar des Hartriegels. Von vorne betrachtet schimmern seine Zweige nur leicht durch das Geäst der Zaubernuss, vom Hauseingang jedoch fällt der Blick direkt auf diesen Farbklecks.

Die Stauden und Gräser, die den Vorgarten in den Sommermonaten farblich beleben, bestechen auch als „Trockenblumen". Das Bandkraut (Phlomis tuberosa) beispielsweise hat auffällige Fruchtstände, die in Quirlen angeordnet sind. Auch die schwarzen Blumenreste des Sonnenhutes (Rudbeckia fulgida 'Goldsturm') trotzen dem Winter. Und die Gräserhorste verwandeln sich durch Raureif und Eisblumen in märchenhafte Gebilde.

Es ist wichtig, dass man die Horste in der ersten Winterhälfte nicht zurückschneidet, damit diese Kunstwerke überhaupt zustande kommen können. Natürlich lassen sich auch einige Schneeglöckchen (Galanthus elwesii) zwischen die Staudenhorste setzen. Am besten sind sie am Wegesrand platziert, denn hier kann man sie gut beobachten und gegen Ende des Winters der Vorfreude auf den Frühling Spannung verleihen. Es gibt wohl kaum etwas Schöneres, als die ersten Spitzen der Schneeglöckchen endlich zwischen den braunen Erdkrumen zu entdecken und zu sehen, dass ein neuer Jahreslauf beginnt.

Wenn der Sommer kommt
Im Sommer steht zunächst die Rose in diesem Vorgarten im Mittelpunkt. Die Sorte 'Goldener Olymp', eine gelb blühende Kletterrose, ziert den Rankbogen über dem Weg. Die großen Einzelblüten verleihen dem Vorgarten eine edle Note. Als zweite Rose schmückt die Sorte 'Charles Austin', eine wunderschöne Englische Rose, den Hauseingang. Die dicht gefüllten Blüten haben den Charme und den Duft der Alten Rosen, überzeugen aber durch Robustheit und Gesundheit. Das zarte Apricot der Blüten hält sich elegant zurück und ermöglicht eine Vielzahl von Farbkombinationen. Sowohl Gelb als auch Rot und Rosa vertragen sich mit diesem Pastellton, gleichzeitig lassen sich aber auch blaue Farbtöne gut damit verknüpfen.

Der Rosenbogen empfängt jeden Besucher mit blumiger Heiterkeit. Die strengen Formen von Pfeifengras (Molinia) und Buchsbaum (Buxus) sorgen für einen Kontrast zu den lockeren Blütenbüschen

Und selbst die Verbindung mit einem knalligen Pink kann dem Vorgarten eine modische Note geben.

Als Stauden haben sich hier vor allem die Dauerblüher ausgebreitet, denn sie ermöglichen ein gleichmäßiges Sommerbild. Das hellgelbe Mädchenauge *(Coreopsis verticillata* 'Moonbeam') zählt ebenso wie der etwas kräftigere gelbe Sonnenhut und die Katzenminze *(Nepeta* x *fassenii)* zu den Dauerblühern. Auch die Nachtkerze *(Oenothera tetragona* 'Sonnenwende') blüht lange auf der sommerlichen Gartenbühne. Der Sommersalbei *(Salvia nemorosa* 'Ostfriesland') dagegen macht eine mehrwöchige Pause nach der ersten Blüte im Mai/Juni, um Ende August mit einer zweiten Blüte aufzuwarten. Natürlich brauchen die Pflanzen dazu etwas Unterstützung. Ein Rückschnitt der Büsche bis auf wenige Zentimeter, ein bisschen Dünger und eine gute Wasserversorgung sichern eine zweite Blüte.

Auch die langsam in die Höhe schießenden Gräser bewirken eine Veränderung im Vorgarten, die aber durch Wachstum bestimmt ist und nicht durch Welke. Erst treten die Blatthorste mit malerischen Wuchsformen auf, dann krönen Blüten die Büsche.

Die Gehölze, die dem Garten im Winter seinen Charakter geben, halten sich im Sommer zurück. Ihr grünes Blätterkleid ist ein dezenter Füller, spielt sich aber nicht in den Vordergrund. Erst im Herbst, wenn sich das Laub verfärbt, machen sie wieder auf sich aufmerksam. Hier ist ganz besonders die Zaubernuss zu nennen, denn sie lässt ihre großen Blätter in einem warmen Gelbton strahlen und beherrscht dadurch schon einige Wochen vor Beginn der Blütezeit das Beet.

Immergrün – immer schön

Das wohl wichtigste Gestaltungsmittel für den Winter ist die grüne Farbe. Dieser Hoffnungsträger wird zum einen durch Nadelgehölze in den Garten gebracht. Aber auch zahlreiche Laubgehölze, wie Buchsbaum *(Buxus sempervirens)*, Kirschlorbeer *(Prunus laurocerasus)*, Stechpalme *(Ilex aquifolium)* und die Gruppe der großblumigen Rhododendren *(Rhododendron-*Arten und -Sorten) erweisen sich durch eine ganzjährig grüne Belaubung als grüne Dauerbrenner im Garten.

Die Koniferen liefern mit ihren verschiedenartigen Wuchsformen und den unterschiedlichen Grüntönen von Gelbgrün bis Blaugrün schöne Winteraspekte. Doch gleichzeitig sollte man gerade Koniferen nur sparsam verwenden, da ihr Anblick schnell eintönig wirkt. Daneben sollte bei ihnen auf die Wuchsform und die Höhe geachtet werden. Schließlich gibt es unter den Nadelbäumen einige Arten wie Kiefern und Tannen, die rasch in die Höhe schießen. Schnittmaßnahmen sind zwar generell möglich, aber die typische Silhouette des Baumes würde dadurch zerstört. Schnittverträglich dagegen zeigt sich die Eibe *(Taxus baccata)*. Das Gehölz mit den dunkelgrünen Nadeln und den roten beerenartigen Früchten kann sogar in geometrische Formen oder Figuren geschnitten werden.

Wenn nun der Winter in den Garten Einzug gehalten hat, bekommen solche Figuren eine besondere Bedeutung, da sie automatisch in den Vordergrund treten. Ganz ähnlich kann man Buchsbaum verwenden. Bei diesem Klassiker unter den Immergrünen kommt hinzu, dass sich Konturen in den Wintermonaten sehr schön andeuten lassen. Einfassungen und schwungvolle Ornamente zeichnen die maximal 20 cm hohen Büsche als Linien in den „Wintergarten" und geben dem Gestaltungskonzept ein besonderes Gewicht.

Auch die Stechpalme zaubert winterliche Stimmung in den Garten. Die glänzenden, meist dornig gezähnten Blätter haben in der Weihnachtszeit einen symbolischen Charakter. Besonders hübsch wirken Sorten, die reichen Fruchtschmuck tragen, wie beispielsweise 'Alaska'. Außerdem gibt es in dieser Gattung eine ganze Reihe von mehrfarbigen Sorten. 'Golden King' hat Blätter mit goldgelbem Rand, bei 'Silver Queen' ist er weißlich gefärbt. Die Sträucher wachsen meist mehrere Meter in

Winterbilder sprechen eine eigene Sprache. Raureif modelliert die Bergenienblätter und gibt ihnen in der fahlen Wintersonne einen bläulichen Anstrich

die Höhe und sollten daher in Anlehnung an ein Gebäude oder andere höhere Gehölze gepflanzt werden.

Immergrüne müssen Sie aber nicht nur unter den Gehölzen suchen. Auch im Reich der Stauden findet man eine ganze Reihe von Pflanzen, die sich rund ums Gartenjahr in einem hübschen Blätterkleid zeigen. Bergenien (*Bergenia*-Hybriden) behalten beispielsweise ihre Blätter bis zum Frühjahr. Einige Farne, wie der Hirschzungenfarn *(Phyllitis scolopendrium)* und der Schildfarn *(Polystichum setiferum),* haben ein so genanntes wintergrünes Laubkleid. Sie tragen ihre grünen Wedel also während der Wintermonate, erneuern sie aber in jedem Fall im Frühjahr.

Wer die Schönheit im Detail sucht, der sollte sich mit den Steingartengewächsen beschäftigen. Dachwurz *(Sempervivum)* und Steinbrech *(Saxifraga)* überdauern mit ihren Rosetten auch im Winter und geben mit Raureif „überzuckert" ein malerisches Bild ab.

Kletterkünstler im Winter

Wegen seiner ledrigen, immergrünen Blätter ist Efeu *(Hedera helix)* besonders beliebt. Sie überziehen schattige Beete mit einer grünen Decke oder breiten sich an Wänden aus. Sicherlich ist die robuste Natur ein wichtiger Grund für die Beliebtheit dieser Pflanze. Efeu ist zu den vielgestaltigen Pflanzen zu rechnen. Die großblättrigen Arten sind für Ecken, in denen es etwas gröber zugehen darf, ideal, die kleinblättrigen und mehrfarbigen dagegen für die feineren Eckchen. Beachten Sie aber Sortenunterschiede in der Frostempfindlichkeit. Ein stark geschlitzter Efeu kann beispielsweise auch stärker zurückfrieren. Zudem ist die Empfindlichkeit natürlich von der jeweiligen Witterung abhängig.

Besonders schön sind in den Wintermonaten die spiralig gewundenen Zweige der Glyzinie *(Wisteria sinensis)* anzusehen. Diese natürlichen „Halteorgane" treten bei allen Kletterpflanzen in den Vordergrund, wenn das Blattwerk abgefallen ist, und man sollte ihre bizarre Schönheit so in Szene setzen, dass sie gebührende Beachtung findet.

Der Terrassenabgang

Hausnahe Beete wie beispielsweise ein Terrassenabgang sollten gerade im Winter besondere Höhepunkte zeigen. Denn selbst wenn man in den Wochen um den Jahreswechsel nicht gerade häufig in den Garten geht, so sieht man doch gelegentlich von der Terrassentür oder den Fenstern auf die Beete und erfreut sich an schönen Blüten und interessanten Formen, die im Winter zu Tage treten.

Im vorliegenden Beispiel teilt eine flache Treppe den Abgang in zwei Bereiche. Eine gewisse Einheit wird jedoch durch die beiden Sträucher der Glockenhasel *(Corylopsis pauciflora)* erreicht.

Dieses Hamamelisgewächs bleibt klein, und so rahmen die Büsche den Treppenabgang hübsch ein. Die ersten Blüten kann man bereits im März erwarten, noch bevor die Blätter austreiben. Schnittmaßnahmen sind bei diesem Kleingehölz überflüssig, denn die schönste Wuchsform ist die ganz natürliche. Eine Ausnahme bilden beschädigte Zweige bzw. solche, die so dicht stehen, dass sie sich gegenseitig behindern.

Einige Wochen früher regt sich bereits auf der Baumscheibe um die Büsche das Leben, denn die Winterlinge *(Eranthis hyemalis)* mit ihren goldgelben Schalenblüten lassen sich schon von den ersten kräftigeren Sonnenstrahlen locken.

Wenn die Glockenhasel blüht, ist dieser Zauber längst vorbei, und die Samenkapseln der Winterlinge reifen heran. Lassen Sie es ruhig zu, dass sich diese Knollenblumen etwas ausbreiten, denn kleine gelbe Farbkleckse kann man im wintertrüben Monat Februar eigentlich nie genug haben.

❶ **winterharte Kamelie** (Camelia japonica)
❷ **Schneeglöckchen** (Galanthus nivalis)
❸ **Glockenhasel** (Corylopsis pauciflora)
❹ **Winterling** (Eranthis hyemalis)
❺ **Glockenblume** (Campanula poscharskyana)
❻ **Korkenzieherhaselnuss** (Corylus avellana)
❼ **hellrosa Tulpen** (Tulipa-Hybride)
❽ **rotblättriges Purpurglöckchen** (Heuchera micrantha 'Palace Purple')
❾ **Duftschneeball** (Viburnum farreri)
❿ **Blutstorchschnabel** (Geranium sanguineum 'Elsbeth')
⓫ **Goldwolfsmilch** (Euphorbia polychroma)
⓬ **Bergenie** (Bergenia-Hybride 'Herbstblüte')
⓭ **Mauerpfeffer** (Sedum album)

Korkenzieherhasel (Corylus) und Schneeball (Viburnum) zeigen sich ebenso von ihrer unverfrorenen Seite wie Winterlinge (Eranthis) und Schneeglöckchen (Galanthus)

- ⑭ **Hasenglöckchen** (Hyazinthoides hispanica)
- ⑮ **Kissenaster** (Aster dumosus 'Augenweide')
- ⑯ **Mutterkraut** (Tanacetum parthenium)
- ⑰ **Jakobsleiter** (Polemonium reptans 'Blue Pearl')

2 cm = 1 m

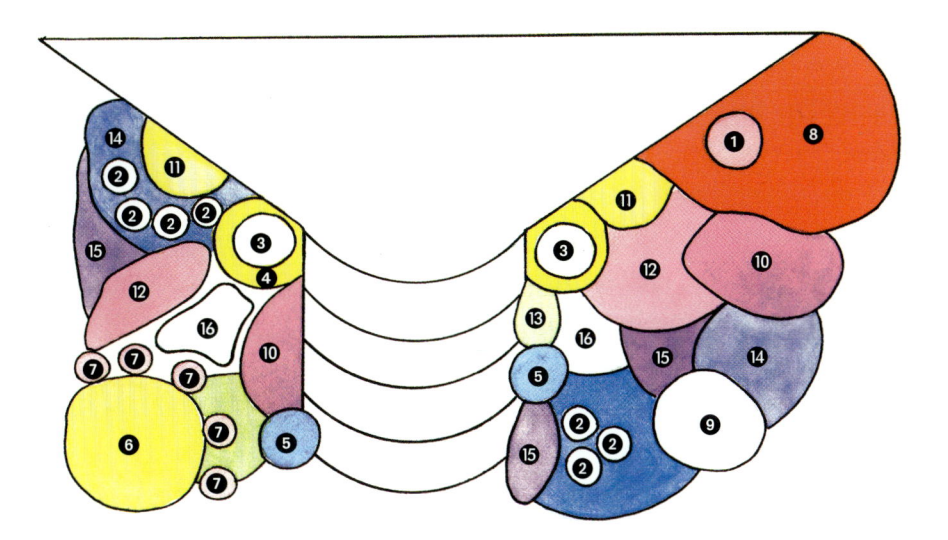

Einige Wochen vor den Winterlingen beginnt eine besondere Schneeballschlacht – nämlich die Blüte von *Viburnum farreri*. Die zartrosa angehauchten weißen Blüten sitzen an den Triebenden. Es gibt kaum ein schöneres Erlebnis, als die ersten offenen Blüten mitten im Winter an diesem Strauch zu entdecken. Und noch größer ist die Freude, wenn Sie den Blüten einen Besuch abstatten und in den Genuss des Duftes kommen. Der Strauch kann zwar bis zu 4 m hoch werden, doch im Allgemeinen wächst er sehr langsam, so dass diese Höhe selten erreicht wird.

An seinem Fuß machen sich die Schneeglöckchen bald breit. Ihre weißen Blüten ergänzen die Strauchblüte. Auf der anderen Seite der Treppe spielen sich die Formen stärker in den Vordergrund. Die Korkenzieherhasel *(Corylus avellana* 'Contorta') zeigt ihre spiralig gewundenen Zweige besonders klar im unbelaubten Zustand. Ab Februar kommen dann die langen, herunterhängenden Kätzchen als Dekor dazu. Es handelt sich zwar um einen sehr dezenten Schmuck, doch lohnt es sich, diesen Formen Beachtung zu schenken.

Die Bergenien *(Bergenia*-Hybriden) beleben die Beete mit grüner Farbe. Die riesigen, lederartigen Blätter bleiben auch im Winter grün, gezeichnet von einem roten Hauch der Herbstfärbung. Die hier ausgewählte Sorte mit dem Namen 'Herbstblüte' besticht dadurch, dass sie ihre rosaroten Glockentürme nicht nur im Frühling präsentiert, sondern sicher im Herbst noch einmal öffnet. Gleichzeitig blühen dann die Polster der Kissenastern *(Aster dumosus* 'Augenweide').

Einen weiteren Farbaspekt bringt im Winter das rotblättrige Purpurglöckchen *(Heuchera micrantha* 'Palace Purple') ins Spiel. Die dichten Horste neben der Kamelie *(Camellia japonica)* überziehen den Boden mit einem stumpfen, aber dennoch lebhaften Farbton.

Den Sommer bestimmen in diesem Beet eher kleinblumige Gewächse. Daher tritt es in der „Freiluftsaison" etwas in den Hintergrund. Zwar schmücken die Glockenblumenpolster *(Campanula poscharskyana)* die Treppenstufen zusammen mit dem Blutstorchschnabel *(Geranium sanguineum* 'Elsbeth'), doch die wirklich reiche Blütenpracht entfaltet sich nun auf den übrigen Gartenbeeten. Außerdem können die Kübelpflanzen nach den Eisheiligen wieder ihre Plätze auf der Terrasse einnehmen und Sommerblumen in Kübel gepflanzt werden. So ist es ganz gut, dass sich der Terrassenabgang nun in Zurückhaltung übt und man sich den Genuss für die kühleren Wochen des Gartenjahres aufbewahren kann.

Wenn der Frühling kommt

Das Beet, das sich schon im Winter sehr lebhaft gezeigt hat, verdient auch im Frühling viel Aufmerksamkeit. Ein Höhepunkt ist jetzt die Blüte der Kamelie. Es handelt sich hierbei um eine winterharte Sorte, die von dem Standort in Hausnähe natürlich besonders profitiert. Dieser Platz ermöglicht dem Strauch eine geschützte Überwinterung. Bei starkem Sonnenschein sollte man den Busch aber dennoch mit Strohmatten oder einer Vliesdecke verhüllen. Diese Maßnahme dient dazu, den immergrünen Busch vor Wintertrockenheit zu schützen. Die Blätter bekommen Schatten, und auch die Luftfeuchtigkeit lässt sich dadurch vergleichsweise gut halten. Andernfalls könnte es passieren, dass der reiche Knospenbesatz, der bereits im Spätherbst deutlich zu erkennen ist, vertrocknet.

Allmählich erobert wieder Farbe das Beet. Pinkfarbene Bergenien (Bergenia), rote Tulpen (Tulipa) und die gelbe Glockenhasel (Corylopsis) machen Lust auf den Frühling

Wenn aber alles gut geht, erfüllt sich hier an der Terrasse der südlich anmutende Traum eines jeden Gärtners. Die einfachen oder gefüllten Blüten der Kamelie sind von fester Substanz und um diese Jahreszeit an Schönheit und Anmut eigentlich von keiner anderen Pflanze zu übertreffen. Nach der Blüte kann man den Busch übrigens zurückschneiden. So wird das Triebwachstum bzw. ein buschiger Wuchs angeregt.

Die Farben im Beet zeichnen sich ab März durch Zartheit und Frische aus. Die Glockenhasel blüht in einem hellen Cremegelb, die Tulpen rund um die Korkenzieherhasel tragen ein zartes Rosa, das sich etwas kräftiger in den Bergenienblüten wiederholt. Den Pfiff erhält dieses Beet allerdings vor allem durch die Goldwolfsmilch *(Euphorbia polychroma)*. Ihre goldgelben Blüten sind von frischen Blättern umgeben, die keinen Funken von Frühjahrsmüdigkeit aufkommen lassen. Zumal sich gleichzeitig auch die Sträucher in ihr lindgrünes Blätterkleid hüllen.

Winterschönheiten locken

Die Schönheit der Wintertage will entdeckt werden, denn eigentlich mangelt es den Pflanzen in den Winterwochen nicht an Schönheit, sondern nur an einer entsprechenden Inszenierung. Viele besonders schöne Details, die in der kalten Jahreszeit in den Vordergrund treten, finden viel zu selten Beachtung, beispielsweise der Rindenschmuck. Die Färbung und Zeichnung von Trieben und Ästen nimmt man erst richtig wahr, wenn die Blätter abgefallen sind. Dann aber können sie besonders auffällig werden, und die Farbe mag sogar zum bestimmenden Element der winterlichen Gartenbilder werden.

So ist der Hartriegel *(Cornus alba* 'Sibirica'), der bereits beim Beispiel des Vorgartens (siehe Seite 116 ff.) erwähnt wurde, einer der kräftigsten roten Farbkleckse, die man sich im Winter vorstellen kann. Aber nur wenn das Astwerk immer wieder verjüngt wird, bleibt diese Farbe erhalten. Schließlich weisen nur ein- und zweijährige Äste diese intensiv rote Rinde auf. Nehmen Sie daher regelmäßig die älteren Triebe aus dem Busch heraus, so dass sich die Krone immer wieder erneuert.

In der Familie der Ahorngewächse tauchen diverse Arten mit auffälliger Rinde auf. Der Zimtahorn *(Acer griseum)* hat eine glänzende, kastanienbraune Haut, die sich schuppig löst. Der Schlangenhautahorn *(Acer davidii)* dagegen zeichnet sich durch ein auffälliges Muster weißer Längsrippen zwischen den grünlichen Partien aus. Zwar sind beide Bäume eher Großgehölze, aber bei langsamem Wachstum kann es viele Jahrzehnte dauern, bis diese Bäume einem in einem durchschnittlich großen Garten buchstäblich über den Kopf wachsen.

Für kleine Gärten geeignet sind die so genannten verbänderten Sorten der Weiden *(Salix)* und des Ginsters *(Cytisus)*. Ihre Zweige haben sich durch eine genetische Veränderung zu flachen, breiten Ästen entwickelt. Im unbelaubten Zustand ziehen sie den Blick auf sich, vorausgesetzt, man hat den Arten einen entsprechend augenfälligen Standort gegeben.

Am häufigsten findet man winterlichen Blütenschmuck an Gehölzen. Zu den Zaubernussgewächsen, deren bekanntester Vertreter die *Hamamelis* ist, zählt auch der Eisenholzbaum *(Parrotia persica)*, der bereits im Februar seine burgunderroten Blüten in der Sonne öffnet. In diesen Tagen haben auch die verschiedenen Schneeball-Arten ihren großen Auftritt. Der nur 2 m hohe *Viburnum* x *bodnantense* und der

Buchsbäume auf Hochstämmen und Rosenkugeln verleihen dem winterlichen Garten eine vorweihnachtliche Atmosphäre

größere, duftende *Viburnum farreri* zeigen im Februar ihre Hauptblüte.

Sehr zurückhaltend, aber dennoch von großer Bedeutung sind die Weiden, die mit ihren verschiedenen Arten unsere Gärten bevölkern. Trauerformen und solche mit spiralig gewundenen Ästen erfreuen sich großer Beliebtheit. Die Salweide *(Salix caprea)* zählt zu den früh blühenden, ökologisch bedeutenden Arten, da sie den Bienen sehr früh im Jahr als Nahrungsquelle dient.

Auch Stacheln an Wildrosen können interessant werden. Die so genannte Stacheldrahtrose *(Rosa omeiensis* f. *pteracantha)* beispielsweise trägt an den einjährigen Triebe kräftige Stacheln, die man in unbelaubtem Zustand besonders gut erkennt.

In den Sommermonaten freuen wir uns über jedes Lebewesen, das im Garten einen Lebensraum findet. Im Winter sollte man es daher den Vögeln auch recht angenehm machen. Das heißt aber nicht, dass die gefiederten Gartenbewohner Unmengen von Vogelfutter vorfinden sollten.

Im Gegenteil: Sorgen Sie für viele Wildfrüchte im Garten, von denen sich die Vögel ein ordentliches Winterpolster anfressen können, und geben Sie ihnen mit einem Vogelhäuschen einen geschützten Unterstand für die Tage, an denen es kalt und unwirtlich ist. So ein Vogelhaus kann dann auch dekorativ sein. Ein lustiges Modell ziert den Garten mit Farbe und stellt einen Blickfang dar, der sich ganz automatisch mit der Jahreszeit verbindet. Zudem sind die Vögel, die man jetzt in aller Ruhe beobachten kann, ebenso ein schöner „Schmuck" wie Schmetterlinge und Libellen, an denen wir uns im Sommer so sehr erfreuen.

Auch auf der Terrasse, wo vom Frühjahr bis in den Herbst Blumen in Kübeln und Töpfen geblüht haben, sollten Sie an eine winterliche Dekoration denken. Ein großer Strauß mit Koniferenzweigen und einigen roten Schleifen bringt vorweihnachtliche Stimmung auch vor die Haustür. Ebenso lassen sich an geschützten Stellen bereits früh einige Primeln in Töpfen setzen, wenn sie bei starkem Frost in den Nächten gegebenenfalls mit einem Pappkarton geschützt werden.

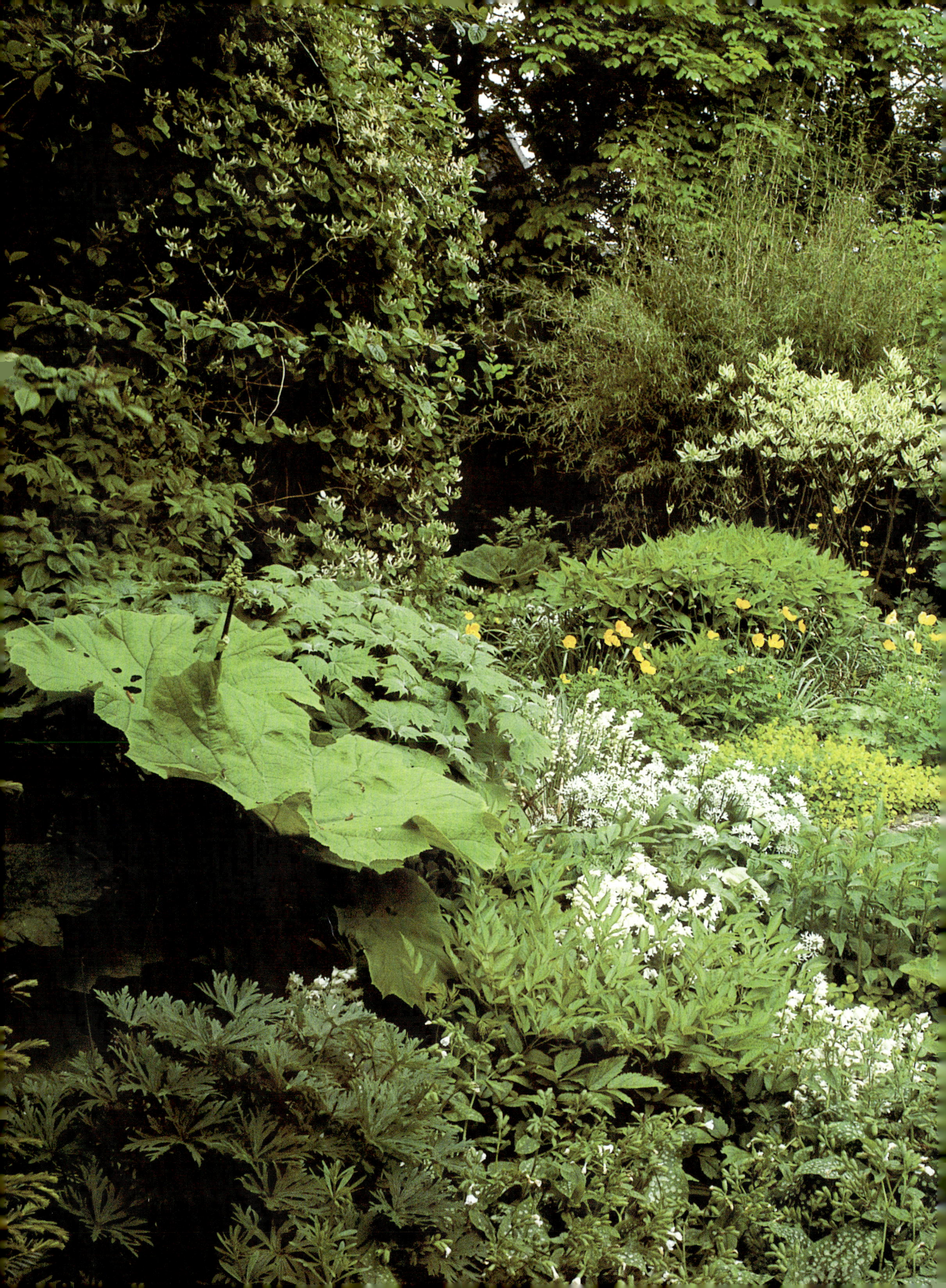

Pflanzen für alle Jahreszeiten

Gehölze

Gehölze haben im Garten generell eine große Bedeutung, da ihr Astwerk das Grundgerüst der Bepflanzung bildet und sie zudem meistens ausgesprochen langlebig sind. Daher sollte man bei der Auswahl unbedingt die verschiedenen Altersstadien sowie das Höhen- und Breitenwachstum berücksichtigen. Am Anfang sieht ein Garten mit jungen Gehölzen eher kahl aus, doch mit zunehmendem Alter werden die Baumkronen immer größer und breiter, so dass auch immer weniger Licht in den Garten gelangt. Aus diesem Grund ist es wichtig, dass man die Bepflanzung von Anfang an nicht zu dicht plant. Denn nur wenn sich die Gehölze natürlich entwickeln können und die charakteristische Wuchsform erhalten bleibt, kommen die Pflanzen gut zur Geltung. Gehölze sind die natürlichsten und schönsten Schattenspender im Garten. Große lappige Blätter sorgen im Sommer durch die hohe Verdunstung zusätzlich für angenehme Kühle unter der Krone.
Gleichzeitig erfüllen Sträucher den Wunsch nach Abgrenzung bzw. Sichtschutz, und auch Lärm kann etwas abgemildert werden.
Die Laub- und Nadelgehölze des Gartens bieten viele Möglichkeiten, um einem Beet in den einzelnen Jahreszeiten verschiedene Akzente zu verleihen. Blütenschmuck, Laubaustrieb, Herbstfärbung, Fruchtstände, Wuchsform und Rindenfärbung sind die wichtigsten Merkmale, die man für die Gartenplanung sorgfältig studieren sollte.

Bild links:
Vor der blütenreichen Azalee bringt der gelbgrüne Spindelbusch Licht ins Spiel

Bild rechts:
Die rotblättrige Hängebuche übernimmt gerne die Solistenrolle

Pflanzen für alle Jahreszeiten
Gehölze

Bäume und Großsträucher

Bäume und größere Sträucher prägen das Bild eines Gartens, da sie ihm einen Großteil seiner räumlichen Strukturen verleihen. In den heutigen Gärten werden die regelrechten „Giganten" meist jedoch nur noch als Solitäre gepflanzt. Besonderer Beliebtheit erfreut sich dabei der Hausbaum, dessen Bedeutung symbolischer Natur ist: Er soll vor allem Schutz bringen und Böses abwehren. Unabhängig vom Einsatz gilt jedoch für alle großen Gehölze, dass sie sich mit ihren Proportionen gut in das Gesamtbild von Haus und Garten einfügen müssen.

Fächerahorn (Acer palmatum)

Sortenreiches Gehölz mit asiatischem Flair. **Höhe:** bis 7 m. **Breite:** bis 4 m. **Blüte:** purpur, Mai. **Laub:** sommergrün, fünf- bis elflappig, grün oder rot je nach Sorte, auffällige Herbstfärbung. **Wuchs:** aufrecht, reich verzweigt. **Boden:** frisch, schwach sauer, humos, Staunässe und Verdichtungen meiden. **Sorten:** 'Atropurpureum' – dunkelpurpurnes Laub; 'Dissectum' – tief geschlitzte Blätter. **Verwendung:** Einzelstellung, mit bodendeckenden Stauden und Zwiebelgewächsen unterpflanzen, gleichmäßige Hintergründe

❶ Japanischer Fächerahorn
 (Acer palmatum)
❷ Japanischer Fächerahorn
 (Acer palmatum
 'Dissectum')
❸ Trompetenbaum
 (Catalpa bignonioides)
❹ Esskastanie
 (Castanea sativa)
❺ Trauerbirke
 (Betula pendula)

Gehölze

Trauerbirke (Betula pendula)
Herabhängende Äste. **Höhe:** 5–7 m. **Breite:** 4 m. **Blüte:** gelbe Kätzchen, März–April. **Laub:** rund, gesägte Ränder, frischgrün, gelbe Herbstfärbung. **Wuchs:** schirmförmig, dicht verzweigt. **Boden:** durchlässig, frisch. **Verwendung:** als Hausbaum, Solitär, Bewurzelungsraum für Unterpflanzung durch eine Wurzelschutzfolie abtrennen, nicht in die Nähe von Wasserleitungen pflanzen

Esskastanie (Castanea sativa)
Strauchförmiges Großgehölz. **Höhe:** 3–6 m. **Breite:** 5–8 m. **Blüte:** weiße Kerzen, strenger Duft, Juni–Juli, ab Oktober fallen die Esskastanien in grüner Schale herab. **Laub:** gefiedert, groß, frischgrün, goldgelbe Laubfärbung. **Wuchs:** breit, verzweigt. **Boden:** anspruchslos. **Verwendung:** Solitärgehölz, für größere Gehölzpflanzungen

Trompetenbaum (Catalpa bignoniodes)
Großblättriger Baum mit schönen Blüten. **Höhe:** bis 15 m. **Breite:** bis 10 m. **Blüte:** weiß, trompetenförmig in langen Rispen, Juni–Juli. Früchte bis 40 cm lange, schmale Schoten. **Laub:** herzförmig, groß, hellgrün, treibt spät aus. **Wuchs:** breitkronig. **Boden:** tiefgründig, nährstoffreich. **Verwendung:** Solitär, ideal an Sitzplätzen wegen des späten Laubaustriebs, lässt lange Sonne zu

Trauerbuche (Fagus sylvatica 'Pendula')
Bizarrer Baum. **Höhe:** bis 30 m. **Breite:** bis 20 m. **Blüte:** unscheinbar. **Laub:** länglich eiförmig, grün glänzend, im Herbst rötlich und gelb gefärbt. **Wuchs:** unregelmäßig, Zweige hängen nach unten, meist auf den Boden. **Boden:** sauer bis alkalisch, feucht und nahrhaft. **Verwendung:** Solitärgehölz auf größeren Rasenflächen

Ginkgo (Ginkgo biloba)
Urzeitliche Konifere mit sehr breitem Laub. **Höhe:** bis 30 m. **Breite:** bis 10 m. **Blüte:** unscheinbar, männliche und weibliche Blüten getrennt, Früchte pflaumenförmig, gelbgrün. **Laub:** fächerförmig, stark parallelnervig, frischgrün, im Herbst goldgelb. **Wuchs:** sparrig, verzweigt, säulenförmig bis breit. **Verwendung:** Solitär, auch im Kübel, hübscher Hausbaum

Zierkirsche (Prunus serrulata)
Malerischer Blütenbaum. **Höhe:** bis 12 m. **Breite:** bis 10 m. **Blüte:** weiß oder rosa, einfach oder gefüllt in dichten Trauben, März–Mai, im Verblühen bilden sich unter den Bäumen rosa oder weiße Blütenblattteppiche. **Laub:** grün, spitz eiförmig, im Herbst bronze oder gelb gefärbt. **Wuchs:** je nach Sorte säulenförmig, breit ausladend, flach hängende Triebe, baumförmig. **Boden:** durchlässig, humos. **Verwendung:** Hausbaum, Leitgehölz in einer Blütenhecke, kleinere Sorten auch für Kübel

Weidenblättrige Birne (Pyrus salicifolia)
Ausdrucksvoller Strauch. **Höhe:** bis 5 m. **Breite:** bis 3 m. **Laub:** lanzettlich, lang, silberweiß. **Wuchs:** aufrecht mit überhängenden Zweigen. **Boden:** anspruchslos. **Verwendung:** für Gehölzgruppen, für gemischte Staudenrabatten in der Sonne, hübsch in Verbindung mit rotlaubigen Gehölzen (zum Beispiel Perückenstrauch)

TIPPS & HINWEISE

Langsam wachsende bzw. klein bleibende Laubgehölze

Zwergtrompetenbaum (*Catalpa bignonioides* 'Nana'): 4–6 m hoch, 2–4 m breit; Weiß- bzw. Rotdorn (*Crataegus*-Arten): 2–7 m hoch, 3–6 m breit; Kugelesche (*Fraxinus excelsior* 'Nana'): 4–6 m hoch, 2–4 m breit; Goldregen 'Vossii' (*Laburnum* x *watereri* 'Vossii'): 4–6 m hoch, 3–4 m breit; Wintergrüne Eiche (*Quercus* x *turneri* 'Pseudoturneri'): 5–10 m hoch, 5–8 m breit; Kugelakazie (*Robinia pseudoacacia* 'Umbraculifera'): 4–6 m hoch, 4 m breit; Eberesche in Arten und Sorten (*Sorbus*): 3–10 m hoch, 3–8 m breit; Goldulme (*Ulmus* x *hollandica* 'Wredei'): 8–10 m hoch, 3–4 m breit

Immergrüne und Koniferen

Unabhängig von den Jahreszeiten zeigen sich Immergrüne und Koniferen (Ausnahme Lärche) in ihrem grünen Kleid. So entstehen mit diesen Pflanzen gleichmäßige Kulissen und winterliche Hoffnungsträger. Unter den Nadelgehölzen gibt es zahlreiche Arten und Sorten mit zwergigem Wuchs. Diese fügen sich wunderschön in gemischte Pflanzungen mit Stauden und Zwiebelpflanzen ein.

Buchsbaum (Buxus sempervirens)
Immergrünes Formschnittgehölz. **Höhe:** 2–8 m. **Breite:** bis 3 m. **Blüte:** cremefarben, unscheinbar, April–Mai. **Laub:** eiförmig, länglich, ledrig, dunkelgrün. **Wuchs:** strauchig, aufrecht, dicht verzweigt, langsam wachsend. **Boden:** frisch, nährstoffreich. **Sorten:** 'Rotundifolia' – blaugrünes, mattes Laub; 'Blauer Heinz' – sehr winterhart, bläulicher Laubaustrieb. **Verwendung:** Heckengehölz, für Formschnitt, für Einfassungen, als Kübelpflanze

Muschelzypresse (Chamaecyparis obtusa 'Nana Gracilis')
Veredelte Zwerkonifere. **Höhe:** bis 3 m. **Breite:** bis 1,50 m. **Laub:** schuppenförmig, dick, fest anliegend, dunkelgrün, glänzend, immergrün. **Wuchs:** kugelförmig, im Alter kegelförmig, Zweige gedreht, dicht, langsam wachsend. **Boden:** frisch, nährstoffreich. **Verwendung:** Solitär, für Kübel, im Steingarten

Kriechspindel (Euonymus fortunei)
Buschiger Kleinstrauch, der klettern kann. **Höhe:** 0,40–0,70 m. **Breite:** 1 m. **Blüte:** gelbliche Dolden, Juni, nur bei älteren Exemplaren. **Laub:** eliptisch, auch gelb- oder weißgrün gezeichnet, rötliche Herbstfärbung. **Wuchs:** flach ausgebreitet. **Boden:** frisch, nährstoffreich. **Sorten:** 'Emerald Gaiety' – weißgrüne Blätter; 'Emerald´n Gold' – gelbgrüne Blätter. **Verwendung:** in gemischten Beeten, als Übergang zu Mauern, als Bodendecker

Stechpalme (Ilex aquifolium)
Strauch mit schönem Fruchtschmuck. **Höhe:** bis 10 m. **Breite:** bis 3 m. **Blüte:** weiß, zweihäusig, Mai–Juni, kugelige, rote Früchte. **Laub:** länglich oval bis rundlich, Rand gewellt und gezähnt, sehr dick ledrig, dunkelgrün. **Wuchs:** kegelförmig, reich verzweigt. **Boden:** nährstoffreich, frisch. **Sorten:** 'Alaska' – große scharlachrote Früchte; 'J.C. van Tol' – glatte Blattränder; 'Silver Queen' – weiß gerandetes Laub, orangerote Früchte; 'Myrtifolia' – schmales, kleines Laub. **Verwendung:** für Vorgärten, als Rabattenhintergrund, als immergrünes Element in einer Gehölzpflanzung

Wacholder (Juniperus communis)
Anspruchsloses Nadelgehölz. **Höhe:** bis 4 m. **Breite:** bis 2 m. **Blüte:** unscheinbar, Früchte ebenfalls unbedeutend. **Laub:** nadelartig, blaugrau bis -grün, spitz, zum Teil stechend. **Wuchs:** säulenförmig oder flachkugelig, je nach Sorte. **Boden:** anspruchslos. **Sorten:** 'Hibernica' – säulenförmig, 4 m hoch; 'Hornibrookii' – flach ausgebreitet, 0,30 m hoch; 'Repanda' – Zwergkonifere, 0,50 m hoch, kriechend, flach. **Verwendung:** je nach Sorte als Solitär in Heide- oder Steingärten, zur Flächenbegrünung

Weymouthskiefer (Pinus strobus)
Veredelte Zwergkonifere. **Höhe:** bis 1,50 m. **Breite:** bis 3 m. **Laub:** lange Nadeln, dicht, weich, dünn, blaugrün. **Wuchs:** kissenförmig bis flachkugelig, dicht verzweigt, langsam wachsend. **Boden:** frisch, nährstoffreich. **Sorten:** 'Krüger´s Liliput' – kissenförmig 0,30 m hoch. 'Radiata' – kugeliger Wuchs. **Verwendung:** Solitär, in Koniferengruppen, für Steingärten, als Trogbepflanzung

Kirschlorbeer (Prunus laurocerasus)
Immergrüner Kleinstrauch. **Höhe:** bis 3 m. **Breite:** bis 4 m. **Blüte:** weiß bis cremefarben, in dichten aufrechten Trauben, Mai, schwarze, runde Früchte. **Laub:** bis 15 cm lange, schmal elliptische Blätter, grün, glänzend. **Wuchs:** strauchig,

Gehölze

aufrecht bis breit buschig. **Boden:** nahrhaft, frisch. **Sorten:** 'Otto Luyken' – 1,50 m hoch; 'Herbergii' – 3 m hoch. **Verwendung:** Solitär, für Gruppen und Hecken, im Kübel

Rhododendron (Rhododendron-Hybriden)

Beliebte Blütensträucher mit breitem Sortenspektrum. **Höhe:** bis 4 m. **Breite:** bis 4 m. **Blüte:** glocken- oder trichterförmig, in dichten, endständigen Büscheln, weiß, gelb, orange, rot, karmin, rosa, violett, April–Juni. **Laub:** länglich oval bis rund, dunkelgrün, ledrig. **Wuchs:** breitbuschig, aufrecht, reich verzweigt. **Boden:** neutral bis sauer, frisch, humos, nährstoffreich. **Verwendung:** Einzelstellung, für Gruppen mit verschiedenen Sorten, im Kübel, für Blumenbeete

Gemeine Eibe (Taxus baccata)

Schnittverträgliche Konifere. **Höhe:** bis 20 m. **Breite:** bis 10 m. **Blüte:** unscheinbar, leuchtend rote Samenhülen, rundlich. **Laub:** nadelartig, schwarzgrün, glänzend. **Wuchs:** aufrecht, breit bis kugelig, oft mehrstämmig, schnell wachsend. **Boden:** anspruchslos. **Verwendung:** Formschnittgehölz, Hecken, Solitär

❶ Weymouthskiefer (Pinus strobus 'Minima')
❷ Buchsbaum (Buxus sempervirens), links die Sorte 'Aurea', rechts normale Form
❸ Links: Wacholder (Juniperus communis), rechts: Hibalebensbaum (Thuopsis)
❹ Rhododendron (Rhododendron)
❺ Eibe (Taxus baccata)

Frühlingsblüher

Sträucher, die bereits gegen Ende des Winters blühen, erfreuen sich großer Beliebtheit, denn sie bringen reichlich Farbe auf die Gartenbühne. Die meisten dieser Sträucher sollten nach der Blüte geschnitten werden. An den einjährigen Trieben bilden sich nämlich besonders viele Blütenknospen, die älteren Triebe entwickeln dagegen kaum noch Blüten.

Zierquitte (Choenomeles-Hybriden)
Beliebter Frühlingsblüher. **Höhe:** 2 m. **Breite:** 1,50 m. **Blüte:** schalenförmig, dicht an den Zweigen, rot, rosa, weiß, März–April. **Laub:** eiförmig, dunkelgrün. **Wuchs:** breitbuschig, sparrig verzweigt. **Boden:** neutral bis sauer, möglichst nicht kalkhaltig, nährstoffreich. **Sorten:** 'Brillant' – orangerote Blüten; 'Fire Dance' – blutrote Blüten; 'Nivalis' – weiße Blüten; 'Pink Lady' – rosa Blüten. **Verwendung:** für Hecken, zum Beispiel gemischt mit Forsythien, Flächenbegrünung, in gemischten Staudenbeeten

Glockenhasel (Corylopis spicata)
Dekorativer Blütenstrauch. **Höhe:** bis 2 m. **Breite:** bis 2 m. **Blüte:** hellgelb, hängende Trauben, April–Mai. **Laub:** eiförmig rund, bis 10 cm lang, blaugrün, leichter Glanz, Herbstfärbung gelb bis orange. **Wuchs:** aufrechter Strauch, locker verzweigt. **Boden:** frisch, nährstoffreich. **Arten:** *Corylopsis pauciflora* – kleiner, Blüte bereits ab März. **Verwendung:** zu Frühlingsblühern, als Solitär, im Kübel, in kleineren Gehölzgruppen

Felsenbirne (Amelanchier ovalis)
Robuster, heimischer Blütenstrauch. **Höhe:** 5 m. **Breite:** 3 m. **Blüte:** weiß, April–Mai, intensiv duftend, blauschwarze Früchte. **Laub:** rundlich bis eiförmig, im Austrieb weißfilzig, Herbstfärbung orangerot. **Wuchs:** locker, breitbuschig. **Boden:** trockenheitsverträglich, durchlässig. **Arten:** Kupferfelsenbirne (A. lamarckii) – kupferroter Blattaustrieb, 'A. laevis' – besonders große Blüten bereits Anfang April. **Verwendung:** als Solitär in Staudenbeeten, für große Kübel, als Auflockerung in einer Hecke

Seidelbast (Daphne mezereum)
Kleinstrauch mit duftenden Blüten. **Höhe:** bis 1,50 m. **Breite:** bis 1,50 m. **Blüte:** stern- bis trichterförmig, rosa, weiß, in Büscheln vor dem Laubaustrieb, März–Juni. **Laub:** lanzettlich, frischgrün. **Wuchs:** trichterförmig aufrecht, kaum verzweigt, langsam wachsend. **Boden:** schwach bis stark alkalisch. **Sorten:** 'Alba' – weiß, März–April; 'Rubra Select' – dunkelrot, März–April. **Verwendung:** für gemischte Staudenbeete, in Steingärten, auch für Pflanzkübel geeignet

Forsythie (Forsythia x intermedia)
Frühlingsklassiker. **Höhe:** bis 4 m. **Breite:** bis 3 m. **Blüte:** glockenförmig, goldgelb, vor dem Laubaustrieb, März–April. **Laub:** lanzettlich, frischgrün. **Wuchs:** aufrecht, leicht bogenförmig geneigte Triebe, reich verzweigt. **Boden:** frisch, nährstoffreich. **Verwendung:** für Hecken, zusammen mit Zierquitte, Formschnitt möglich, als Solitär, als Kulisse für Blumenbeete, für große Pflanzgefäße

Zaubernuss (Hamamelis x intermedia)
Einer der schönsten Winterblüher. **Höhe:** bis 4 m. **Breite:** bis 3 m. **Blüte:** lange schmale Blütenblätter, direkt am Holz, vor dem Laubaustrieb, rot, orange, gelb, Januar–Februar, frostunempfindlich. **Laub:** breit eiförmig, dunkelgrün, Herbstfärbung gelb bis orangerot. **Wuchs:** breit trichterförmig bis ausladend, locker verzweigt, langsam wachsend. **Boden:** schwach sauer bis neutral, Kalk vermeiden, frisch, nährstoffreich. **Sorten:** 'Feuerzauber' – intensiv rot, duftend; 'Westerstede' – hellgelb, reich blühend, duftend. **Verwendung:** kleinere Beete an Terrassen, gemischte Staudenbeete, Vorgärten, im Kübel

Ranunkelstrauch
(Kerria japonica)

Anspruchslos, zuverlässig blühend, stark wachsend. **Höhe:** bis 2 m. **Breite:** bis 1,50 m. **Blüte:** schalenförmig, einfach, goldgelb, gleichmäßig über die Zweige verteilt, April–Juni. **Laub:** länglich, frischgrün, früh treibend. **Wuchs:** zahlreiche Grundtriebe, breit trichterförmig, Enden der Zweige bogig überhängend, bildet durch Wurzelausläufer kräftiges Dickicht. **Boden:** frisch, Kalk vermeiden. **Sorten:** 'Plena' – gefüllte goldgelbe Blütenbälle an langen Stielen, April–Juni. **Verwendung:** für Gartenränder, als Sichtschutz für Kompostanlagen, in Gruppen mit anderen Pflanzen

Duft-Schneeball
(Viburnum farreri)

Zeitiger Frühlingsblüher. **Höhe:** bis 4 m. **Breite:** bis 2,50 m. **Blüte:** weiß mit leichtem rosa Hauch, sternförmig mit langer Röhre, in langen endständigen Rispen, duftend, Februar–April, zum Teil auch schon im Dezember blühend. **Laub:** elliptisch zugespitzt, stumpfgrün, rotbraune Herbstfärbung. **Wuchs:** straff aufrecht, locker verzweigt, langsam wachsend. **Boden:** nährstoffreich, frisch. **Verwendung:** für Beete in Haus- bzw. Fensternähe, in Vorgärten, an Gartenwegen, neben der Terrasse

❶ Goldglöckchen (Forsythia)
❷ Glockenhasel (Corylopsis pauciflora)
❸ Felsenbirne (Amelanchier ovalis)
❹ Zierkirsche (Prunus serrulata)
❺ Ranunkelstrauch (Kerria japonica 'Pleniflora')

❶ **Sommerflieder**
  (Buddleja davidii)
❷ **Etagenschneeball**
  (Viburnum plicatum)
❸ **Perückenstrauch**
  (Cotinus coggygria)
❹ **Bartblume**
  (Caryopteris clandonensis)
❺ **Schneeballhortensie**
  (Hydrangea arborescens)

Sommerblüher

Die sommerblühenden Sträucher bringen zusätzlich Farbe in den Garten, wenn sich die Blumenrabatten bereits in ein Meer von Blüten verwandelt haben. Den Schatten, wo Licht und Farbe rar sind, schmücken sie stimmungsvoll, und auch als Hintergrund einer Staudenpflanzung geben sie ein gutes Bild ab. Daneben sind sie auch für frei wachsende Blütenhecken unersetzlich.

Sommerflieder (Buddleja davidii)
Lockpflanze für Schmetterlinge. **Höhe:** bis 4 m. **Breite:** bis 2 m. **Blüte:** kleine Einzelblüten in dichten kerzenförmigen Rispen am Ende der Triebe, lila, violett, rosa, weiß, duftend, Juli–Oktober. **Laub:** lang, lanzettlich, dunkelgrün, von unten filzig grau. **Wuchs:** trichterförmig, straff aufrechte Triebe, Spitzen überhängend, jährlicher starker Rückschnitt erforderlich. **Boden:** trocken bis frisch, nährstoffreich. **Sorten:** 'Black Knight' – schwarzviolett, 30 cm lange Rispen; 'Cardinal' – purpurrot, 40 cm lange Rispen; 'Peace' – weiß, 30 cm lange Rispen. **Verwendung:** Einzelstellung am Sitzplatz, vor Zäunen oder Mauern, nicht unbedingt für Hecken wegen des starken Rückschnitts im Winter

Bartblume (Caryopteris clandonensis)

Höhepunkt im spätsommerlichen Garten, für geschützte Lagen. **Höhe:** bis 1,50 m. **Breite:** bis 1 m. **Blüte:** blau, in dichten bis 8 cm langen Rispen, an einjährigen Trieben, August–September. **Laub:** lanzettlich, dunkelgrün, unterseits gräulich, duftend. **Wuchs:** breitbuschig, kugelig, reich und locker verzweigt. **Boden:** frisch, nährstoffreich, warm. **Sorten:** 'Heavenly Blue' – tief dunkelblaue Blüte. **Verwendung:** für Staudenbeete, an Terrassen oder Sitzplätzen, mit Winterschutz auch im Kübel

Perückenstrauch (Cotinus coggygria)

Hoher Strauch mit interessanten Fruchtständen. **Höhe:** bis 5 m. **Breite:** bis 4 m. **Blüte:** grüngelb, in langen Rispen, Juni–Juli, Fruchtstände perückenartig, rötlich. **Laub:** eiförmig, länglich, spät austreibend, hell- bis dunkelgrün, gelbe bis orangerote Herbstfärbung. **Wuchs:** sparrig verzweigt, breit und ausladend. **Boden:** anspruchslos, verträgt Kalk und Trockenheit. **Sorten:** 'Royal Purple' – silbrige Fruchtstände, schwarzrotes Laub mit metallischem Glanz. **Verwendung:** Gehölzgruppen, in Staudenrabatten zu rosa Tönen

Deutzie (Deutzia x rosea)

Kleiner Strauch für sonnige und schattige Bereiche. **Höhe:** 1,50 m. **Breite:** bis 1 m. **Blüte:** stern- bis schalenförmig, in kurzen, breiten Rispen, rosa, innen weiß, Juni–Juli. **Laub:** lanzettlich, scharf gesägt, dunkelgrün. **Wuchs:** buschig, aufrecht, überhängende Triebspitzen. **Boden:** anspruchslos. **Sorten:** 'Campanulata' – reich blühend, große, vertiefte Blüten; 'Grandiflora' – stark wachsend, lockere Rispen über die ganze Zweiglänge verteilt, großblütig. **Verwendung:** Blütenhecken, zwischen Staudenbeete, hübsch in Kombination mit Schattenstauden wie zum Beispiel Prachtspieren

Roseneibisch (Hibiscus syriacus)

Wärme liebender Blütenstrauch. **Höhe:** bis 3 m. **Breite:** bis 1,50 m. **Blüte:** schalenförmig mit großem Durchmesser, fliederfarben, rosa, weiß, in der Mitte andersfarbiges Auge, Juli–September. **Laub:** lang eiförmig, dunkelgrün, sehr später Austrieb. **Wuchs:** aufrecht, buschig, locker verzweigt. **Boden:** frisch, nährstoffreich. **Sorten:** 'Blue Bird' – blauviolett mit roter Mitte; 'Duc de Brabant' – dunkelrot, dicht gefüllt; 'W. R. Smith' – weiß, einfach. **Verwendung:** für gemischte Staudenbeete, in Blütenhecken, für kleine geschützte, sonnige Ecken und Nischen

Schneeballhortensie (Hydrangea arborescens)

Wunderschöner Solitärstrauch auch für absonnige, kühle Standorte. **Höhe:** bis 3 m. **Breite:** bis 2 m. **Blüte:** cremeweiß, in rundlichen Doldenrispen, Juli–September. **Laub:** eiförmig, groß, hellgrün, gelbe Herbstfärbung. **Wuchs:** aufrecht, dichtbuschig, viele Grundtriebe. **Boden:** frisch, nährstoffreich, hohe pH-Werte vermeiden. **Sorten:** 'Annabelle' – große, reinweiße Blütenstände; 'Grandiflora' – sehr alte Sorte aus Bauerngärten. **Verwendung:** an Gehölzrändern, als sommerlicher Akzent zwischen Rhododendren, zwischen großflächigen Bodendeckern

Etagenschneeball (Viburnum plicatum)

Malerischer Blütenstrauch für schattige Bereiche. **Höhe:** bis 2 m. **Breite:** bis 3 m. **Blüte:** weiße, später rosa ballförmige Trugdolden, Mai–Juni. **Laub:** breit eiförmig, groß, gesägte Ränder, dunkelgrün, unterseits behaart, rote bis violette Herbstfärbung. **Wuchs:** breit, waagerecht ausgebreitet, dicht verzweigt. **Boden:** frisch bis feucht, nährstoffreich. **Sorten:** 'Mariesii' – große Trugdolden, die von auffälligen, sterilen Randblüten umgeben sind. **Verwendung:** Einzelstellung im Rasen, für größere Gruppen, auch im Pflanzkübel

Klettergehölze

Bei der dauerhaften Begrünung von Wänden und Mauern sind Klettergehölze sehr hilfreich. Die Art und Weise, wie sich diese Pflanzen in die Höhe ziehen, ist unterschiedlich.

Wurzelkletterer halten sich mit Hilfe von Haftwurzeln an nicht zu glatten Wänden fest. Hier sollte man darauf achten, dass keine Risse im Mauerwerk sind, damit die Pflanzen keine Schäden anrichten können. Andere (wie der Wilde Wein) „kleben" sich ganz ähnlich fest, jedoch mit zu Haftscheiben umgebildeten Organen.
Schlinger winden sich als Ganzes an Drähten oder Stäben hoch. Hier gibt es links- und rechtswindende Arten. Die so genannten **Spreizklimmer** entwickeln lange, steife Triebe, die sich mit Hilfe von Dornen, Stacheln oder Klimmhaaren festhalten. Für diese Pflanzen bieten sich vor allem Kletterhilfen mit vielen waagerechten Streben an.
Ranker klammern sich mit speziellen Organen an der Unterlage fest. Dies können zum Beispiel in den Blattachsen angelegte Ranken oder auch zu Ranken umgebildete Blätter sein.

Akebie (Akebia quinata)
Unkomplizierte Schlingpflanze. **Höhe:** 6–10 m. **Blüte:** violettbraun, rosa, nickende Schalen, in Trauben, duftend, April–Mai, gurkenähnliche, blauviolett bereifte Früchte ab August. **Laub:** fünffingerig, dunkelgrün, unterseits gräulich, derb, früher Austrieb, zum Teil im Winter haftend. **Wuchs:** linkswindend. **Boden:** nährstoffreich, frisch

Pfeifenwinde (Aristolochia macrophylla)
Großblättrige Schlingpflanze. **Höhe:** bis 10 m. **Blüte:** pfeifenartig, gelbgrün, innen braun, Juni. **Laub:** bis 30 cm lang, herzförmig, dunkelgrün, schuppenartig übereinander liegend, hängt lange an den Trieben. **Wuchs:** rechtswindend. **Boden:** frisch, nährstoffreich

Gelbe Waldrebe (Clematis tangutica)
Ungewöhnlicher Spätsommerblüher. **Höhe:** 4–6 m. **Blüte:** glockenförmig, nickend, gelb, Juni–Oktober, silbrige, fedrige Fruchtstände ab August. **Laub:** spitz, dunkelgrün. **Wuchs:** windend. **Boden:** anspruchslos, nicht trocken. **Sorten:** 'Aureolin' – große, intensiv gelbe Blüten

Clematis (Clematis-Jackmanii-Hybriden)
Lang blühende, robuste Kletterpflanzen. **Höhe:** bis 3,50 m. **Blüte:** sternförmig, groß, weiß, rosa, rot, blau, zum Teil zweifarbig, Juli–September. **Laub:** spitz eiförmig, frischgrün. **Wuchs:** schlingend. **Boden:** frisch, nährstoffreich. **Sorten:** 'John Huxtable' – weiße Blüten; 'Niobe' – dunkelrote Blüten

Schlingknöterich (Fallopia aubertii)
Stark wachsende Schlingpflanze. **Höhe:** 15 m. **Blüte:** weiß, in Rispen, Juli–Oktober. **Laub:** länglich, eiförmig, klein, rötlicher Austrieb, später mattgrün. **Wuchs:** schlingend, reich verzweigt. **Boden:** frisch, nährstoffreich

Efeu (Hedera colchica)
Immergrüner Kletterer. **Höhe:** 10 m. **Blüte:** gelblich grün, in Büscheln, Juli–September, selten schwarze Früchte. **Laub:** groß, herzförmig, ledrig, dunkelgrün. **Wuchs:** mit Haftwurzeln kletternd. **Boden:** frisch, nährstoffreich, locker. **Sorten:** 'Arborescens' – nicht kletternde Altersform; 'Dentata Variegata' – cremeweiß gerandetes Blatt, sehr frostempfindlich

Winterjasmin (Jasminum nudiflorum)
Winterblüher, der zu den Spreizklimmern zählt. **Höhe:** bis 1,50 m. **Blüte:** schalenförmig, goldgelb, je nach Witterung und Standort Dezember–April. **Laub:** dreizählig, gefiedert, länglich, dunkelgrün. **Wuchs:** im Jugendstadium strauchig aufrecht, später niederliegend, überhängend, mit Kletterhilfen auch zur Wandbegrünung. **Boden:** feucht, nährstoffreich, niedrige pH-Werte meiden

Pflanzen für alle Jahreszeiten
Gehölze

❶ Winterjasmin
(Jasminum nudiflorum)
❷ Clematis
(Clematis-Hybriden)
❸ Wilder Wein
(Parthenocissus)
❹ Jelängerjelieber
(Lonicera caprifolium)
❺ Gelbe Waldrebe
(Clematis tangutica)

Jelängerjelieber (Lonicera caprifolium)

Heimische Kletterpflanze. **Höhe:** 5 m. **Blüte:** röhrenförmig, in Quirlen, gelblich weiß mit rotem Hauch, Mai–Juni. **Laub:** elliptisch, blaugrün. **Wuchs:** schlingend. **Boden:** frisch, nährstoffreich, kalkhaltig

Wilder Wein (Parthenocissus quinquefolia)

Dicht belaubtes Klettergehölz. **Höhe:** 15 m. **Blüte:** unscheinbar, bläulich, bereifte, kleine Beeren. **Laub:** handförmig gegliedert, fünfzählig, spitze Einzelblättchen, dunkelgrün, glänzend, in sonnigen Lagen feuerrote Herbstfärbung. **Wuchs:** Sprosskletterer mit Haftscheiben. **Boden:** trocken bis frisch, nährstoffreich. **Sorten:** 'Engelmannii' – schmalere Blätter, kräftigere Haftscheiben, flammend rote Herbstfärbung

Blauregen (Wisteria sinensis)

Frühlingsblühende Schlingpflanze für warme Standorte. **Höhe:** bis 10 m. **Blüte:** schmetterlingsblütig, fliederblau, duftend, in bis zu 30 cm langen, hängenden Rispen. **Laub:** gefiedert, frischgrün. **Wuchs:** linkswindend, sehr starker Druck der Triebe, daher nie an Regenfallrohren oder unter Dachziegeln wachsen lassen. **Boden:** frisch, tiefgründig, nährstoffreich

Rosen

In ihrer Schönheit und Beliebtheit sind die Rosen unübertroffen, was man auch von ihrer Vielgestaltigkeit sagen kann.
Im Mittelpunkt der Aufmerksamkeit stehen die wunderschönen Blüten dieser in der Regel holzigen Pflanze. Altmodisch verspielte Formen finden ebenso großen Anklang wie die elganten, makellosen Edelrosen.
Neben der Form spielen aber auch die Farben eine bedeutende Rolle. Ihr Spektrum reicht von Rot über Rosa zu Lachs, Orange und Gelb bis hin zum Weiß.
Viele Sorten bereichern den Garten darüber hinaus mit ihrem feinen Duft, der ebenfalls sehr variantenreich sein kann.

Die Einteilung der Rosen beruht in erster Linie auf der Wuchsform, die auch schon erste Hinweise auf die Verwendung liefert. Strauchrosen lassen sich für Hecken und Beetkulissen ebenso gut einsetzen wie als Solitär. Kletterrosen begrünen Sichtschutzwände, Rosenbögen oder lauschige Lauben. Beet- und Edelrosen sind ein Fall für Rabatten, die man ausschließlich der Königin der Blumen widmen oder zusammen mit Stauden, Zwiebel- und Sommerblumen gestalten kann.
Bodendeckerrosen wachsen eher flach und werden – wie der Name schon sagt – hauptsächlich für die flächige Verwendung genutzt. Wer allerdings einen kleinen Garten hat, sollte diese niedrigen, kleinblumigen Sorten nicht unterschätzen, da sie sich dort sehr harmonisch einfügen.

Bild links:
Die Teehybride 'Banzai 83' überzeugt durch reichen Flor

Bild rechts:
Rosenblüte im Frühsommer, eingerahmt von Bartnelken, Marienglockenblumen und Rittersporn

Pflanzen für alle Jahreszeiten
Rosen

Beet- und Edelrosen

Diese buschig wachsenden Rosen sind besonders beliebt. Sie lassen sich in folgende Gruppen einteilen:

- **Teehybriden** mit großen, gefüllten, duftenden Blüten an langen Stielen
- **Polyantha-Rosen** mit vielen kleinen Blüten in großen Dolden
- **Floribunda-Rosen**, eine Kreuzung aus Polyantha-Rosen und Teehybriden

Daneben zählen noch eine ganze Reihe niedriger Sorten zu dieser Gruppe, die gelegentlich auch als bodendeckend beschrieben werden. Die Teehybriden gehören zu den elegantesten Rosen überhaupt. Sie werden daher so gepflanzt, dass sich die Blüten immer aus der Nähe betrachten lassen. Die büschelblütigen Polyantha- und Floribunda-Rosen setzt man dagegen eher zusammen mit Stauden ins Beet.

Floribunda-Rose 'Bella Rosa'
Wetterfeste Sorte. **Höhe:** 0,60 m. **Blüte:** rosa gefüllt, gelbe Staubgefäße, in dichten Büscheln, Dauerblüher. **Wuchs:** buschig

Teehybride 'Blue River'
Eigenwillige Blütenfarbe. **Höhe:** 0,70 m. **Blüte:** lila, am Rand dunkel, gut gefüllt, in Büscheln stehend, intensiv duftend. **Wuchs:** buschig, verzweigt

Floribunda-Rosa 'Bonica 82'
Romantische Farbe und Blütenform. **Höhe:** 0,70 m. **Blüte:** reinrosa, im Verblühen hellrosa, gefüllt, in dichten Büscheln, gute Nachblüte. **Wuchs:** breitbuschig, verzweigt

Teehybride 'Duftwolke'
Sehr hochwertige Sorte. **Höhe:** 0,80 m. **Blüte:** purpurrot, groß, gefüllt, mehrere Blüten an einem Stiel, intensiver Duft. **Wuchs:** aufrecht, gedrungen

Teehybride 'Erotika'
Wundervoller Duft. **Höhe:** 0,80 m. **Blüte:** groß, samtrot, schön gefüllt, an langen, kräftigen Trieben, reich blühend. **Wuchs:** straff, aufrecht

Floribunda-Rose 'Friesia'
Reich blühende Sorte mit langer Blütezeit. **Höhe:** 0,40 m. **Blüte:** gelb gefüllt, mittelgroß, duftend, gute Nachblüte, selbstreinigend. **Wuchs:** aufrecht, reich verzweigt

Teehybride 'Gloria Dei'
Gute Schnittrose. **Höhe:** 1 m. **Blüte:** goldgelb mit rosa Rand, im Verblühen verblasst das Gelb und das Rosa wird intensiver, sehr große Blumen, locker gefüllt, starke Stiele, leichter Duft, lang anhaltend, reich blühend. **Wuchs:** kräftig

❶ Floribunda-Rose 'Friesia'
❷ Teehybride 'Gloria Dei'
❸ Floribunda-Rose 'Bella Rosa'

① Bodendeckerrose 'Little Artist'
② Bodendeckerrose 'Fairy Dance'

Bodendeckerrosen

Die Gruppe der bodenbedeckenden Rosen unterteilt man in fünf Untergruppen, die die Wuchsform charakterisieren. Folgende Bezeichnungen sind dabei gebräuchlich:
- flach niederliegend, schwachwachsend (Gruppe 1)
- steif aufrecht wachsend (Gruppe 2)
- niedrig buschig wachsend (Gruppe 3)
- leicht bogig überhängend (Gruppe 4)
- flach niederliegend, starker Massenwuchs (Gruppe 5)

Diese Rosenklasse zeichnet sich vor allem dadurch aus, dass die Sorten meist sehr gesund und pflegeleicht sind. Viele Bodendeckerrosen gedeihen auch in Töpfen gut, sofern sie reichlich gegossen und gedüngt werden.

Bodendeckerrose 'Ballerina'
Gut nachblühend. **Höhe:** 1–1,50 m. **Blüte:** rosa mit weißem Auge, einfach, in dichten Dolden, kleinblumig. **Wuchs:** ausladend, bogig überhangend, Gruppe 3

Bodendeckerrose 'Fairy Dance'
Kleine Strauchrose. **Höhe:** 0,60–0,70 m. **Blüte:** blutrot, dicht gefüllt, in Büscheln, reiche Nachblüte. **Wuchs:** ausladende oder überhängende Triebe, mittelstark, Gruppe 3

Bodendeckerrose 'Ferdy'
Einmal blühende Sorte. **Höhe:** 0,70–0,90 m. **Blüte:** kräftig rosa mit cremegelber Mitte, halbgefüllt, reich blühend. **Wuchs:** flach bis aufrecht, mittelstark, Gruppe 3

Bodendeckerrose 'Heidetraum'
Sehr gesunde Sorte. **Höhe:** 0,80–1 m. **Blüte:** karminrosa, halb gefüllt, flache Schalen, öfter blühend. **Wuchs:** buschig, niederliegend, Gruppe 3

Bodendeckerrose 'Little Artist'
Feine Blüte. **Höhe:** 0,20–0,30 m. **Blüte:** blutrot mit großer weißer Mitte, gelbe Staubgefäße, duftend, einfach. **Wuchs:** gut verzweigt, sehr niedrig, Gruppe 1

Bodendeckerrose 'The Fairy'
Hübsche Rabattensorte, die auch als kleine Stauchrose gezogen werden kann. **Höhe:** 0,60–0,70 m. **Blüte:** hellrosa, vielblütig, dicht gefüllt, reiche Nachblüte. **Wuchs:** mittelstark, breitbuschig, Gruppe 3

Bodendeckerrose 'Weiße Immensee'
Auch als Kletterrose zu verwenden. **Höhe:** 0,30–0,50 m. **Blüte:** weiß, schalenförmig, intensiv duftend, einmal blühend. **Wuchs:** flach niederliegend, sehr stark, Gruppe 5

Moderne Strauchrosen

Während man unter Strauchrosen alle höheren dichtbuschig wachsenden Formen, wie zum Beispiel Wildrosen, versteht, zählen zu den modernen Strauchrosen nur die Sorten, die durch Kreuzung zwischen Zierstrauchrosen (öfter blühende Strauchrosen) und Teehybriden entstanden sind. Es handelt sich bei dieser Gruppe um etwas kleinere, zierliche Formen. Sie finden vor allem in Hecken und kleineren Gruppen Verwendung. Natürlich lassen sich diese malerischen Rosen auch einzeln pflanzen, beispielsweise zwischen Stauden, an Wegrändern oder am Übergang zum Nutzgarten.

Strauchrose 'Lichtkönigin Lucia'
Zweimal blühend. **Höhe:** bis 2,50 m. **Blüte:** weiß, großblumig, halbgefüllt oder einfach, gelbe Staubgefäße, leicht duftend, selbstreinigend, erster Flor früh und üppig, im August zweiter Flor, wesentlich schwächer. **Wuchs:** breit ausladend, etagenförmig

Strauchrose 'Schneewittchen'
Etwas frostempfindliche Sorte. **Höhe:** 1,20 m. **Blüte:** weiß, bei kühleren Temperaturen leicht rosa überhaucht, gelbe Staubgefäße, schalenförmig geöffnet, locker gefüllt, duftend, selbstreinigend, regenfest, reicher Flor bis in den Herbst. **Wuchs:** aufrecht, bogig überhängende Triebe

❶ Strauchrose 'Frühlingsduft'
❷ Strauchrose 'Westerland'
❸ Englische Rose 'Constance Spry'
❹ Alte Rose 'Fantin Latour'
❺ Alte Rose 'Félicité Parmentier'
❻ Alte Rose 'Königin von Dänemark'

Strauchrose 'Westerland'
Schöne, extravagante Blütenfarbe. **Höhe:** 2 m. **Blüte:** bernsteinfarben mit orangefarbenen Rändern, große Blüte, locker gefüllt, duftend, frühe Blütezeit, die bis zum Herbst anhält, Hagebutten orange und flachkugelig. **Wuchs:** aufrecht bis breitbuschig, stark wachsend, reich verzweigt, kompakt

Strauchrose Rosa pimpinellifolia 'Frühlingsduft'
Frühblühende Rose. **Höhe:** 2,50 m. **Blüte:** zitronengelber Cremeton zur Mitte hin aprikosenrosa, stark duftend, gefüllt, Blütenform einer Teehybride ähnlich. **Wuchs:** langtriebig, bogig überhängende Äste

Alte und Englische Rosen

Die so genannten Alten Rosen erleben momentan eine große Renaissance. Zu ihnen zählen die Sorten Gallica-, Alba-, Damaszener- und Centifolia-Rosen. Außerdem gehören auch China-, Portland-, Bourbon-, Noisette- und Remontant-Rosen zu dieser Gruppe. Sie zeichnen sich durch romantisch gefüllte Blüten mit einer altmodisch bauchigen Form aus. Zusätzlich duften die meisten noch herrlich. Hinsichtlich der Blütezeit unterscheidet man zwischen einmal blühenden Sorten, die vor allem unter den Damaszener- und Gallica-Sorten zu finden sind, und den mehrmals blühenden Rosen. Leider sind nicht alle Sorten leicht zu kultivieren, da es ihnen vielfach an Widerstandsfähigkeit gegenüber Krankheiten mangelt. Diese Nachteile veranlassten den Engländer David Austin dazu, moderne Sorten zu züchten, die das altmodische Flair mit guten Eigenschaften verbinden. Diese so genannten Englischen Rosen überzeugen sowohl durch ihre pastellfarbenen, gefüllten Blüten, als auch durch herrlichen Duft, lange Blütezeit und gute Gesundheit.

Englische Rose 'Constance Spry'
Erste Englische Rose. **Höhe:** bis 2 m. **Blüte:** rosa, großblumig, weit geöffnet, schalenförmig, lang anhaltende Blüte, duftend. **Wuchs:** aufrecht, kräftig

Englische Rose 'Graham Thomas'
Dicht in Büscheln stehende Blüten. **Höhe:** bis 1,50 m. **Blüte:** bernsteinfarben, Knospen rötlich überhaucht, mittelgroß, gefüllt, becherförmig, reiche Nachblüte, intensiver Duft. **Wuchs:** buschig, aufrecht, überhängende Triebe

Alte Rose 'Fantin Latour'
Centifolia-Sorte. **Höhe:** bis 1,50 m. **Blüte:** muschelrosa, in der Mitte etwas dunkler, verblasst bei kräftiger Sonne, einmal blühend, süßlich herber Duft, becherförmig, gerüschte Blütenblätter, reich gefüllt. **Wuchs:** kräftig, rundbuschig

Alte Rose 'Félicité Parmentier'
Nicht für heiße, trockene Standorte. **Höhe:** bis 1,50 m. **Blüte:** zartrosa, ballförmig, dicht gefüllt, Ränder rahmweiß, starker Duft, einmal blühend. **Wuchs:** buschig, kräftig, überhängende Triebe

Alte Rose 'Königin von Dänemark'
Frostharte, widerstandsfähige Sorte. **Höhe:** 1,50–2 m. **Blüte:** hellrosa mit kräftiger Mitte, mittelgroß, dicht gefüllte Schalen, geviertelt, einmal blühend, süßlicher Duft, wetterbeständig. **Wuchs:** stark, aufrecht

Zentifolie (Rosa centifolia)
Hybride, die bereits im 17. Jahrhundert kultiviert wurde, aus dieser Rose entstanden die klassischen Moosrosen wie zum Beispiel *Rosa centifolia* 'Muscosa'. **Höhe:** 1,20 m. **Blüte:** weiß, rosa, rot, dicht gefüllt, einmalige Blüte, stark duftend. **Wuchs:** locker, bogig überhängende Zweige

Wildrosen

Die Urformen der heutigen Gartenrosen sind keineswegs aus den Gärten verschwunden. Sie beleben mit ihrem natürlichen Charme Naturgärten und verkörpern mit ihren ungefüllten Blütenschalen die Schönheit des Einfachen. Allerdings ist die Blütezeit nur recht kurz. Dafür kann man sich aber im Herbst über den schönen und vielfältigen Schmuck der Hagebutten freuen. Die heimischen Wildrosen stellen einen wichtigen Lebensraum für zahlreiche Tiere im Garten dar, da sie mit ihren stark bewehrten Stielen beispielsweise Vögeln einen sehr guten Schutz bieten.

Hundsrose (Rosa canina)
Vogelschutzgehölz. **Höhe:** über 3 m. **Blüte:** zartrosa – weiß, mittelgroß, schalenförmig, kurzstielig, feiner Duft, Juni, längliche orangerote Hagebutten. **Wuchs:** aufrecht, schirmartig, überhängend, zum Teil kletternd

Chinarose (Rosa chinensis)
Auch Bengalrose genannt. **Höhe:** 1 m. **Blüte:** karminrosa, schalenförmig mit gelben Staubgefäßen, im Verblühen kupfrig, lange Blüte. **Wuchs:** breitbuschig

Essigrose (Rosa gallica)
Heimisch in Süd- und Mitteleuropa. **Höhe:** bis 50 cm. **Blüte:** rosa mit heller Mitte, großblumig, einfach, duftend, Juni–Juli, kugelige, rote Hagebutten. **Wuchs:** Ausläufer treibend, dünne Triebe, viele Stacheln

Bibernellrose (Rosa pimpinellifolia)
Anspruchslos. **Höhe:** 0,20–1 m. **Blüte:** cremefarben, mittelgroß, tellerförmig, feiner Duft, Mai, braunschwarze, flachkugelige Hagebutten ab Juli. **Wuchs:** aufrecht, sparrig, liegend oder kletternd, Ausläufer treibend

Kartoffelrose (Rosa rugosa)
Verträgt keine pH-Werte über 6. **Höhe:** bis 1,80 m. **Blüte:** rosa, rot oder weiß, schalenförmig, einzeln oder in Büscheln, duftend, bis September nachblühend, flachkugelige, große, orange-rote Hagebutten. **Wuchs:** aufrecht, dicht verzweigt

❶ Essigrose (Rosa gallica)
❷ Bibernellrose (Rosa pimpinellifolia)

Kletterrosen

Kletterrosen erweisen sich als wahre Akrobaten, denn es gibt durchaus Sorten mit 6–7 m langen Trieben. Man unterscheidet bei den Kletterrosen zwei Gruppen: eigentliche Kletterrosen oder Climber und Rankrosen oder Rambler. Die Erstgenannten schmücken den Garten meist über den ganzen Sommer hinweg mit großen Blüten und klettern mit ihren steifen Trieben recht selbstständig. Dabei haken sie ihre Stacheln zwischen Äste oder Drähte und ziehen sich so in die Höhe. Die Rambler dagegen haben zahlreiche kleine Blüten, die in dichten Büscheln stehen und nur selten nachblühen. Es sind sehr weichtriebige Sorten, die man an Rankgerüsten und Rosenbögen mit Hilfe von Bast oder weichem, dehnbarem Nylonmaterial befestigen muss. Zugleich legen sich die Triebe aber auch malerisch über Büsche oder alte Bäume. Diese Kletter- und Rankrosen gehören zu den absoluten Highlights der Rosenfamilie, da sie bei der Gestaltung von märchenhaften, romantischen Gärten helfen.

Rankrose 'Albertine'
Hübsche Schnittrose. **Höhe:** 4 m. **Blüte:** lachsrosa, mittelgroß, locker gefüllt, in Büscheln, starker Duft, reich blühend, einmal blühend. **Wuchs:** stark, strauchig verzweigt

❶ Rankrose 'Albertine'
❷ Rankrose 'Kew Rambler'

Kletterrose 'Blairi No. 2'
Gut für halbschattige Standorte. **Höhe:** 3–4 m. **Blüte:** hellrosa mit dunkler Mitte, gut gefüllt, großblumig, schwache Nachblüte, kräftiger Duft. **Wuchs:** kräftig, sparrig verzweigt

Rankrose 'Bobbie James'
Nicht für raue Lagen. **Höhe:** 7 m. **Blüte:** klein, weiß, schalenförmig, einfach, in Büscheln, reich blühend, einmal blühend, dunkelrote Hagebutten. **Wuchs:** kräftig, aufrecht

Kletterrose 'Compassion'
Robuste Sorte. **Höhe:** 2–3 m. **Blüte:** lachsrosa, halb gefüllt, groß, edle Formen, Blüten in Büscheln, öfter blühend, guter Duft. **Wuchs:** kräftig, buschig, straff aufrecht

Kletterrose 'New Dawn'
Bekannte, gute Sorte. **Höhe:** 4 m. **Blüte:** zartrosa, großblumig, locker gefüllt, in Bücheln, feiner Duft, nachblühend, regenfest. **Wuchs:** stark, bogig ausladend

Rankrose 'Kew Rambler'
Sehr kräftige Kletterrose. **Höhe:** bis 5 m. **Blüte:** zartrosa, in der Mitte fast weiß, kleinblumig, einfache Blütenschalen, große Büschel, einmalblühend, leichter Duft. **Wuchs:** überhängend, starkwüchsig

Stauden

Einen großen Anteil am Blütenkleid des Gartens haben die Stauden. Interessant in puncto Form und Farbe sind aber auch die Blätter dieser mehrjährigen Gewächse. Im Winter allerdings sterben die oberirdischen Teile in der Regel ab. Doch auch die Frucht- und Samenstände entwickeln in der kalten Jahreszeit einen ganz eigenen optischen Reiz.
Stauden unterteilt man in verschiedene Gruppen. Die so genannten Prachtstauden zeichnen sich durch große, auffällige Blüten aus. Durch intensive Züchtung ist meist eine breite Palette an außergewöhnlich schönen Sorten entstanden, wobei sich die Qualität in erster Linie auf die Blüten bezieht. Zu den Prachtstauden gehören zum Beispiel Schwertlilien *(Iris-Barbata*-Hybriden) und Pfingstrosen *(Paeonia).* Daneben bilden die Beetstauden eine weitere große Gruppe. Hierunter versteht man Arten, die sich besonders gut für sonnige Rabatten eignen. Meist werden diese Stauden, wie beispielsweise Storchschnabel *(Geranium)* oder Mädchenauge *(Coreopsis),* zwischen 30 und 150 cm hoch. Die Blüten sind zahlreich, aber von einer eher dezenten Größe im Verhältnis zur gesamten Pflanze.
Solitärstauden wie Meerkohl *(Crambe cordifolia)* und Gunnera *(Gunnera)* gehören ausschließlich in große Gärten, da eine einzelne Pflanze durchaus mehrere Quadratmeter groß werden kann. Für die Gestaltung sind außerdem Polsterstauden und Bodendecker sowie Farne und Gräser von Bedeutung.

Bild links:
Die Strahlenblüten der Schönaster werden von den kleinen Schleierkrautblüten überboten

Bild rechts:
Ein sommerliches Dreigespann aus weißen Steinnelken, roten Schafgarben und blau blühendem Salbei

Pflanzen für alle Jahreszeiten
Stauden

Frühling im Staudenreich

Mit Beginn der Gartensaison erwachen die Stauden rasch zu neuem Leben. In der Regel sind es vor allem niedrige Polsterstauden und Bodendecker, die sich nun den Garten mit den frühlingsblühenden Zwiebelblumen teilen.

Günsel (Ajuga reptans)
Bodendeckende Staude für sonnige bis schattige Standorte. **Höhe:** 15–20 cm. **Blüte:** lilablaue Kerzen mit Zungenblüten. **Laub:** länglich eiförmig, 6–7 cm lang, glänzend, dunkelgrün. **Wuchs:** teppichartig. **Boden:** frisch, humos, kühl. **Sorten:** 'Atropurpurea' – dunkelrote Blätter. **Begleiter:** Narzissen *(Narcissus),* Immergrün *(Vinca minor)*

Steinkraut (Alyssum saxatile)
Unentbehrliche Staude für sonnige Plätze. **Höhe:** 15–30 cm. **Blüte:** gelbe Köpfchen. **Laub:** löffelförmig, graugrün, matt. **Wuchs:** dichtbuschig. **Boden:** trocken, durchlässig, mager. **Sorten:** 'Citrinum' – schwefelgelbe Blüten, 30 cm; 'Plenum' – gefüllte Blüten, 25 cm. **Begleiter:** Blaukissen *(Aubrieta),* Schleifenblume *(Iberis),* Tulpen *(Tulipa),* Traubenhyazinthen *(Muscari)*

❶ Kaukasusvergissmeinnicht (Brunnera macrophylla)
❷ Blaukissen (Aubrieta-Hybriden)
❸ Bergenie (Bergenia-Hybriden)
❹ Lungenkraut (Pulmonaria angustifolia)
❺ Frühlingsanemone (Anemone apennina)

Stauden

**Frühlingsanemone
(Anemone apennina)**
Romantische Frühlingsblume mit knolligem Wurzelstock. **Höhe:** 15–20 cm. **Blüte:** azurblaue Strahlenblüte im April auf hohen Stängeln. **Laub:** stumpfgrün, schwach behaart, zieht im Sommer ein. **Wuchs:** kleine Tuffs. **Boden:** frisch, humos. **Sorten:** 'Alba' – weiße Blüten; 'Plena' – gefüllte Blüten; 'Purpurea' – purpurrosa Blüten. **Begleiter:** Buschwindröschen *(Anemone nemorosa)*, Blausternchen *(Scilla)*, Gedenkemein *(Omphalodes cappadocica)*

Blaukissen (Aubrieta-Hybriden)
Klassiker für die Frühlingswochen. **Höhe:** 5–10 cm. **Blüte:** dichte blaue Blüten über dem Blattwerk, einfach, April/Mai. **Laub:** graugrüne Polster, immergrün. **Wuchs:** kissenartig. **Boden:** trocken bis frisch, mager. **Sorten:** 'Blaumeise' – dichtes niedriges Polster mit dunkelblauen Blüten; 'Neuling' – wüchsig, lavendelblaue Blüten; 'Rosenteppich' – graue Blätter, karminrosa Blüten. **Begleiter:** Steinkraut *(Alyssum)*, Gänsekresse *(Arabis)*, Schleifenblume *(Iberis)*, Tulpen *(Tulipa)*

Bergenie (Bergenia-Hybriden)
Immergrünes Multitalent mit dicken Rhizomen. **Höhe:** 20–60 cm. **Blüte:** Trugdolden mit zahlreichen rosa Glöckchen, März–Mai. **Laub:** große, rundliche Blätter, lederartig, zum Teil mit wunderschöner Herbstfärbung. **Wuchs:** horstartig. **Boden:** trocken bis frisch, sehr anpassungsfähige Gattung. **Sorten:** 'Abendglocken' – karminrote Glocken, 40 cm hoch, schöne Herbstfärbung; 'Morgenröte' – rosa Blüten, 30 cm hoch, remontierend; 'Purpurglocken' – dunkelkarminrote Blüten, blüht im Sommer nach, 60 cm hoch; 'Rosi Klose' – große, rosa Blüten, 20 cm hoch. **Begleiter:** Heide *(Erica)*, Sumpfdotterblume *(Caltha)*, Prachtspiere *(Astilbe)*, Gräser

**Kaukasusvergissmeinnicht
(Brunnera macrophylla)**
Malerische Staude mit langer Blütezeit. **Höhe:** 50 cm. **Blüte:** himmelbau an reich verzweigten Stielen, April–Juni. **Laub:** herzförmig, stumpfgrün. **Wuchs:** horstartig. **Boden:** frisch, humos. **Sorten:** 'Langtrees' – silbrig gefleckte Blätter. **Begleiter:** Tränendes Herz *(Dicentra spectabilis)*, Nelkenwurz *(Geum)*, Primeln *(Primula)*, Gemswurz *(Doronicum)*, Narzissen *(Narcissus)*

**Tränendes Herz
(Dicentra spectabilis)**
Beliebte Gartenpflanze für halbschattige Bereiche. **Höhe:** 80 cm. **Blüte:** herzförmig, rot mit weißer Mitte, die wie Träne wirkt, April–Juni. **Laub:** zart, blaugrau, tief eingeschnitten. **Wuchs:** horstartig, Blüte steht über dem Laub, zieht nach der Blüte im Sommer ein. **Boden:** frisch, humos. **Sorten:** 'Alba' – weiße Blüten. **Begleiter:** Kaukasusvergissmeinnicht *(Brunnera)*, frühe Glockenblumen *(Campanula)*, Hasenglöckchen *(Hyacinthoides)*

Gemswurz (Doronicum orientale)
Hohe Frühjahrsblume für sonnige Standorte, anspruchslos. **Höhe:** 40 cm. **Blüte:** langgestielte, goldgelbe Margeritenblüten über dem Blattwerk, April–Mai. **Laub:** frischgrün, herzförmig, an kurzen Stielen. **Wuchs:** horstartig. **Boden:** trocken bis frisch. **Sorten:** 'Magnificum' – besonders große Blüten. **Begleiter:** Tränendes Herz *(Dicentra)*, Kaukasusvergissmeinnicht *(Brunnera)*, Tulpen *(Tulipa)*, Hyazinthen *(Hyacinthus orientalis)*

**Lungenkraut
(Pulmonaria angustifolia)**
Malerische Wildstaude für halbschattige Plätze. **Höhe:** 20–30 cm. **Blüte:** blaue Glöckchen an verzweigten Stielen, März–Mai. **Laub:** rau, groß, dunkelgrün. **Wuchs:** teppichartig ausbreitend. **Boden:** frisch, humos. **Sorten:** 'Azurea' – enzianblaue, frühe Blüte; *Pulmonaria saccharata* 'Mrs. Moon' – dunkelgrüne Blätter mit silbrigen Flecken, leuchtend rote Blüten, die im Verblühen blau werden. **Begleiter:** Farne, Gräser, Waldsteinie *(Waldsteinia)*, Veilchen *(Viola)*

Frühsommer im Staudenreich

Jetzt erreichen die ersten Staudenrabatten bereits ihren Höhepunkt. In jedem Fall haben sich nun aber alle Horste kräftig entwickelt. Auch einige der bekanntesten und beliebtesten Prachtstauden blühen im Frühsommer.

Frauenmantel (Alchemilla mollis)
Einer der schönsten Lückenfüller, samt sich gerne aus, für sonnige bis schattige Standorte. **Höhe:** 40 cm. **Blüte:** kleine grünlich gelbe Sterne in dichten Wolken, Juni–August. **Laub:** rundlich, hellgrün, weich behaart, Ränder regelmäßig gezahnt. **Wuchs:** dichte Horste. **Boden:** durchschnittliche Gartenböden, genügsam. **Begleiter:** Glockenblume *(Campanula)*, Storchschnabel *(Geranium)*, Färberkamille *(Anthemis tinctoria)*, Rosen *(Rosa)*

Karpatenglockenblume (Campanula carpatica)
Kleine romantische Staude für sonnige Plätze. **Höhe:** 15–20 cm. **Blüte:** recht große, lilablaue Glocken an Stielen über den Blättern, Juni–August. **Laub:** frischgrün, zart, dicht, schneckengefährdet. **Wuchs:** kleine kompakte Kissen, die sich allmählich vergrößern. **Boden:** durchlässig, humos, nicht zu trocken. **Sorten:** 'Blaue Clips' – himmelblaue Glocken; 'Karpatenkrone' – silberblaue Schalen; 'Weiße Clips' – weiße Glocken. **Begleiter:** Sonnenröschen *(Helianthemum)*, Wolfsmilch *(Euphorbia)*, Storchschnabel *(Geranium)*

Rittersporn (Delphinium)
Klassiker der blau blühenden Stauden. **Höhe:** 80–180 cm. **Blüte:** blaue verzweigte Rispen, Juni–Juli und September. **Laub:** grün, fingerförmig geteilt. **Wuchs:** horstartig. **Boden:** frisch, humos, nährstoffreich. **Sorten:** *Belladonna*-Hybriden – niedrig bleibend; *Elatum*-Hybriden – straffe, hohe Blütenrispen; *Pacific*-Hybriden – gefüllte Blüten, aus Samen, lange, dichte Rispen. **Begleiter:** Türkenmohn *(Papaver orientale)*, Pfingstrose *(Paeonia)*, Schafgarbe *(Achillea)*, Rosen *(Rosa)*

Blutstorchschnabel (Geranium sanguineum)
Heimischer Storchschnabel. **Höhe:** 10–30 cm. **Blüte:** karminrote Schalen, Mai–September. **Laub:** zerteilt, dunkelgrün. **Wuchs:** niederliegend ausgebreitet, Triebe legen sich auch in kleine Büsche. **Boden:** trocken bis frisch, mager, durchlässig. **Sorten:** 'Album' – weiße Blüten; 'Lancastriense' – hellrosa Blüten, niedrig, langsam wachsend. **Begleiter:** pfirsichblättrige Glockenblume *(Campanula persicifolia)*, Katzenminze *(Nepeta)*, rotlaubiger Fächerahorn *(Acer palmatum)*

Sonnenröschen (Helianthemum-Hybriden)
Niedrige Halbsträucher für sonnig, warme Lagen, Winterschutz zum Teil erforderlich. **Höhe:** 15–20 cm. **Blüte:** Schalen in Gelb, Orange, Rosa, Rot, Weiß, Juni–August. **Laub:** ledrig, schmal, dunkelgrün, immergrün. **Wuchs:** strauchig. **Boden:** durchlässig. **Sorten:** 'Cerise Queen' – kirschrot, gefüllt; 'Golden Queen' – goldgelb, einfach; 'Lawrenson's Pink' – rosa, einfach; 'Ruth' – orangerot, silbriges Laub; 'Sterntaler' – gelb, flacher Wuchs, bewährt. **Begleiter:** Stachelnüsschen *(Acaena)*, Lavendel *(Lavendula)*, Gräser

Pfingstrose (Paeonia lactiflora)
Langlebige Prachtstaude, sollte nur im Herbst verpflanzt werden. **Höhe:** 50–90 cm. **Blüte:** große rosa, rote oder weiße Schalen, auch gefüllt, an langen Stielen, Mai–Juni. **Laub:** dunkelgrün. **Wuchs:** horstartig. **Boden:** frisch, humos, nährstoffreich. **Sorten:** zahlreiche verschiedene Sorten. **Begleiter:** Frauenmantel *(Alchemilla)*, Sommersalbei *(Salvia nemorosa)*, Feinstrahl *(Erigeron)*, Prachtstorchenschnabel *(Geranium x magnificum)*

Pflanzen für alle Jahreszeiten
Stauden

Türkenmohn (Papaver orientale)
Beliebte Beetstaude, die nach der Blüte einzieht. **Höhe:** 50–100 cm. **Blüte:** große Schalen in verschiedenen Rot- und Rosatönen auf kräftigen Stielen, Mai–Juni. **Laub:** stark behaart, tief eingeschnitten. **Wuchs:** horstartig. **Boden:** trocken bis frisch, nährstoffreich, durchlässig. **Sorten:** 'Karine' – rosa, 60 cm; 'Catharina' – lachsrosa, 80 cm; 'Kleine Tänzerin' – lachsrosa, 50 cm; 'Aladin' – leuchtend rot, gewellte Blütenblattränder, 90 cm; 'Türkenlouis' – rot mit stark gefransten Blütenrändern, 70 cm. **Begleiter:** Sommersalbei *(Salvia nemorosa)*, Rittersporn *(Delphinium)*

Sommersalbei (Salvia nemorosa)
Ausdrucksstarke Begleitstaude. **Höhe:** 40–80 cm. **Blüte:** lilablaue Lippenblüten in aufrechten Ähren, Juni/Juli, August/September. **Laub:** länglich eiförmig, mattgrün, rau. **Wuchs:** horstartig, aufrecht. **Boden:** trocken bis frisch, nährstoffreich, durchlässig. **Sorten:** 'Blauhügel' – mittelblau, 40 cm; 'Mainacht' – früh blühend, dunkelblau, reich verzweigt, Dauerblüher, 40 cm; 'Ostfriesland' – bewährte violettblaue Sorte, 50 cm. **Begleiter:** Pfingstrosen *(Paeonia)*, Mädchenauge *(Coreopsis)*, Färberkamille *(Anthemis)*, Rosen *(Rosa)*

❶ Türkenmohn (Papaver orientale)
❷ Sommersalbei (Salvia nemorosa)
❸ Karpatenglockenblume (Campanula carpatica)
❹ Sonnenröschen (Helianthemum-Hybriden)
❺ Pfingstrose (Paeonia lactiflora)

Hochsommer im Staudenreich

Viele Korbblütler nutzen die Sommersonne für die Entfaltung ihrer Blütenknospen. Häufige Blütenfarbe ist dabei ein goldenes Gelb, das die Stimmung im Garten richtig „anheizt". Man kann diese Wochen aber auch mit zarten Pastelltönen gestalten.

Stauden mit blauen, weißen und rosaroten Blüten

Prachtspiere (Astilbe-Hybriden)
Prachtstaude auch für Halbschatten. **Höhe:** 20–100 cm. **Blüte:** fedrige Blütenrispen in Rosa, Rot oder Weiß, aufrecht stehend oder locker überhängend. **Laub:** dekorativ zerteilt, dunkelgrün. **Wuchs:** horstartig, einige Arten auch bodendeckend. **Boden:** je sonniger der Standort, desto feuchter sollte der Boden sein, nährstoffreich, humos. **Sorten/Arten:** *Astilbe-Arendsii*-Hybriden – duftige Rispen, hoch; *Astilbe chinensis* var. *pumila* – trockenheitsverträgliche Art, teppichartiges Wachstum, kompakte rosa Blütenrispen, niedrig; *Astilbe-Simpicifolia*-Hybriden – niedrige, schleierartige Rispen. **Begleiter:** Funkie *(Hosta),* Silberkerze *(Cimicifuga),* Bergenie *(Bergenia),* Eisenhut *(Aconitum)*

❶ Hohe Flammenblume
   (Phlox paniculata)
❷ Prachtspiere
   (Astilbe-Hybride)
❸ Indianernessel
   (Monarda-Hybride)
❹ Taglilie
   (Hemerocallis-Hybride)

Gaura (Gaura lindheimeri)
Außergewöhnliche Staude mit langer Blüte und natürlichem Charakter. **Höhe:** 80 cm. **Blüte:** weiß mit zartem roten Hauch, von unten nach oben abblühende, lange Rispen, laufend neue Knospen, Juni–September. **Laub:** lanzettlich, grün mit roten Tupfen. **Wuchs:** ausladend buschig, locker verzweigt. **Boden:** frisch, durchlässig. **Begleiter:** Phlox *(Phlox)*, Edelraute *(Artemisia)*, Rittersporn *(Delphinium)*, Kugeldistel *(Echinops)*

Schleierkraut (Gypsophila paniculata)
Verbreitete Füllstaude, gerne auch als Weichzeichner verwendet. **Höhe:** 100 cm. **Blüte:** klein, weiß, an reich verzweigten Blütenstielen, Juli–September. **Laub:** graugrün, lanzettlich. **Wuchs:** buschig ausladend. **Boden:** trocken, kalkhaltig. **Sorten:** 'Bristol Fairy' – großblumig, gefüllt; 'Schneeflocke' – kleine weiße Blüten, zum Trocknen. **Begleiter:** Bergaster *(Aster amellus)*, Glockenblumen *(Campanula)*, Phlox *(Phlox paniculata)*, Rittersporn *(Delphinium)*, Rosen *(Rosa)*

Taglilie (Hemerocallis-Hybriden)
Sortenreiche Prachtstaude. **Höhe:** 40–110 cm. **Blüte:** gelb, rot, rosa, trompetenförmig an verzweigten Blütenstielen, Juni–September. **Laub:** schmal, riemenförmig, überhängend, frischgrün. **Wuchs:** horstartig, langsam ausbreitend. **Boden:** frisch, nährstoffreich. **Sorten:** sehr breit gefächertes Angebot in Spezialgärtnereien. **Begleiter:** Gräser, Goldfelberich *(Lysimachia punctata)*, Prachtspiere *(Astilbe)*, Glockenblume *(Campanula)*, Fackellilie *(Kniphofia)*, Schmucklilie *(Agapanthus-Headbourne-*Hybriden)

Schwertlilie (Iris-Barbata-Elatior-Gruppe)
Klassiker unter den Prachtstauden. **Höhe:** 60–120 cm. **Blüte:** sehr viele Farben, kräftige, zum Teil verzweigte Stiele mit mehreren endständigen Knospen. **Laub:** blaugrau, schwertförmig, sehr fest, fächerförmig aus dem Rhizom herauswachsend. **Wuchs:** horstartig, ausbreitend durch kriechende, verzweigte Rhizome. **Boden:** trocken, warm, nährstoffreich, durchlässig, kalkhaltig. **Sorten:** sehr breit gefächertes Angebot in Spezialgärtnereien. **Begleiter:** Edelraute *(Artemisia)*, Rittersporn *(Delphinium)*, Fackellilie *(Kniphofia)*, Lein *(Linum narbonense)*, Thymian *(Thymus serpyllum)*

Indianernessel (Monarda-Hybriden)
Aromatische Staude mit ungewöhnlichen Blütenständen. **Höhe:** 70–130 cm. **Blüte:** karmin, scharlach, violett, rosa, weiß, Lippenblüten, die in Quirlen stehen. **Laub:** intensiv duftend, breit lanzettlich, dunkelgrün. **Wuchs:** horstartig. **Boden:** frisch, nährstoffreich. **Sorten:** 'Cambridge Scarlet' – scharlachrot; 'Croftway Pink' – lachsrosa; 'Prärienacht' – purpurlila; 'Schneewittchen' – weiß. **Begleiter:** Phlox *(Phlox paniculata)*, Glockenblume *(Campanula)*, Roter Sonnenhut *(Echinacea purpurea)*

Katzenminze (Nepeta x faassenii)
Zauberhafter Dauerblüher. **Höhe:** 20–60 cm. **Blüte:** lilablaue Lippenblüten, quirlig an Rispen, Juni–September. **Laub:** graugrün, rundlich, klein. **Wuchs:** horstartig, ausladend. **Boden:** durchlässig, sandig, trocken bis frisch. **Sorten:** 'Six Hills Giant' – lavendelblau, starkwüchsig; 'Snowflake' – weiß, niedrig; 'Walker's Low' – blau, gleichmäßig im Wuchs. **Begleiter:** Fetthenne *(Sedum)*, Spornblume *(Centranthus)*, Edelraute *(Artemisia)*, Schwertlilie *(Iris-Barbata-Elatior-*Gruppen), Rosen *(Rosa)*

Hohe Flammenblume (Phlox paniculata)
Duftende Prachtstaude mit zahlreichen Sorten. **Höhe:** 70–150 cm. **Blüte:** rundlich, verschiedene rosarot und weiße Töne, zum Teil mit Auge, in kugelförmigen Doldentrauben, Juni–September. **Laub:** lanzettlich, dunkelgrün. **Wuchs:** horstartig. **Boden:** frisch bis feucht, humos, nährstoffreich. **Sorten:** 'Bornimer Nachsommer' – kräftig lachsrosa; 'Düsterlohe' – dunkelviolett; 'Hochgesang' – reinweiß; 'Landhochzeit' – Rosa mit rotem Auge. **Begleiter:** Sonnenhut *(Rudbeckia)*, Rittersporn *(Delphinium)*, Edelraute *(Artemisia)*

Skabiose (Scabiosa caucasica)
Schnittstaude. **Höhe:** 60–70 cm.
Blüte: hellblau bis lila, auch weiß, auf kräftigen Stielen, schalenförmig, Juni–September. **Laub:** grundständige Blätter länglich, am Stängel gefiedert, dunkelgrün.
Wuchs: horstartig. **Boden:** frisch, nährstoffreich. **Sorten:** 'Clive Greaves' – himmelblau; 'Miss Willmott' – weiß; 'Nachtfalter' – dunkelviolett. **Begleiter:** Margerite *(Tanacetum coccineum)*, Mädchenauge *(Coreopsis)*, hohe Flammenblume *(Phlox paniculata)*

Stauden mit gelben und orangeroten Blüten

Färberkamille (Anthemis tinctoria)

Unermüdlicher Sommerblüher. **Höhe:** 30–70 cm. **Blüte:** gelbe Margeritenblüte, Mai–Oktober. **Laub:** stark gefiedert, zum Teil graugrün. **Wuchs:** horstartig, Stiele niederliegend. **Boden:** frisch, nährstoffreich. **Sorten:** 'E.C. Buxton' – zitronengelb, 30 cm; 'Wargrave' – cremegelb, 70 cm, graulaubig.
Begleiter: Sommersalbei *(Salvia nemorosa)*, Glockenblume *(Campanula)*, Skabiose *(Scabiosa)*

❶ Skabiose
 (Scabiosa caucasica)
❷ Sonnenbraut
 (Helenium)
❸ Mädchenauge
 (Coreopsis verticillata
 'Moonbeam')
❹ Mädchenauge
 (Coreopsis grandiflora)
❺ Ligularie
 (Ligularia przewalskii)

Mädchenauge (Coreopsis verticillata)

Dauerblüher, der in keinem Garten fehlen sollte. **Höhe:** 30–60 cm. **Blüte:** gelb, sternförmige Strahlenblüten, Juni–September. **Laub:** nadelartig, grün. **Wuchs:** horstartig, langsam ausbreitend. **Boden:** frisch, nährstoffreich. **Sorten/Arten:** 'Grandiflora' – vielblütig, goldgelb, 60 cm; 'Moonbeam' – hellgelb, 40 cm; *Coreopsis grandiflora* – große goldgelbe Blüten, lanzettliches Laub, 80 cm. **Begleiter:** Bergaster *(Aster amellus)*, Rittersporn *(Delphinium)*, Katzenminze *(Nepeta)*

Sonnenbraut (Helenium-Hybriden)

Beliebte Sonnenstaude, für Schnitt geeignet. **Höhe:** 60–150 cm. **Blüte:** Strahlenblüte mit hoch gewölbter Mitte, die meist braun oder schwarz ist, Strahlen gelb, orange, braun, Juni–September. **Laub:** frischgrün, lanzettlich. **Wuchs:** horstartig, langsam ausbreitend. **Boden:** frisch bis feucht, nährstoffreich, warm. **Sorten/Arten:** 'Baudirektor Linne' – braunrot, 120 cm; 'Karneol' – kupferrot mit brauner Mitte, 100 cm; 'Moerheim Beauty' – samtiges Braunrot, 80 cm; *Helenium bigelovii* 'The Bishop' – goldgelb, kugelige schwarze Mitte, 60 cm. **Begleiter:** Rittersporn *(Delphinium)*, Ballonblume *(Platycodon)*, Kugeldistel *(Echinops)*

Staudensonnenblume (Helianthus decapetalus)

Hohe Staude für Rabattenränder und Gartenzäune. **Höhe:** 120–130 cm. **Blüte:** klassische Sonnenblumenblüten, zum Teil gefüllt, August–September. **Laub:** spitz eiförmig, groß, rau, stumpfgrün. **Wuchs:** horstartig, ausbreitend, flach wurzelnd. **Boden:** humos, frisch, nährstoffreich. **Sorten:** 'Capenoch Star' – einfache, zitronengelbe Blüten, reich blühend; 'Soleil d'Or' – gefüllt, goldgelb. **Begleiter:** hohe Gräser, Rittersporn *(Delphinium)*, hohes Eisenkraut *(Verbena bonariensis)*

Sonnenauge (Heliopsis-Hybriden)

Dauerblüher für die Staudenrabatte mit zahlreichen Sorten. **Höhe:** 80–150 cm. **Blüte:** margeritenartig, gelb, orange oder grünlich, zum Teil gefüllt, auf kräftigen Stielen, Juli–September. **Laub:** spitz eiförmig, behaart, dunkelgrün. **Wuchs:** horstartig, stark wachsend. **Boden:** frisch bis feucht, nährstoffreich. **Sorten:** 'Goldgefieder' – goldgelb gefüllt; 'Goldgrünherz' – dicht gefüllt, gelb mit grünlicher Mitte; 'Karat' – großblumig, leuchtend gelb; 'Spitzentänzerin' – goldgelb, halb gefüllt, schmale Strahlenblüten. **Begleiter:** Sonnenbraut *(Helenium)*, Rittersporn *(Delphinium)*, Nachtkerze *(Oenothera)*, Taglilie *(Hemerocallis)*, Sommersalbei *(Salvia nemorosa)*

Goldrute (Solidago-Hybriden)

Anspruchsloser Dauerblüher. **Höhe:** bis 80 cm. **Blüte:** goldgelb in dichten Rispen, zum Teil überhängend, Juni–September. **Laub:** weidenblättrig, stumpfgrün. **Wuchs:** aufrecht, horstartig. **Boden:** frisch bis trocken auch auf nährstoffarmen Böden. **Sorten:** 'Golden Shower' – breit gefächerte dunkelgelbe Blütenrispen; 'Golden Thumb' – goldgelb, 20 cm hoch; 'Ledsham' – hellgelb; 'Mimosa' – reich verzweigte, überhängende Rispen. **Begleiter:** Astern *(Aster)*, Rittersporn *(Delphinium)*, Sonnenbraut *(Helenium)*, Katzenminze *(Nepeta)*

Kreuzkraut (Ligularia przewalskii)

Hohe Staude für den Halbschatten. **Höhe:** 120–200 cm. **Blüte:** kleine Einzelblüten in fast meterlangen Blütenkerzen, goldgelb, Juli-August. **Laub:** sattgrün, rundlich, tiefeingeschnitten; **Wuchs:** horstbildend, locker. **Boden:** frisch bis feucht, nährstoffreich: **Arten:** *Ligularia dentata* 'Desdemona' – orangefarbene, gänseblümchenähnliche Blüten in endständigen Trauben, ledrige, bräunliche Blätter. **Begleiter:** Geißbart *(Aruncus dioicus)*, Rodgersie *(Rodgerisa)* Eisenhut *(Aconitum)*

Herbst im Staudenreich

Im Herbst gesellen sich Stauden mit schönem Fruchtschmuck oder auffälliger Blattfärbung zu den jetzt noch blühenden Pflanzen.

Herbsteisenhut (Aconitum carmichaelii)

Bezaubernde Pflanze für den Gehölzrand. **Höhe:** 100–140 cm. **Blüte:** helmartig in langen Rispen, blau bis lila, September–Oktober. **Laub:** sattgrün, handförmig geteilt. **Wuchs:** horstartig, aufrecht. **Boden:** frisch, nährstoffreich, humos. **Sorten/Arten:** 'Arendsii' – große dunkelblaue Blüten; *Aconitum carmichaelii* var. *wilsonii* – mittelblau, sehr spät. **Begleiter:** Herbstanemone (*Anemone japonica*), Silberkerze (*Cimicifuga*)

Herbstanemone (Anemone japonica)

Zarte Blume mit romantischem Flair für den Halbschatten. **Höhe:** 80–100 cm. **Blüte:** große Schalen in Rosatönen oder Weiß. September–Oktober, watteähnliche Fruchtstände. **Laub:** dunkelgrün, gelappt. **Wuchs:** langsam ausbreitend. **Boden:** lehmig, humos, kühl, frisch, nährstoffreich. **Sorten:** 'Honorine Jobert' – weiß; 'Königin Charlotte' – halb gefüllt, altrosa; 'Rosenschale' – dunkelrosa, großblumig. **Begleiter:** Eisenhut (*Aconitum*), Silberkerze (*Cimicifuga*), Schneefelberich (*Lysimachia clethroides*)

Myrthenaster (Aster ericoides)

Schleierkrautartige Büsche. **Höhe:** 70–120 cm. **Blüte:** kleine Margeritenblüten in Weiß, Rosa, Blau, September–November. **Laub:** schmal lanzettlich, klein, dunkelgrün. **Wuchs:** horstartig. **Boden:** frisch, nährstoffreich. **Sorten:** 'Erlkönig' – lila, 120 cm; 'Esther' – lilarosa, 80 cm; 'Schneegitter' – weiß, straff aufrecht, 100 cm. **Begleiter:** Purpurfetthenne (*Sedum telephium*), Blattschmuck von Bergenien (*Bergenia*), vor Koniferen

Herbstaster (Aster dumosus, Aster novae-angliae, Aster novi-belgii)

Wichtige Prachtstauden mit zahlreichen Sorten. **Höhe:** 20–150 cm. **Blüte:** margeritenförmig, gefüllt, einfach, lila, blau, rosa, karmin, weiß, August–Oktober. **Laub:** dunkelgrün, lanzettlich. **Wuchs:** horstartig, zum Teil wuchernd. **Boden:** frisch, locker, nährstoffreich. **Arten:** Kissenaster (*Aster dumosus*) – früh blühend, niedrig, polsterartig wachsend; Raublattaster (*Aster novae-angliae*) – standfest, hoch, nicht wuchernd, mehltauresistent; Glattblattaster (*Aster novi-belgii*) – meterhoch, wuchernd, anfällig für Mehltau, sehr hoher Nährstoffverbrauch. **Begleiter:** Purpurfetthenne (*Sedum telephium*), Gräser, Sonnenhut (*Rudbeckia nitida*)

Bleiwurz (Ceratostigma plumbaginoides)

Unentbehrlicher Herbstblüher für sonnige und halbsonnige Standorte. **Höhe:** 25 cm. **Blüte:** schalenförmig, stahlblau, August–Oktober. **Laub:** lanzettlich, feuerrote Herbstfärbung. **Wuchs:** bodendeckend, spät austreibend. **Boden:** kalkhaltig, durchlässig, trocken. **Begleiter:** Gräser, Kissenaster (*Aster dumosus*)

Fackellilie (Kniphofia)

Standfeste, spät blühende Staude, Blickfang. **Höhe:** 100 cm. **Blüte:** röhrenförmig in dichten Kolben sitzend, orange, gelb, Juli–Oktober. **Laub:** schmal, riemenförmig mit harter Mittelkante, dunkelgrün. **Wuchs:** horstartig. **Boden:** durchlässig, nährstoffreich. **Sorten:** 'Royal Standard' – feuerrot; 'Express' – orangerot. **Begleiter:** Sonnenhut (*Rudbeckia*), Kerzenknöterich (*Polygonum amplexicaule*), Gräser

Wachsglocke (Kirengeshoma palmata)

Kostbarkeit für halbschattige Standorte. **Höhe:** 60 cm. **Blüte:** wachsartig, glockenförmig, hellgelb, August–Oktober. **Laub:** herzförmig, spitz gelappt, dunkelgrün. **Wuchs:** locker horstartig. **Boden:** humos, frisch. **Begleiter:** Eisenhut (*Aconitum*), Funkie (*Hosta*), Schattengräser

Pflanzen für alle Jahreszeiten
Stauden

① Wachsglocke
 (Kirengeshoma palmata)
② Herbstanemone
 (Anemone japonica)
③ Purpurfetthenne
 (Sedum telephium)
④ Herbstaster
 (Aster-Hybride)
⑤ Myrthenaster
 (Aster ericoides)

Lampionblume (Physalis alkekengi var. franchetii)

Malerische Fruchtstände. **Höhe:** 100 cm. **Blüte:** weiß, unscheinbar, Juli, Herbst lampionartige, orangerote Fruchtstände. **Laub:** eiförmig, rau, dunkelgrün. **Wuchs:** wuchernd. **Boden:** frisch, humos, nährstoffreich. **Begleiter:** Goldfelberich *(Lysimachia punctata),* Gräser

Herbststeinbrech (Saxifraga cortusifolia)

Eindrucksvolle Staude für absonnige Standorte. **Höhe:** 30 cm. **Blüte:** weiße flattrig wirkende Blüten in reich verzweigten Blütenständen, September–Oktober. **Laub:** groß, rundlich gelappt, glänzend braungrün, ledrig, Unterseite rötlich. **Wuchs:** horstartig. **Boden:** frisch, humos. **Begleiter:** Farne, Gräser

Purpurfetthenne (Sedum telephium)

Robuster Dauerblüher für die Herbstwochen, **Höhe:** 50 cm. **Blüte:** endständige, flache, reich verzweigte Blütenschirme, altrosa-rot, August–Oktober. **Laub:** fleischig, eiförmig, gräulich. **Wuchs:** dichte Horste, nach außen vergrößernd. **Boden:** trocken, durchlässig. **Sorten/Arten:** 'Herbstfreude' – bekannteste Sorte; *Sedum spectabile* 'Carmen' – rosa, früh blühend. **Begleiter:** Kissenaster *(Aster dumosus),* Sonnenhut *(Rudbeckia fulgida),* Katzenminze *(Nepeta)*

Winter im Staudenreich

Im Winter ziehen naturgemäß die meisten Stauden ein. Damit die Gartenbilder dennoch eine gewisse Attraktivität behalten, sollten Sie nicht nur auf Blütenschmuck, sondern auch auf interessante Fruchtstände achten.

Alpenveilchen (Cyclamen coum)
Kleine Schwester der bekannten Zimmerpflanze, die sich zur Unterpflanzung von Sträuchern eignet. **Höhe:** 10 cm. **Blüte:** karminrot, klein, einzeln an Stielen, ab Februar. **Laub:** dunkelgrün glänzend, nierenförmig. **Wuchs:** kleine Tuffs, durch Versamung ausbreitend. **Boden:** durchlässig, humos, frisch, kalkhaltig.
Begleiter: Zaubernuss *(Hamamelis)*, Winterschneeball *(Viburnum x bodnantense)*

Kugeldistel (Echinops ritro)
Kugelige, interessante Blütenstände, die man trocknen kann, **Höhe:** 80–120 cm. **Blüte:** leuchtend blau, Juli–August. **Laub:** länglich, stark gezahnt, graugrün, sehr dekorativ. **Wuchs:** horstartig, aufrecht, **Boden:** durchlässig, nährstoffreich. **Sorten:** 'Blue Ball' – großblumig, 120 cm; 'Veith's Blue' stahlblau, 80 cm

Christrose (Helleborus niger)
Beliebter Winterblüher. **Höhe:** 30 cm. **Blüte:** weiße Schalen, Dezember–Februar. **Laub:** ledrig, dunkelgrün, gezahnt. **Wuchs:** horstartig. **Boden:** unbedingt kalkhaltig, frisch, humos, lehmig. **Arten:** *Helleborus foetidus* – hellgrüne glockenförmige Blüten in lockeren Trauben, 50 cm, dekoratives Laub; Lenzrose *(Helleborus orientalis)* – rötliche oder rosafarbene Blüten ab März/April. **Begleiter:** Lungenkraut *(Pulmonaria)*, immergrüne Farne

Brandkraut (Phlomis russeliana)
Robuste Sommerstaude. **Höhe:** 100 cm. **Blüte:** lippenblütig, in Quirlen auf langen Stielen, hellgelb, interessante Fruchtstände. **Laub:** hellgrün, lanzettlich, behaart. **Wuchs:** horstartig, ausbreitend. **Boden:** durchlässig, trocken bis frisch

Duftveilchen (Viola odorata)
Romantische kleine Staude. **Höhe:** 15 cm. **Blüte:** lilablau, ab Februar. **Laub:** dunkelgrün, herzförmig. **Wuchs:** kleine Horste. **Boden:** frisch, humos. **Sorten:** 'Königin Charlotte' – dunkelviolett, im Herbst remontierend. **Begleiter:** Alpenveilchen *(Cyclamen coum)*, Schneeglöckchen *(Galanthus nivalis)*

❶ Duftveilchen (Viola odorata)
❷ Lenzrose (Helleborus-Orientalis-Hybride)

Wichtige Begleiter: Gräser und Farne

Eine große Bedeutung haben auch die Gartengräser, die die Staudenrabatten mit ihren dekorativen Wuchsformen wundervoll auflockern. Wo die Sonne mit ihren Strahlen nicht hingelangt, sorgen hingegen Farne sowohl während des Sommers als auch teilweise im Winter für einen interessanten Anblick.

Venushaar (Adiantum venustum)
Duftiger, wintergrüner Farn. **Höhe:** 25 cm. **Laub:** feingliedrig, überhängend, grün. **Wuchs:** horstartig. **Boden:** frisch bis feucht, durchlässig, humos

Pampasgras (Cortaderia selloana)
Solitär. **Höhe:** 200 cm. **Blüte:** silbrige Rispen, sehr dicht, September–Oktober. **Laub:** überhängend, graugrün. **Wuchs:** horstartig. **Boden:** nährstoffreich, frisch, aber nicht nass. **Sorten:** 'Argentea' – silbrige Blüten; 'Pumila' – recht kleine Sorte. **Verwendung:** Einzelstellung, für die Rabattenkulisse zu Herbstastern

Blaustrahlhafer (Helictotrichon setiferum)
Malerisches Gras. **Höhe:** Laub 50 cm, Blüte 120 cm. **Blüte:** goldgelb, leicht überhängend, Juli–August. **Laub:** blaugrün, schmal. **Wuchs:** horstartig. **Boden:** trocken bis frisch, durchlässig. **Sorten:** 'Saphirsprudel' – besonders blaues Laub. **Verwendung:** zur Strukturierung eines Beetes, zu graulaubigen Stauden

Becherfarn (Matteuccia struthiopteris)
Ausläufer treibender Farn. **Höhe:** 80–100 cm. **Laub:** doppelt gefiederte, olivgrüne Wedel. **Wuchs:** trichterförmig angeordnete Wedel, flächig ausbreitend. **Boden:** frisch bis feucht, humos

Lampenputzergras (Pennisetum alopecuroides)
Dekoratives Gras. **Höhe:** 50–90 cm: **Blüte:** flaschenbürstenartig, über dem Laub, hellbraun, Juli–September. **Laub:** grün, schmal, überhängend. **Wuchs:** horstartig, fächerförmig breit. **Boden:** frisch bis feucht, humos. **Sorten:** 'Hameln' – niedrig, sehr kompakt; 'Japonicum' – Blüte mit weißer Spitze, spät blühend. **Verwendung:** für Staudenrabatten, an Wegrändern, zur Auflockerung zwischen verschiedenen befestigten Flächen

Schildfarn (Polystichum polyblepharum)
Dekorativer Farn. **Höhe:** 50–70 cm. **Laub:** lange, dunkelgrüne Wedel, fein zerteilt. **Wuchs:** überhängend, breit. **Boden:** frisch, humos. **Sorten:** 'Bornim' – große Wedel; 'Dahlem' – sehr lange Wedel; 'Plumosum Densum' fein gefiedert, übereinander liegende Fiedern

❶ Pampasgras (Cortaderia selloana)
❷ Lampenputzergras (Pennisetum alopecuroides)
❸ Venushaar (Adiantum venustum)

Sommerblumen

Sie blühen zwar nur ein Jahr, dafür verwöhnen sie den Garten mit Blüten in allen Farbvariationen: die Sommerblumen.
Reine Sommerblumenbeete sind allerdings eher eine Seltenheit in einem bereits durchgeplanten Garten, denn diese Pflanzen machen durch das jährliche Pflanzen, Pflegen und Putzen der abgeräumten Beete doch deutlich mehr Mühe als Stauden. Wenn Sie jedoch ein kleines Eckchen frei haben und noch nicht so recht wissen, was Sie damit anfangen sollen, können Sie dort farblich aufeinander abgestimmte Sommerblumen kombinieren – sogar ein jährlicher Farbwechsel kann in Betracht gezogen werden. Alternativen zur reinen Sommerblumenpflanzung sind die Topfbepflanzung und die Kombination mit Stauden.
Gerade in Töpfen lassen sich die meisten Einjährigen sehr gut kultivieren. So zaubern Sie an Ecken, wo keine Pflanzmöglichkeit besteht, ein paar Farbtupfer, Sitzplätze und Terrassen bekommen mit einzelnen Schalen Pfiff, und Sie können leicht farbliche Verbindungen zu Gartenmöbeln und sonstiger Dekoration – bis hin zu Tischdecken und Geschirr – herstellen.
Als Lückenfüller bereichern Sommerblumen die Staudenrabatte. Erst im späten Frühjahr werden die Schäden des Winters sichtbar. Die eine oder andere Staude muss ersetzt werden, und nun soll das entstandene Loch schnell geschlossen werden. Ideale „Füller" sind Eisenkraut *(Verbena rigida)* und Jungfer im Grünen *(Nigella damascena)*. Im Herbst können Sie dann wieder Stauden setzen.

Bild links:
Eine sehr eindrucksvolle Sommerblume ist die Spinnenblume

Bild rechts:
Die warmen Gelbtöne der Studentenblumen harmonieren gut mit den blauen Blüten von Salbei und Vanilleblume

Pflanzen für alle Jahreszeiten
Sommerblumen

Zweijährige Sommerblumen

Die ersten Sommerblumen gehören in der Regel zu den so genannten zweijährigen, deren Kultur bereits im Sommer des Vorjahres beginnt. Die Blätter überdauern den Winter, um im folgenden Frühjahr bilden sich dann die Blüten. Diese Pflanzen sind eine wichtige Bereicherung des Frühlinggartens, da sie Tulpen, Narzissen & Co. mit ihren meist kleinen Blüten sehr dezent ergänzen.

Stockrose (Alcea rosea)
Typisch für ländliche Gärten. **Höhe:** 200 cm. **Blüte:** Schalen in den verschiedensten Rosa-, Rot- und Gelbtönen, zum Teil pomponartig gefüllt, Knospen an langen Stielen, Juli–September. **Laub:** rund, gestielt, frischgrün. **Wuchs:** Rosette, die sich im zweiten Jahr streckt. **Standort:** sonnig, nährstoffreiche, frische Böden. **Verwendung:** an Zäunen, im Rabattenhintergrund, in Anlehnung an Hausecken oder hohe Schmuckstücke

Maßliebchen (Bellis perennis)
Kulturform des weit verbreiteten Gänseblümchens. **Höhe:** 15–20 cm. **Blüte:** rosa, weiss, karminrot, gelbe Mitte, halb oder ganz gefüllt, margeritenförmig, März–Mai. **Laub:** löffelförmig, grasgrün. **Wuchs:** dichte Blattrosetten. **Standort:** sonnig bis halbschattig, lockerer, gleichmäßig feuchter Boden. **Verwendung:** zu Zwiebelblumen, in Töpfen, auf Baumscheiben, für kleine Frühlingsecken

Marienglockenblume (Campanula medium)
Großblumige Art mit bäuerlichem Charme. **Höhe:** 50–70 cm. **Blüte:** große Glocken in Lilablau, Rosa, Weiß, lang gestreckte Trauben, Mai–Juli. **Laub:** spitz, oval, stumpfgrün. **Wuchs:** Rosette, die sich im zweiten Jahr streckt. **Standort:** sonnig, frische Böden. **Verwendung:** ländliche Gärten, zu frühen Rosen, Lückenfüller im Staudenbeet

Goldlack (Cheiranthus cheiri)
Beliebte Duftpflanze. **Höhe:** 30–70 cm. **Blüte:** kleine Kreuzblüten, einfach oder gefüllt blühend, in Büscheln, gelb, braunorange, rot, April–Juni. **Laub:** länglich, grün. **Wuchs:** buschig verzweigt. **Standort:** geschützt, sonnig, warm, normaler Gartenboden. **Verwendung:** zu Frühlingsblühern, in Töpfen, höhere Sorten am Sitzplatz

Bartnelke (Dianthus barbatus)
Beliebte Schnittblume. **Höhe:** 50–60 cm. **Blüte:** verschiedenste Rot- und Rosatöne, weiß, zum Teil zweifarbig, flach ausgebreiteter Blütenstand, duftend, Mai–August. **Laub:** schmal lanzettlich, dunkelgrün. **Wuchs:** Blattrosette, die sich im zweiten Jahr streckt. **Standort:** sonnig, trocken bis frischer Boden, möglichst durchlässig. **Verwendung:** an Wegrändern, für ländliche Gestaltungen, vor dunkler Kulisse

Nachtviole (Hesperis matronalis)
Duftende Zweijahresblume für naturnahe Pflanzungen. **Höhe:** 60–80 cm. **Blüte:** lockere Trauben mit einfachen Blüten, rosa, weiß, violett, Mai–Juni. **Laub:** dunkelgrün, herzförmig. **Wuchs:** aufrecht, verzweigt. **Standort:** halbschattig bis schattig, warm, frische Böden mit pH-Wert über 6,5. **Verwendung:** unter Gehölzen, am Gartenrand, in romantischer, halbschattiger Ecke mit Sitzgelegenheit, für Wildpflanzungen

Judassilberling (Lunaria annua)
Hübscher Fruchtschmuck. **Höhe:** 70 cm. **Blüte:** violett oder weiß, duftend, April–Juni, ab September erscheinen rundliche Samenstände, die silbrig schillern, wenn die Schutzblätter abgeworfen sind. **Laub:** oval, dunkelgrün. **Wuchs:** aufrechter, einzelner Trieb. **Standort:** sonnig bis schattig, normale Gartenböden. **Verwendung:** zum Verwildern in halbschattigen Bereichen, im Hintergrund einer Staudenrabatte

Vergissmeinnicht (Myosotis sylvatica)
Romantische Blütenstaude. **Höhe:** 15–30 cm. **Blüte:** blau, rosa, weiß, in dichten Trauben, zum Teil mit einem gelben Auge, April–Juni. **Laub:** grün, behaart, lanzettlich. **Wuchs:** dicht verzweigte Büsche.

Pflanzen für alle Jahreszeiten
Sommerblumen

Standort: sonnig bis halbschattig, lockere, humose Böden. **Verwendung:** zu früh blühenden Azaleen, in Töpfen, als Lückenfüller, zu Narzissen

Hornveilchen (Viola cornuta)

Kleinblumige Schwester des Stiefmütterchens. **Höhe:** 20 cm. **Blüte:** asymmetrische Blüten meist mit gesichtähnlicher Zeichnung, weiß, gelb, lila, blau, auch zweifarbig. **Laub:** nierenförmig, März–Juni. **Wuchs:** buschig verzweigt. **Standort:** sonnig bis halbschattig, frische, lockere Böden. **Verwendung:** in Gefäßen, flächig für unbepflanzte Sommerblumenbeete, zu Frühlingsblühern und Zwiebelblumen, als Rahmen für die ersten Stauden

Stiefmütterchen (Viola-Wittrockiana-Hybriden)

Populärste Zweijährige. **Höhe:** 15–25 cm. **Blüte:** asymmetrische Blüten, bis 5 cm Durchmesser, gelb, orange, weiß, purpur, lila, blau, auch zweifarbig, mit Zeichnung, die an ein Gesicht erinnert, März–Mai. **Laub:** rundlich, grün. **Wuchs:** buschig, verzweigt. **Standort:** sonnig bis halbschattig, frische, lockere Böden. **Verwendung:** zu Bellis, je größer die Blüten, desto größere Tuffs sollten gepflanzt werden, auch in Blumenkästen und Kübeln, für Baumscheiben

❶ Judassilberling (Lunaria annua)
❷ Maßliebchen (Bellis perennis)
❸ Goldlack (Cheiranthus cheiri)
❹ Marienglockenblume (Campanula medium)
❺ Stiefmütterchen (Viola-Wittrockiana-Hybride)

Einjährige Sommerblumen

Das Repertoire der einjährigen Sommerblumen ist breit gefächert. Ob hoch oder niedrig, gelb, blau oder rot – hier findet man immer etwas Passendes.
Zur Vereinfachung der Suche sind die folgenden Porträts in zwei Farbgruppen eingeteilt. Zur ersten gehören die romantischen und kühlen Farben, die Pastelltöne sowie violett- und pinkfarbene Pflanzen. Die zweite Farbgruppe beschäftigt sich mit den warmen Farben von Gelb über Rot bis Braun.

Sommerblumen in Weiß, Rosa, Karmin, Violett und Blau

Löwenmäulchen (Antirrhinum majus)

Blüten, die vor allem Kinder begeistern. **Höhe:** 20–100 cm. **Blüte:** große Rachenblüten entlang den kerzenförmigen Blütenständen, je nach Sorte rosa, lachs, weiß, orange oder rot, teilweise zweifarbig, Juni–Oktober. **Laub:** frischgrün, schmal eiförmig. **Wuchs:** eintriebig, durch frühzeitiges Ausknipsen der Mittelknospe kann die Verzweigung gefördert werden. **Standort:** sonnig, frische, nährstoffreiche Böden. **Verwendung:** reine Sommerblumenbeete, in Kombination mit Rosen und Stauden

❶ Löwenmäulchen (Antirrhinum majus)
❷ Bechermalve (Lavatera trimestris)
❸ Männertreu (Lobelia erinus)
❹ Zinnie (Zinnia elegans)
❺ Eisenkraut (Verbena rigida)

Sommerblumen

Spinnenblume (Cleome spinosa)
Aparte, dominante Sommerblume. **Höhe:** 100 cm. **Blüte:** leicht gestielte Blütenblätter, lange herausragende Staubgefäße, Einzelblüten in endständigen Trauben, rosa, weiß, violett, Juli–Oktober. **Laub:** dunkelgrün, fünf- bis siebenzählig. **Wuchs:** einriebig aufrecht. **Standort:** sonnig, warm, humose Böden. **Verwendung:** Höhepunkt einer Sommerblumenrabatte, vor dunkler Koniferenkulisse, möglichst in Gruppen pflanzen (Abstand 40 cm)

Bechermalve (Lavatera trimestris)
Natürlich anmutendes Malvengewächs. **Höhe:** 50–80 cm. **Blüte:** schalenblütig, leicht trichterförmig, rosa, weiß, karminrosa, Adern dunkel gezeichnet, Juli–Oktober. **Laub:** dunkelgrün, gebuchtet. **Wuchs:** aufrecht, buschig verzweigt. **Standort:** sonnig, frische, durchlässige Böden. **Verwendung:** Lückenfüller im Staudenbeet, als Solitär an kleinen Ecken, zum Beispiel nahe von Hauswänden, als Schnittblume

Männertreu (Lobelia erinus)
Blütenreiche Polster. **Höhe:** 15–20 cm. **Blüte:** asymetrisch, stahlblau, rosa, weiß, Juni–September (unbedingt Ende Juli zurückschneiden, damit neue Blüten durchtreiben). **Laub:** dunkelgrün, klein. **Wuchs:** dichte Kissen. **Standort:** sonnig, nährstoffreiche, gleichmäßig feuchte Böden. **Verwendung:** als Einfassung, für Baumscheiben, Unterpflanzung von Kübelpflanzen, als blaue Tupfer in Töpfen, zu kleinen Rosen

Jungfer im Grünen (Nigella damascena)
Zarte, dezente Sommerblume mit interessantem Fruchtschmuck. **Höhe:** 40–50 cm. **Blüte:** flach, sternförmig mit bizarrem Fruchtknoten, einzeln am Ende der Triebe, blau, weiß, rosa, bei gestaffelter Aussaat Juni–September. **Laub:** bis auf die Adern reduziert, nadelförmig. **Wuchs:** dichtbuschig, verzweigt. **Standort:** sonnig, nährstoffreiche Gartenböden, nicht zu leicht. **Verwendung:** als zauberhafter Lückenfüller in Staudenrabatten und 'Mixed Borders', zu Rosen, für größere Freiflächen, Fruchtstände für floristische Arbeiten

Salbei (Salvia patens)
Enzianblaue Sommerschönheit. **Höhe:** 60–80 cm. **Blüte:** lippenblütig in lockeren entständigen Ähren, leuchtend blau, Juli–September. **Laub:** dunkelgrün, eiförmig. **Wuchs:** aufrecht verzweigte Büsche. **Standort:** sonnig, frische bis trockene Böden, nährstoffreich, locker. **Verwendung:** in Sommerblumenbeeten und Staudenbeeten als blauer Partner zu Rittersporn, in Rosenpflanzungen

Eisenkraut (Verbena rigida)
Leicht zu kombinierende Sommerblume mit natürlicher Ausstrahlung: **Höhe:** 20–40 cm. **Blüte:** kleine Einzelblüten, endständige Köpfchen, lavendelblau, Juni–September. **Laub:** dunkelgrün, strukturiert, länglich oval. **Wuchs:** horstartig, niederliegende Triebe. **Standort:** warm, sonnig, trockene bis frische Böden mit hohem Nährstoffgehalt, durchlässig. **Verwendung:** zu Stauden in 'Mixed Borders', als Unterpflanzung von Kübeln, in Ampeln, zu anderen Sommerblumen, als Beetränder zum Beispiel von Wegen

Zinnie (Zinnia elegans)
Klassiker unter den Sommerblumen. **Höhe:** 30–100 cm. **Blüte:** große, endständige Strahlenblüte, rosa, lachs, weiß, auch rot, orange, gelb, zum Teil gefüllt, Juli–Oktober. **Laub:** grün, eiförmig, rau. **Wuchs:** aufrecht, verzweigt. **Standort:** sonnig, warm, frische bis feuchte Böden, gute Nährstoffversorgung. **Verwendung:** in Gruppen, für Ton-in-Ton-Pflanzungen aus Sommerblumen, kleinere Sorten auch in Töpfen

Sommerblumen in Gelb, Orange, Rot und Braun

Ringelblume (Calendula officinalis)
Bekannte Heilpflanze.
Höhe: 30–50 cm. **Blüte:** margeritenähnlich, zum Teil gefüllt, orange, gelb mit dunkler Mitte, Juni–Oktober. **Laub:** länglich oval, rau, grasgrün. **Wuchs:** buschig verzweigt. **Standort:** sonnig, frische Böden mit hohem Nährstoffgehalt und lockerer Struktur. **Verwendung:** für ländliche Gärten, in Töpfen und Kübeln, in Verbindung mit Nutzpflanzen als hübsche Farbtupfer, Lückenfüller

Schmuckkörbchen (Cosmos sulphureus)
Wenig bekannte Schwester der zarten Kosmee. **Höhe:** 40–70 cm. **Blüte:** margeritenförming mit kleiner Mitte, gestielt, orangerot, goldgelb, Juli–September. **Laub:** gefiedert, grün. **Wuchs:** buschig, verzweigt. **Standort:** sonnig, warm, nährstoffreiche Böden, locker frisch. **Verwendung:** goldgelbe Sommerblumenfantasien, als Abwechslung im Staudenbeet, auch für die Topfkultur geeignet

Gazanie (Gazania-Hybriden)
Großblumige Schönheit. **Höhe:** 15–50 cm. **Blüte:** margeritenförmig, orange Strahlenblüten mit dunkler Zeichnung, Juni–Oktober. **Laub:** lanzettlich, dunkelgrün mit grauer Blattunterseite. **Wuchs:** buschig aufrecht. **Standort:** sonnig, warm, nährstoffreiche, trocken bis frische Böden. **Verwendung:** für Töpfe und Kübel, zu früh verfärbenden Zwerggehölzen und Stauden mit schöner Herbstfärbung

Sonnenblume (Helianthus annuus)
Klassiker für die sommerliche Gartenstimmung mit zahlreichen Sorten. **Höhe:** 20–250 cm. **Blüte:** typische gelbe Strahlenblüten um die braunschwarze Mitte, zum Teil auch rostrote und bräunliche Strahlenblüten und gefüllte Blüten, Juli–September. **Laub:** herzförmig, groß, dunkelgrün, rau mit leichter Behaarung. **Wuchs:** aufrecht eintriebig, zum Teil verzweigt. **Standort:** sonnig, trockene bis frische Böden mit hohem Nährstoffgehalt. **Verwendung:** für Gartenränder, Naturgärten, als Schnittblume, für exponierte Standorte ohne starken Wind, niedrige Sorten auch für Töpfe

Sonnenhut (Rudbeckia hirta)
Anspruchsloser Dauerblüher.
Höhe: 40–80 cm. **Blüte:** gestielte gelbe Strahlenblüte um stark hochgewölbte dunkle Mitte, auch orange und braunrote Strahlenblüten, ebenso gefüllte Sorten, Juli–Oktober. **Laub:** lanzettlich, behaart, dunkelgrün. **Wuchs:** aufrecht, buschig, verzweigt. **Standort:** sonnig, frische, nährstoffreiche Böden. **Verwendung:** hübscher Wegsaum, in Töpfen und Kübeln an Sitzplätzen und sonnigen Hauseingängen

Husarenknöpfchen (Sanvitalia procumbens)
Niedriger Bodendecker. **Höhe:** 15–20 cm. **Blüte:** winzige Blütchen, die an Sommenblumen erinnern, gelb, orange, zum Teil gefüllt. **Laub:** dunkelgrün, oval zugespitzt. **Wuchs:** lange, niederliegende Triebe. **Standort:** sonnig, nährstoffreiche, durchlässige Böden. **Verwendung:** flächige Pflanzung, Unterpflanzung von Hochstämmchen, in Töpfen und Kübeln, auch für hanging baskets geeignet

Studentenblume (Tagetes-Erecta-Hybriden)
Variantenreiche Sommerblume.
Höhe: 15–100 cm. **Blüte:** einzeln gestielte Blütenkörbchen in Gelb, Orange, Rotbraun, zum Teil gefüllt bis ballförmig, Juni–Oktober. **Laub:** dunkelgrün gefiedert, intensiver Duft. **Wuchs:** buschig verzweigt. **Standort:** sonnig, feucht bis mäßig trocken, nicht zu schwere Böden. **Verwendung:** für Sommerblumenbeete und gemischte Staudenbeete, als Einfassung, die aromatischen Blätter helfen bei der Bekämpfung von Nematoden, auch Älchen genannt, zu Phlox (*Phlox paniculata*)

Mexikanische Sonnenblume (Tithonia rotundifolia)
Eigenwillige, pflegeleichte Sommerblume. **Höhe:** 150 cm. **Blüte:** margeritenförmig, orangerot mit gelblicher Mitte an kräftigen Stielen, August–Oktober. **Laub:** groß, grün, rau, herzförmig. **Wuchs:** auf-

Sommerblumen

recht verzweigt, sehr dekorativ. **Standort:** sonnig, nährstoffreiche, frische Böden, lockere Struktur. **Verwendung:** als Höhepunkt eines Sommerblumenbeetes, zu Stauden, auch für Töpfe und Kübel geeignet

Kapuzinerkresse (Tropaeolum majus)

Robuste, niedrige Pflanze. Zieht leider Läuse magisch an. **Höhe:** 30–35 cm. **Blüte:** asymmetrische Trichterblüten in Orange, Gelb, Rot, auch gefüllt, Juli–Oktober. **Laub:** rund, mittig gestielt, sattgrün, je nach Sorte auch weiß panaschiert. **Wuchs:** buschig niederliegende Triebe, auch hängend oder kletternd. **Standort:** sonnig bis halbschattig, nicht zu heiß und trocken, mäßig stickstoffhaltige Böden, frisch bis feucht, durchlässig. **Verwendung:** für kleine Böschungen, an Treppen, in Kästen und hanging baskets, in Küchengärten, hübsch zu Kräutern

❶ Sonnenhut (Rudbeckia hirta)
❷ Ringelblume (Calendula officinalis)
❸ Mexikanische Sonnenblume (Tithonia rotundifolia)
❹ Kapuzinerkresse (Tropaeolum majus)
❺ Studentenblume (Tagetes-Erecta-Hybride)

Einjährige Kletterpflanzen

Kletterpflanzen erobern recht Platz sparend freie Ecken im Garten. Wichtig beim Pflanzen ist die Art und Weise, wie sie sich in die Höhe ziehen. Manche legen ihre Triebe spiralförmig um alles, was ihnen Halt gibt, andere bilden spezielle Ranken, um sich festzuhalten. Diese Halteorgane sind entscheidend bei der Auswahl der Rankhilfe, denn nicht alle einjährigen Kletterpflanzen kommen mit einem mehrere Zentimeter starken Spalier zurecht, sondern brauchen feinere Hilfen wie beispielsweise Maschendraht. Gestalterisch können Sie Kletterpflanzen zum Begrünen von Wänden einsetzen oder aber aufrecht setzen, indem Sie Winden oder Wicken an einem 'Wigwam' aus Holzzweigen emporranken lassen.

Maurandie (Asarina erubescens)
Seltene Kletterpflanze. **Höhe:** bis 3 m. **Blüte:** rosa Rachenblüten, Juli–September. **Laub:** spitz gelappt, schuppenförmig übereinander liegend, dunkelgrün mit zartem gräulichen Hauch. **Wuchs:** rankt mit Hilfe der Blattstiele in die Höhe. **Standort:** sonnig, nährstoffreiche, lockere Böden, gleichmäßig feucht. **Verwendung:** für Wände und Spaliere, hübsch in hanging baskets auch die etwas kleinere Art *Asarina barclaiana* mit weißen oder fliederfarbenen Blüten

❶ Sternwinde
   (Quamoclit lobata)
❷ Maurandie
   (Asarina erubescens)
❸ Feuerbohne
   (Phaseolus coccineus)
❹ Prunkwinde
   (Pharbitis purpurea)
❺ Schwarzäugige Susanne
   (Thunbergia alata)

Sommerblumen

Glockenrebe (Cobaea scandens)
Rankpflanze für sehr warme Standorte. **Höhe:** 4–6 m. **Blüte:** glockenförmig, dunkellila oder weiß, August–Oktober. **Laub:** fünflappig, stumpf, dunkelgrün, leicht behaart. **Wuchs:** rankend. **Standort:** sonnig, warm, nährstoffreiche, frische Böden. **Verwendung:** für Obelisken, Zäune, Pfosten, rankt gut an Maschendraht

Schönranke (Eccremocarpus scaber)
Schnell wachsende Rankpflanze mit exotischen Blüten. **Höhe:** bis 4 m. **Blüte:** röhrenförmig, orangerot an langen Ripsen. **Laub:** doppelt gefiedert, frischgrün. **Wuchs:** zieht sich durch lange Blattranken nach oben. **Standort:** sonnig, frische, humose Böden. **Verwendung:** für Zäune, in hanging baskets, an feingliedrigen Eisenketten

Japanhopfen (Humulus japonicus)
Wüchsiger Schlinger auch für schattige Standorte. **Höhe:** bis 5 m. **Blüte:** unscheinbar, gelblich, Juli–September. **Laub:** fünf- bis siebenlappig, schuppenförmig übereinander liegend, zum Teil weiß panaschiert. **Wuchs:** windend. **Standort:** sonnig bis schattig, nährstoffreiche, frische Böden. **Verwendung:** für Sichtschutzwände, zum Kaschieren von Wänden, als grüner Mantel von Gartenhäusern

Duftwicke (Lathyrus odoratus)
Duftender Schmetterlingsblütler. **Höhe:** bis 2,50 m. **Blüte:** gestielte Schmetterlingsblüte in Rot, Rosa, Weiß, Violett, Juli–September. **Laub:** dreiteilig, grün mit stumpfgrauem Überzug. **Wuchs:** rankt mit speziellen Blattranken. **Standort:** sonnig, kalkhaltige, nährstoffreiche Böden, frisch und durchlässig. **Verwendung:** für Zäune in Bauerngärten, an Klettergerüsten nahe dem Sitzplatz

Prunkwinde (Pharbitis purpurea)
Auffällige, wüchsige Art. **Höhe:** bis 4 m. **Blüte:** groß, trichterförmig, rosa, rot, weiß, blau, Juli–Oktober. **Laub:** herzförmig, sattgrün. **Wuchs:** windend. **Standort:** sonnig, warm, nährstoffreiche, frische Böden. **Verwendung:** für Pfosten, Stützen von Pergolen, an Schnüren emporwindend

Sternwinde (Quamoclit lobata)
Exotische Schlingpflanze. **Höhe:** 4 m. **Blüte:** von rot nach weiß verfärbende Lippenblüten in bis zu 40 cm langen Rispen, Juli–Oktober. **Laub:** herzförmig, frischgrün. **Wuchs:** windend. **Standort:** warm, sonnig, nährstoffreiche, frische Böden. **Verwendung:** für Klettergerüste aus Latten oder grobmaschigem Draht, an Sichtschutzwänden, für Pergolenstützen

Schwarzäugige Susanne (Thunbergia alata)
Schlichte Schönheit. **Höhe:** 1,50 m. **Blüte:** einfache Schalen in Orange oder Weiß mit schwarzem Auge in der Mitte. **Laub:** herzförmig, dunkelgrün, schuppig übereinander liegend. **Wuchs:** windend. **Standort:** sonnig, warm, Zugluft vermeiden, nährstoffreiche, kalkhaltige Böden, mäßig trocken bis frisch. **Verwendung:** an Schnüren oder Pfosten, für grobmaschige Drahtgerüste (zum Beispiel Baustahlmatten) zum Begrünen

Kletternde Kapuzinerkresse (Tropaeolum peregrinum)
Schnell wachsende Kletterpflanze. **Höhe:** 1–3 m. **Blüte:** goldgelb, stark gefranst, Juli–Oktober. **Laub:** stark gefiedert, dunkelgrün. **Wuchs:** verzweigt rankend. **Standort:** sonnig, durchlässige, nicht zu nährstoffreiche Böden. **Verwendung:** für Zäune und Drahtgerüste, hübsch in fein verzweigten Ästen, auch für Kästen und Kübel

Feuerbohne (Phaseolus coccineus)
Nutzpflanze, die sich gerne in den Ziergarten verirrt. **Höhe:** 4 m. **Blüte:** feuerrote Schmetterlingsblüten, von Juli–September. **Laub:** groß, sattgrün, herzförmig. **Wuchs:** schlingend. **Standort:** sonnig, nährstoffreiche, frische Böden. **Verwendung:** als schneller Sichtschutz für Zäune, Rankgerüste, Obelisken, ideal für die Kultur in Kübeln

Zwiebel- und Knollenpflanzen

Botanisch gesehen gehören die Zwiebel- und Knollenpflanzen eigentlich zu den Stauden, da sie krautig und ausdauernd wachsen. Da sie jedoch besondere Strategien entwickelt haben, um auch ungünstige Zeiten zu überstehen, werden sie oft als eigene Gruppe betrachtet. Zu diesen charakteristischen Strategien gehört vor allem die ganz typische Ausbildung der unterirdischen Speicherorgane. Daneben lässt sich die Einteilung aber auch mit den Besonderheiten bei der Pflanzung und Pflege begründen.

Während Knollenpflanzen meistens an mehreren Augen austreiben, bilden Zwiebelpflanzen pro Speicherorgan nur einen Blütentrieb aus. Bei der Zwiebel handelt es sich nämlich eigentlich um einen unterirdisch stark verkürzten Spross. Niedrige Arten kann man sehr schön für größere Flächen verwenden. Die höheren Zwiebelblumen sollten dagegen besser in kleineren Gruppen mit krautigen Pflanzen, die eine buschige oder hohe Wuchsform haben, zusammengepflanzt werden.

Bei den Knollenpflanzen haben sich auch einige in unseren Breiten nicht winterharte Gattungen in das Repertoire gemischt. Die sicher populärsten Vertreter hierbei sind gewiss die Dahlien. Obwohl sie durch das jährliche Pflanzen bzw. Ausgraben relativ viel Aufwand verursachen, belohnen sie den Gärtner doch immer wieder mit einem wahren Farbenfeuerwerk für seine Mühe.

Bild links:
Im Sommer bereichern Dahlien die Blumenbeete

Bild rechts:
Zwiebelblumen bestimmen das Gartenbild im Frühling

Pflanzen für alle Jahreszeiten
Zwiebel- und Knollenpflanzen

Frühlingsblüher

Die „Frühaufsteher" im Garten haben einen besonderen Stellenwert. Auch wenn es zunächst nur einzelne kleine Tuffs sind, so kündigen sie doch das Ende des Winters und das Herannahen des Frühjahrs an. Die Farben sind im Allgemeinen noch sehr zart, nur wenige Pflanzen wie der Winterling machen da eine Ausnahme. Die meisten lassen wenige Wochen nach der Blüte ihre Blätter welken und verschwinden dann bis zum nächsten Frühjahr von der Bildfläche.

Schneestolz (Chionodoxa luciliae)

Gut zum Verwildern geeignet. **Höhe:** 10–15 cm. **Blüte:** sternförmig, in lockeren Trauben, weiß, lilablau, rosa, März–April. **Laub:** riemenförmig, grün. **Wuchs:** eintriebig, breitet sich rasch aus. **Boden:** trocken bis frisch, durchlässig, nährstoffreich. **Begleiter:** kleine Narzissen, Gemswurz, Steinkraut

Elfenkrokus (Crocus tommasinianus)

Robuste Wildform. **Höhe:** 10 cm. **Blüte:** trichterförmig, fliederfarben mit gelborangen Staubgefäßen, Februar–April. **Laub:** schmal, grün mit weißem Mittelstreifen, rund um die Blüte stehend. **Wuchs:** eintriebig, breitet sich zu dichten Teppichen aus, zum Verwildern. **Boden:** frisch, humos. **Sorten:** selten in kräftigeren Lilatönen. **Begleiter:** Schneeglöckchen, Alpenveilchen, Winterling, klein bleibende Gehölze, die zur gleichen Zeit blühen, zum Beispiel Hasenglöckchen *(Corylopsis),* Haselnuss *(Corylus),* Zaubernuss *(Hamamelis)*

Winterling (Eranthis hyemalis)

Echter Frühaufsteher. **Höhe:** 10 cm. **Blüte:** goldgelbe Schalen, gestielt, feiner Duft, Februar–März. **Laub:** dunkelgrün, handförmig geteilt. **Wuchs:** treibt aus Knollen aus, breitet sich schnell durch Versamung aus. **Boden:** frisch, humos. **Begleiter:** Schneeglöckchen, Immergrün, Gedenkemein, unter unbelaubten Kleinsträuchern, zu rotrindigem *Cornus alba* 'Sibirica'

Hundszahn (Erythronium dens-canis)

Seltenheit für schattige Ecken. **Höhe:** 15–20 cm. **Blüte:** glockenförmig, rosa, lila, weiß, März–April. **Laub:** breit lanzettlich, dunkelgrün mit burgunderroten Flecken, unregelmäßig. **Wuchs:** eintriebig, verwildert. **Boden:** humos, frisch, nährstoffhaltig. **Begleiter:** Blausternchen, Anemonen, auf der Baumscheibe alter Bäume, zu Farnen

Schneeglöckchen (Galanthus nivalis)

Beliebte Frühlingsblume. **Höhe:** 10 cm. **Blüte:** glockenförmig, weiß mit grüner Zeichnung, Februar–März. **Laub:** riemenförmig, blaugrün. **Wuchs:** eintriebig, im Laufe der Zeit in dichten Horsten. **Boden:** frisch, humos, durchlässig. **Arten:** *Galanthus elwesii* – etwas frühere Blüte, größere Einzelblüten. **Begleiter:** Winterling, Elfenkrokus, Alpenveilchen, Christrosen, sommergrüne Laubgehölze

Hasenglöckchen (Hyacinthoides non-scripta)

Frühlingsblüher für absonnige Standorte. **Höhe:** 20–25 cm. **Blüte:** längliche Glöckchen dicht in einer Rippe, stahlblau, Mai. **Laub:** breit, linealisch, sattgrün. **Wuchs:** eintriebig, bildet kleinere Tuffs. **Boden:** humos, durchlässig, frisch bis feucht. **Arten:** *Hyacinthoides hispanica* – höhere Blütenstiele, auch in Weiß und Rosa. **Begleiter:** Lungenkraut, Waldmeister, Waldsteinie

Märzenbecher (Leucojum vernum)

Heimischer Frühlingsblüher. **Höhe:** 20 cm. **Blüte:** rundliche Glocken, nach unten geöffnet, am Rand grüne Tupfen, duftend, Februar–April. **Laub:** schmal linealisch, kräftig grün. **Wuchs:** eintriebig, im Alter kleine Tuffs. **Boden:** frisch bis feucht, humos. **Begleiter:** Farne, Lungenkraut, Schneerose, Gedenkemein

Pflanzen für alle Jahreszeiten
Zwiebel- und Knollenpflanzen

Traubenhyazinthe (Muscari armeniacum)

Dauerblüher im Frühling. **Höhe:** 15–25 cm. **Blüte:** winzige Glöckchen in endständiger, dichter Traube, blau mit zartem weißem Rand, März–Mai. **Laub:** linealisch, schmal, grün. **Wuchs:** eintriebig, kleine Tuffs im Alter. **Boden:** durchlässig, mäßig trocken, nährstoffreich. **Sorten:** 'Blue Spike' – leuchtend blau, gefüllt, lange Blütezeit. **Begleiter:** niedrige Narzissen und Tulpen, Primeln, Blaukissen, Gänsekresse, Steinkraut

Puschkinie (Puschkinia scilloides)

Robuste Frühlingsblume. **Höhe:** 10–15 cm. **Blüte:** glockenförmig in lockerer Traube, hellblau, weiß, zarter Duft. **Laub:** grün, aufrecht, schmal. **Wuchs:** eintriebig, rasenartig ausbreitend. **Boden:** trocken bis frisch, durchlässig. **Begleiter:** niedrige Tulpen, Primeln, Gedenkemein, niedrige Bergenien

Blausternchen (Scilla siberica)

Ideal zum Verwildern. **Höhe:** 10 cm. **Blüte:** sternförmig, weiß, blau, März–Mai. **Laub:** dunkelgrün, riemenförmig. **Wuchs:** eintriebig, breitet sich schnell aus. **Boden:** frisch bis trocken, durchlässig. **Begleiter:** Prachtkrokus, Puschkinie, Hornveilchen, frühe Wolfsmilch, Primeln

❶ Hasenglöckchen (Hyacinthoides non-scripta)
❷ Winterling (Eranthis hyemalis)
❸ Elfenkrokus (Crocus tommasinianus)
❹ Schneeglöckchen (Galanthus nivalis)
❺ Blausternchen (Scilla siberica)

❶ **Kleinkronige Narzisse (weißgelb)**
❷ **Kleinkronige Narzisse (orangegelb)**
❸ **Dichternarzisse (Narcissus poeticus)**
❹ **Reitrocknarzisse (Narcissus bulbocodium)**
❺ **Papageientulpe 'Flaming Parrot'**
❻ **Triumphtulpe 'Salmon Jewel'**
❼ **Gefüllte Narzisse 'Rip van Winkle'**
❽ **gefüllte Tulpe 'Pink Prize'**
❾ **Botanische Tulpe (Tulipa tarda)**

Die Klassiker des Frühjahrs: Tulpen und Narzissen

Auf der Beliebtheitsskala der Gartenblumen rangieren die **Tulpen** weit vorn. Die zauberhaften Blütenbecher läuten das erste große Gartenfest der Saison ein: den Frühling. Die Variationsbreite dieser aus dem Orient stammenden Zwiebelpflanzen ist recht groß. Man unterteilt sie daher in verschiedene Sortengruppen, die sich in ihren Eigenschaften ähneln. Tulpen bereichern den Garten mit einem sehr breiten Farbspektrum. Nur reines Blau ist bisher nicht zu finden.

Als **Botanische Tulpen** bezeichnet man die Formen, die vom Erscheinungsbild her klar auf die Wildformen zurückzuführen sind. Sie bleiben in der Regel mit 15–40 cm Höhe niedriger als die Hybriden und blühen relativ früh. Zu dieser Gruppe gehören die **Kaufmannia-Tulpen** mit ihren mehrfarbigen Blüten, die etwas später blühenden **Greigii-Tulpen** mit gestreiftem Laub sowie die **Fosteriana-Tulpen**.

Die Hybriden lassen sich nach der Blütezeit in drei Gruppen einteilen: die frühen, mittelfrühen und späten Sorten. **Frühe Tulpen** blühen ab Anfang April und können einfach oder gefüllt sein. **Mittelfrühe Tulpen** blühen von April bis Anfang Mai. Unter ihnen spielen vor allem die **Darwin-Hybrid-Tulpen** eine bedeutende Rolle. Mit ihren großen, leicht bauchigen Blütenbechern verkörpern diese 50–60 cm hohen Sorten den Inbegriff der Tulpe. Daneben zählen auch die mehrfarbigen **Triumph-Tulpen** zu dieser Gruppe. Ab Mai treten dann die späten Sorten in Erscheinung. Neben den einfach blühenden haben auch die **Lilienblütigen Tulpen** eine große Bedeutung. Ihre Blütenblätter sind stark zugespitzt und weisen die von den Lilien bekannte Eleganz auf. **Rembrandt-Tulpen** überzeugen zwar nicht gerade durch Standfestigkeit oder Wüchsigkeit. Mit ihren flammenähnlichen Farbmustern sind sie aus dem Gartenrepertoire aber nicht wegzudenken. Interessante Akzente setzen auch die **Papagei-Tulpen** mit ihren stark gefransten Blütenblättern. **Crispa-Tulpen** dagegen haben nur ganz filigran gefranste Blütenränder. **Viridiflora-Tulpen** schließlich weisen eine deutliche Grünfärbung in Form von Streifen oder Flammen auf den Blütenblättern auf. Daneben gibt es auch bei den spät blühenden Tulpen einige gefüllte Sorten, die zum Teil als **paeonienblütige Tulpen** gehandelt werden.

Wie bei den Tulpen gibt es auch bei den **Narzissen** verschiedene Sortengruppen. Diese werden anhand der Blütenform voneinander abgegrenzt. Grundsätzlich ist die Blüte jedoch in zwei Blütenblattkränze geteilt und zwar in die sternförmige Hauptkrone und die trompeten- bis tellerförmige Nebenkrone. Je nach Witterung beginnt die Blüte bereits Ende Februar bis Anfang März. Dabei ist das Farbspektrum eher eingeschränkt; neben Gelb und Weiß finden sich nur noch Lachs und einige Orangetöne.

Die klassische Gartennarzisse ist die **Osterglocke** oder **Trompetennarzisse**. Bei ihr unterscheidet man einfarbige, zweifarbige und gefüllte Formen. **Klein-** und **Großkronige Narzissen** zeichnen sich dadurch aus, dass die Nebenkrone nicht wie bei den Osterglocken trompetenförmig nach vorne gerichtet ist, sondern sich schalenförmig öffnet. **Triandrus-Narzissen** (*Narcissus triandrus*) tragen mehrere Blüten an einem Stiel und duften stark. Auch **Tazetten** (*Narcissus tazetta* ssp. *tazetta*) weisen mehrere kleine Blüten pro Stiel auf, ebenso wie **Jonquillen** (*Narcissus jonquilla*), deren Blüten intensiv duften. *Narcissus cyclamineus*, die **Alpenveilchennarzisse**, bleibt relativ klein, hat aber eine längliche Nebenkrone. Die wohl spätesten Narzissen, die **Dichternarzissen** (*Narcissus poeticus*), öffnen erst zwischen April und Mai ihre Blüten. Sie haben eine strahlend weiße Hauptkrone und eine kleine gelbe Nebenkrone mit orangerotem Rand. Sie duften stark und lassen sich wundervoll auf einem Rasen verwildern.

Sommerblüher

Der sommerliche Garten kennt aus der Gruppe der Zwiebel- und Knollenpflanzen drei Berühmtheiten: Lilien, Gladiolen und Dahlien. Sie nehmen eine besondere Stellung ein, da sie ein breites Sortenspektrum aufweisen und mit ihren eigenwilligen, großen Blüten relativ dominant wirken.

Dahlie (Dahlia-Hybriden)

Formenreiche Knollenpflanze. **Höhe:** 30–130 cm. **Blüte:** sternförmig einfach oder ball- bis pomponartig gefüllt, rot, gelb, orange, rosa, weiß. **Laub:** eiförmig, dunkelgrün. **Wuchs:** horstartig, dicht verzweigt. **Boden:** frisch, locker, mäßig nährstoffreich. **Sortengruppen:** Mignondahlien – ungefüllt, 20–60 cm; Halskrausendahlien – zwei Kreise von Strahlenblüten, die inneren kürzer, eingeschnitten und meist andersfarbig; Duplexdahlien – mehrere Kreise von Strahlenblüten, halbgefüllt; Anemonenblütige Dahlien – ein Kranz flacher Strahlenblüten außen, ein zweiter Kranz größerer Röhrenblüten innen; Kaktusdahlien – Strahlenblüten zusammengerollt, gefüllt; Schmuckdahlien – gefüllt, spatelförmige Strahlenblüten; Balldahlien – gefüllt, rosettenförmig, abgerundete Strahlenblüten; Pompondahlien – gefüllt, ähnlich Balldahlien, aber kleiner. **Verwendung:** ländliche Gärten, gemischte Staudenbeete, kleinere Sorten auch in Töpfen

Gladiole (Gladiolus-Hybriden)

Eigenwillige Knollenpflanze. **Höhe:** 40–140 cm. **Blüte:** trichterförmig in endständigen Trauben, alle Farben außer Blau, Juni–September. **Laub:** schwertförmig, grün. **Wuchs:** eintriebig. **Boden:** frisch, durchlässig, nährstoffreich. **Sortengruppen:** Großblütige Gladiolen – 100–140 cm lockerer Blütenstand, früh blühend; Butterfly-Gladiolen – 80–100 cm, kleine, mehrfarbige Blüten mit gewelltem Rand; Primulinus-Gladiolen – 50–80 cm, kleine, kapuzenförmige Blüten, locker angeordnet. **Verwendung:** als Höhepunkt in gemischten Staudenbeeten, zu Sommerblumen

Lilie (Lilium-Hybriden)

Inbegriff der Eleganz. **Höhe:** 40–180 cm. **Blüte:** trompetenförmig oder nickend mit zurückgeschlagenen Blütenblättern, an kräftigen Blütenstielen, alle Farben außer Blau, Juni–August. **Laub:** grün, meist lanzettlich oder spitz eiförmig. **Wuchs:** eintriebig. **Boden:** frisch, durchlässig. **Sortengruppen:** *Lilium candidum* – Madonnenlilie, weiße Blütentrichter; Martagon-Lilien – 120–200 cm, typisch nach unten geöffnet, zurückgeschlagene Blütenblätter, Staubgefäße weit herausragend, Juni–Juli; Candidum-Lilien – große gelbe Blüten, nach unten nickend, Blütenblätter zurückgeschlagen; Asiatische Lilien – 60–150 cm, früh blühend, seitlich hängende oder aufrechte Blüten; Amerikanische Lilien – 120–200 cm, nickende Blüten mit zurückgeschlagenen Blütenblättern, für halbschattige, saure Standorte; Trompeten-Lilien – 100–180 cm, Blüte im Juli; Orient-Lilien – 60–240 cm, groß, duftende Blüten, für saure Böden. **Verwendung:** kleine Sorten in Töpfen, gut geeignet für Stauden- und Sommerblumenbeet, duftende Sorten gut an Sitzplätzen

Riesenlauch (Allium giganteum)

Eindrucksvolle Blütenbälle. **Höhe:** bis 150 cm. **Blüte:** sternförmig, lilaviolett, in kugeliger Dolde an hohem Blütenstiel, Juni–Juli. **Laub:** frischgrün, schmal. **Wuchs:** eintriebig. **Boden:** durchlässig, mäßig trocken, mäßig nährstoffreich. **Begleiter:** Rosen, Lavendel, Artemisien, Glockenblumen, Flammenblumen, Spornblume

Montbretie (Crocosmia masoniorum)

Exotisches Irisgewächs. **Höhe:** 60–80 cm. **Blüte:** trompetenförmig in langen Ähren, orangerot, Juli–Oktober. **Laub:** frischgrün, breit lanzettlich, stark gerippt und strukturiert in Längsrichtung. **Wuchs:** eintriebig, später horstartig. **Boden:** durchlässige, lockere Böden, mäßig feucht, nicht zu hoher Nährstoffgehalt. **Begleiter:** winterharter Agapanthus, Kugeldistel, Edeldistel, Artemisien, Perovskie, kleinblumigen Dahlien, vor rotlaubigen Gehölzen, z. B. Perückenstrauch

Pflanzen für alle Jahreszeiten
Zwiebel- und Knollenpflanzen

❶ **Kaktusdahlie**
(Dahlia-Hybride)
❷ **Gladiole**
(Gladiolus-Hybride)
❸ **Königslilie**
(Lilium regale)
❹ **Riesenlauch**
(Allium giganteum)

Lilienschweif
(Eremurus robustus)

Eigenwillige Knollenpflanze für frühsommerliche Höhepunkte. **Höhe:** bis 300 cm. **Blüte:** kleine sternförmige Schalen in langgestreckten, kerzenförmigen Blütenständen, weiß, hellrosa, Juni–Juli. **Laub:** lanzettlich, blaugrau, in kreisförmigen, grundständigen Schöpfen, deutlich kürzer als der Blütenstiel, zieht kurz nach der Blüte ein. **Wuchs:** eintriebig, aus sternförmig verdicktem Wurzelstock austreibend. **Boden:** durchlässig, frisch bis trocken, nährstoffreich. **Begleiter:** Gräser, Taglilien, Fetthenne, Spornblume, Bergenien; sollte zwischen höheren Pflanzen stehen, damit nach dem Einziehen der Blätter im Juli keine Lücken sichtbar werden

Kaphyazinthe
(Galtonia candicans)

Imposanter Blütenstand. **Höhe:** 100–150 cm. **Blüte:** glockenförmig, in langgestreckter Traube, cremefarben, von Juli–September. **Laub:** graublau, riemenförmig, deutlich kürzer als der Blütenstand. **Wuchs:** eintriebig aus der nicht winterharten Zwiebel. **Boden:** frisch, warm, nährstoffreich. **Begleiter:** Rosen, Kugeldistel, Junkerlilie, Gräser, Bärenklau, vor dunkellaubigen Gehölzen

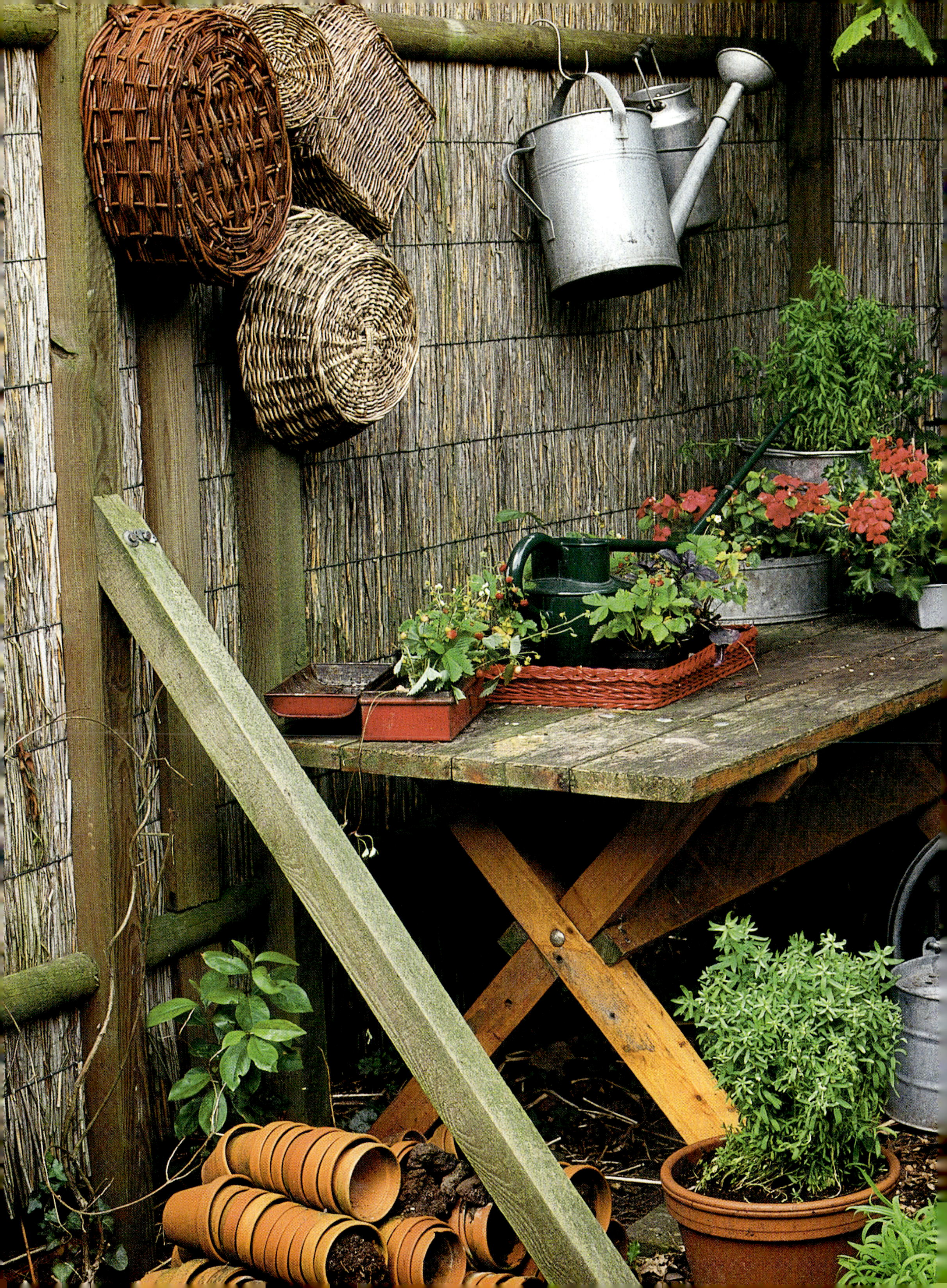

Pflanzen-praxis

Arbeiten im Garten

Wenn der Garten eine grüne Oase werden soll, müssen die Pflanzen sorgsam gesetzt und regelmäßig gepflegt werden. Dabei sollten Sie nur einen wohl dosierten Aufwand betreiben, damit Ihnen noch genügend Zeit bleibt, das Ergebnis zu genießen.

Sehen Sie jede einzelne Pflanze daher immer im Zusammenhang mit Standort und Nachbarpflanzen. Auf diese Art und Weise lassen sich manche Probleme viel leichter und dauerhafter lösen.

Nehmen Sie beispielsweise die Bewässerung: Natürlich welkt eine Pflanze, wenn der Boden im Sommer austrocknet. Nun können Sie zum einen Tag für Tag gießen. Einfacher ist es aber, den Boden um die Pflanze zu mulchen. Die Humusstoffe verhindern eine starke Verdunstung, und gleichzeitig schützen Sie das Bodenleben, so dass die krümelige Struktur erhalten bleibt. Dadurch kann sich ein feineres Wurzelsystem bilden, das wiederum die Wasserversorgung verbessert. Und Sie können einige Abende mehr gemütlich die Ruhe des Gartens genießen und sich das Gießen guten Gewissens sparen. Auch bei Krankheiten und Schädlingsbefall bringt eine ganzheitliche Betrachtung Vorteile. Je schwächer nämlich eine Pflanze ist, zum Beispiel durch eine falsche Versorgung mit Nährstoffen, desto leichter wird sie befallen.

Lernen Sie im folgenden Kapitel die Grundlagen der gärtnerischen Arbeiten kennen, damit Sie im Garten jederzeit prächtige Pflanzen bewundern können und der Spaß am Hobby noch lange anhält.

Bild links:
Eine Strohpuppe als Vogelscheuche zählt zum nützlichen Gartenschmuck

Bild rechts:
Ein Körbchen mit Werkzeugen für den passionierten Gärtner

Pflanzenpraxis
Arbeiten im Garten

Vermehrung

Eines der schönsten Erfolgserlebnisse des Gärtners ist die eigene Anzucht von Pflanzen. Natürlich muss man sich bei der Bepflanzung des Gartens ernsthaft die Frage stellen, ob es Sinn macht, Bäume oder Stauden in der eigenen Pflanzenkinderstube großzuziehen. Meist kommt man sehr schnell darauf, dass dies viel zu lange dauert und zudem viel Zeit bedarf. Bei der Neubepflanzung wird man also getrost zum Gärtner gehen und beim Einkauf den einen oder anderen Ratschlag zur Pflanzenauswahl und Pflege bekommen. Doch sieht es anders aus, wenn man sich eine besondere Sorte, zum Beispiel vom Nachbarn, in den Garten holen oder sich ein paar Lückenfüller für das Frühjahr bereithalten möchte. Dann spricht eigentlich nichts gegen die schöne Erfahrung, Pflanzen generativ, also aus dem Samenkorn, oder vegetativ, zum Beispiel aus einem Steckling, großzuziehen.

Besonderheiten der Aussaat

Wenn Sie Pflanzen aus Samen heranziehen, so nutzen Sie die natürliche Vermehrung der Pflanzen aus. Da die Samenkörner aber aus der Befruchtung einer Eizelle durch Pollen hervorgegangen sind, wurde auch das Erbgut der Elternpflanzen gemischt. In der Regel bedeutet dies, dass die Eigenschaften der Nachkommen variieren. Wenn Ihnen bei einer bestimmten Ritterspornpflanze *(Delphinium)* das Blau und die Füllung der Blüten besonders gut gefallen hat, dann können Sie nicht davon ausgehen, dass auch die Sämlinge dieser Pflanze so aussehen werden. Daher vermehrt man bis auf wenige Ausnahmen die meisten Namenssorten von Gehölzen, Rosen und Stauden vegetativ und nicht über Samen. Wenn Ihnen die speziellen Sorteneigenschaften dagegen weniger wichtig sind, können Sie aus selbst gesammelten Samen kräftige Pflanzen heranziehen. Gerade bei den Sommerblumen greift man auf diese Vermehrungsmethode gerne zurück. Durch Samen vermehrte Gartenblumen haben einen kräftigen, reich verzweigten Wurzelballen und eine natürliche Wuchsform.

Keimbedingungen

In der Regel keimen Samen, wenn sie in der Aussaaterde gleichmäßig feucht gehalten werden und kein Licht an sie kommt. Diese Bedingungen sind ideal für die **Dunkelkeimer**. Hohe Luftfeuchtigkeit und Bodenwärme fördern das Wachstum der Sämlinge. Einen idealen hellen Standort mit feuchtwarmem Klima bieten Minitreibhäuser auf der Fensterbank, Frühbeete oder kleine Gewächshäuser. Es gibt aber auch einige Pflanzen, die andere Bedingungen brauchen, damit der Keim im Inneren der Samenschale zu wachsen beginnt. Bei **Lichtkeimern** wird die Entwicklung nur in Gang gesetzt, wenn die Samenkörner Licht bekommen. Man drückt diese Samenkörner daher nur an und deckt sie nicht, wie sonst üblich, mit gesiebter Erde oder Sand ab. **Frostkeimer** benötigen für die Keimung einen Temperaturwechsel. Man muss eine so genannte Vorkultur durchführen, indem man die Pflanzen in feuchte Erde aussät oder mit feuchtem Sand mischt. Nun stellt man die Saatgefäße zunächst warm, dann kühl bei Temperaturen um den Gefrierpunkt, und dann ein weiteres Mal warm. Anschließend keimen die Samen. Durch diese wechselnden Temperaturen werden keimhemmende Stoffe im Samenkorn abgebaut, die normalerweise eine Keimung kurz vor dem Winter verhindern. Vor allem Gehölze und Stauden aus Gebirgsregionen zählen zu den Frostkeimern.

Vegetative Vermehrung

Bei der vegetativen Vermehrung bleiben alle Eigenschaften der Mutterpflanze erhalten. Dieser Vorteil wird vor allem für die Vermehrung von Sorten mit auffälliger Blüte oder ungewöhnlich kompaktem Wuchs verwendet. Die leichteste vegetative Vermehrung ist die **Teilung**. Dazu wird der Wurzelstock einer mehrtriebigen Pflanze mit einem Spaten oder

Pflanzenpraxis
Arbeiten im Garten

Vorkultur:
① Samen auf das geglättete Substrat ausstreuen, mit einem Holzbrett andrücken
② Dunkelkeimer mit Erde übersieben, Lichtkeimer bleiben offen auf der Erde liegen. Beide gut befeuchten
③ Lichtdurchlässige Haube zum Belüften aufstellen

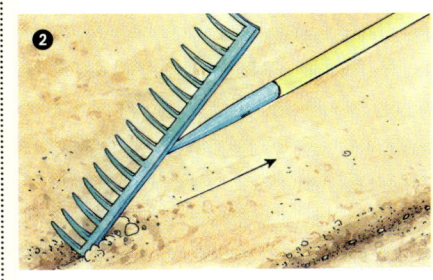

Direktsaat:
① Saatgut breitwürfig mit der Hand ausstreuen (Aussaatmethode eignet sich besonders gut für Sommerblumen, die Lücken füllen sollen)
② Bei Reihensaat mit dem Rechen Rillen ziehen und die Samenkörner mit Endabstand auslegen
③ Samen von Dunkelkeimern mit Erde abdecken

Pikieren:
① Sämlinge vorsichtig mit dem Pikierholz aus der Erde hebeln
② Im Einzeltopf mit dem Pikierholz ein Loch bohren und die Pflanze einsetzen ohne die Wurzeln zu knicken
③ Erde fest andrücken und angießen

Messer in zwei oder mehr Stücke geteilt. Wichtig ist, dass jedes Teilstück sowohl funktionsfähige Wurzeln als auch Sprosstriebe oder Augen, aus denen es treiben kann, besitzt. Diese Art der Vermehrung kann bei den meisten horstartig wachsenden Stauden und Gräsern angewendet werden. Aber auch Knollenpflanzen mit mehreren Triebknospen, zum Beispiel Dahlien, lassen sich in kleinere Teilstücke schneiden. Wichtig ist, dass die Wurzeln oder Speicherorgane nicht beschädigt werden. Große Teilstücke kann man direkt wieder pflanzen, kleinere entwickeln sich schneller und besser, wenn man die Nachkommen zunächst topft und beispielsweise im Frühbeetkasten aufstellt.

Bei der **Stecklingsvermehrung** schneidet man einen Sprossteil einer Pflanze ab und steckt diesen in Erde. Es bilden sich innerhalb von einigen Wochen neue Wurzeln, und das Triebstück beginnt wieder zu wachsen. Auf diese Art und Weise lassen sich auch größere Stückzahlen einer einzelnen Sorte heranziehen. Es ist unterschiedlich, wo sich die Wurzeln bilden: entweder direkt an der Schnittstelle oder aber unterhalb einer Triebknospe. Bei Begonien entwickeln sich sogar an Blattstücken Wurzeln und anschließend neue Pflanzen. Der Erfolg der Stecklingsbewurzelung ist von verschiedenen Faktoren abhängig: Ein glatter, exakter Schnitt, ein nährstoffarmes, keimfreies Substrat und eine hohe Luftfeuchtigkeit sind ebenso wichtig wie ein heller, nicht sonniger Standort bei gleichmäßigen Temperaturen. Letzteres bezieht sich nicht nur auf die Luft, sondern auch auf den Boden.

Spezielle Vermehrungsmethoden

Neben der Teilung und der Stecklingsvermehrung gibt es noch einige andere Verfahren, um Pflanzen vegetativ zu gewinnen. Die **Steckholzvermehrung** wird, wie der Name schon sagt, bei verholzenden Gewächsen angewendet. Dabei schneidet man von Laubbäumen im Winter unbelaubte Triebe ab und teilt diese in etwa 20 cm lange Stücke. Wichtig ist, dass über dem unteren Ende sowie unter dem oberen Ende jeweils ein Auge sitzt. Die Teilstücke bündelt man und stellt sie zu zwei Dritteln in einen Eimer mit feuchtem Sand. Im Frühjahr werden die Steckhölzer in lockeren Boden gepflanzt, und bald darauf treiben sowohl Wurzeln als auch Blätter.

Wurzelschnittlinge sind den Stecklingen sehr ähnlich. Es werden jedoch keine Sprossteile bewurzelt, vielmehr bilden hier Wurzelstücke Sprosse und Blätter. Diese Vermehrungsmethode gelingt bei nicht zu alten Wurzeln zum Beispiel von Türken- und Federmohn recht problemlos. Sie sollten allerdings darauf achten, dass die Wurzeln in Wuchsrichtung in die Erde gesteckt werden.

Die Vermehrung mittels **Ausläufen** ist recht einfach. Man muss sie lediglich von der Mutterpflanze abtrennen. Haben sie noch keine Wurzeln gebildet, so setzt anschließend rasch das Wachstum unterirdischer Organe ein.

Veredlung

Nicht alle Pflanzen lassen sich durch Stecklinge vermehren, da ihre Sprossteile keine Wurzeln bilden. Bei Rosen und Ziergehölzen veredelt man daher die Sorten auf geeignete Unterlagen. Das so genannte Edelreis der Sorte wird dabei auf eine vegetativ oder generativ vermehrte Unterlage gesetzt und verwächst mit dieser. Durch das Wurzelsystem der Unterlage wird das Edelreis versorgt, so dass es weiterwächst und eine Krone bzw. den „Sprosskörper" der Pflanze bildet. Neben den hygienischen Faktoren hängt das Gelingen einer Veredlung vor allem auch von der Verträglichkeit zwischen Edelreis und Unterlage ab.

TIPPS & HINWEISE

Was Sie zum Säen brauchen
- Gereinigte Samen
- Ein nährstoffarmes, lockeres Substrat, am besten Aussaaterde aus dem Fachhandel
- Saubere Aussaatgefäße
- Etiketten und Etikettenschreiber
- Erdsieb
- Brett zum Andrücken der Erde
- Gießkanne mit feiner Brause

Pflanzenpraxis
Arbeiten im Garten

Staudenhorste teilen:
1. Wurzelballen abstechen, die gesamte Pflanze mit der Grabegabel ausheben
2. Handgroße Teilstücke abtrennen. Eventuell mit der Grabegabel nachhelfen, wenn der Wurzelfilz zu dicht ist
3. Teilstücke direkt in die Erde setzen; gut wässern

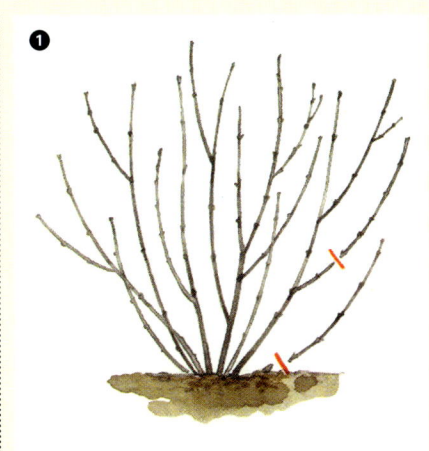

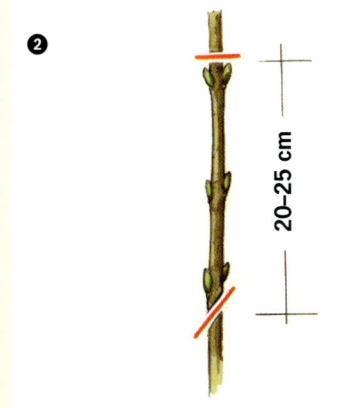

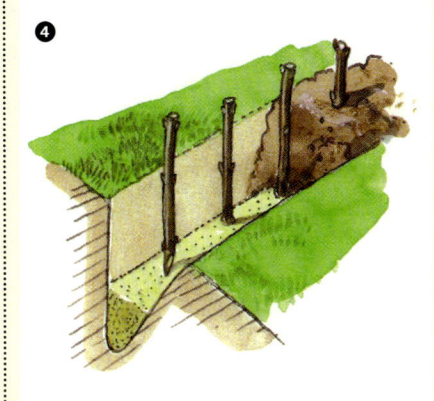

Bilder Mitte und oben:
1. Sträucher werden vielfach im Winter durch Steckhölzer vermehrt. Dazu nimmt man von den Büschen verholzte einjährige Zweige ab. Sie werden auf eine Länge von 20 bis 25 cm geschnitten
2. Wichtig: Der Schnitt sollte jeweils oberhalb oder unterhalb eines Knotens sein
3. Nun die Stücke bündeln und über Winter einschlagen
4. Im Vermehrungsbeet steckt man im zeitigen Frühjahr die Hölzer einzeln nebeneinander in die Erde. Es sollte nur das oberste Drittel aus der Erde ragen
5. Wenn sich Blätter entwickelt haben und das Wachstum einsetzt, kann der Strauchnachwuchs verpflanzt werden

Vorbereitungen zur Pflanzung

Der Boden zählt zu den wichtigsten Grundlagen des Pflanzenwachstums. Er enthält Wasser und Nährstoffe. Die Qualität seiner Struktur entscheidet darüber, wie gut oder schlecht die Pflanzen versorgt werden. Daher sollte vor jeder neuen Pflanzung der Boden bearbeitet und seine Struktur gegebenenfalls verbessert werden.

Bodenbearbeitung

Die Bodenlockerung erfolgt mechanisch. Spaten, Grabegabel sowie eine Hacke sind die wichtigsten Geräte. Wie gründlich Sie die Lockerung durchführen, hängt von der Struktur des Bodens ab. Wenn die Gartenerde locker und feinkrümelig ist, sollte das vorhandene Gefüge schonend behandelt werden. Sie versorgen den Boden mit Nährstoffen und Humus, indem Sie diese Stoffe gleichmäßig ausstreuen und mit einer Hacke in die obere Bodenkrume einarbeiten. Bei leichten Verdichtungen des Oberbodens reicht meist eine mäßige Bearbeitung.
Sie lockern das Gefüge etwas tiefer, indem Sie mit einer Grabegabel senkrecht in den Boden stechen und die Gabel drehend hin und her bewegen. So werden Verkrustungen und Verdichtungen gelockert, die Schichten aber nicht durcheinander gebracht.

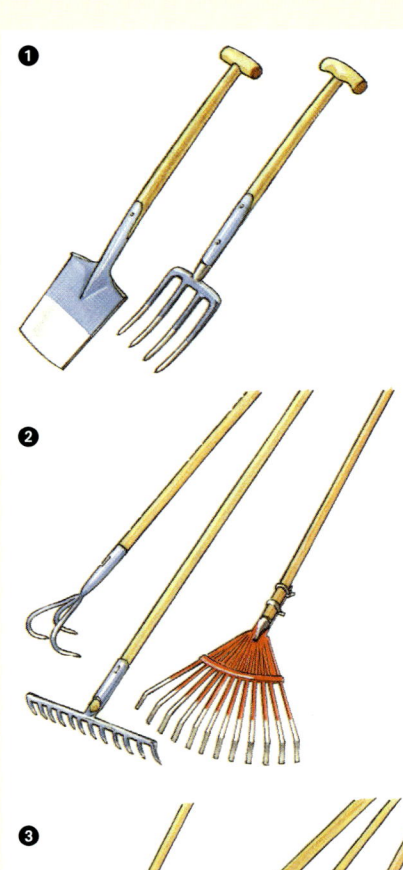

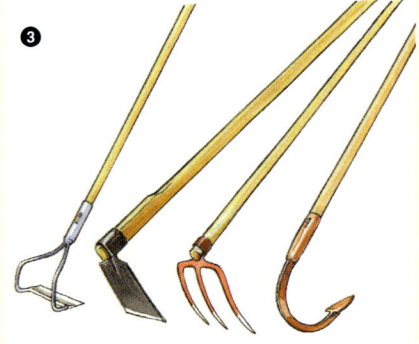

Gartengeräte zur Bodenbearbeitung (von links nach rechts):
❶ Spaten, Grabegabel
❷ Kultivator, Rechen, Fächerbesen
❸ Ziehhacke, Schlaghacke, Krail, Sauzahn

❹ Feste Dünger oberflächlich einarbeiten, Flüssigdünger mit der Gießkanne ausbringen

❺ Im Herbst Boden spatentief abstechen und Scholle wenden. Oder: Über den Winter grobschollig liegen lassen, so dass die Erde durch Frosteinwirkung zerkrümelt wird

❻ Im Frühjahr abgetrockneten Boden mit der Grabegabel lockern, mit dem Rechen die Oberfläche glätten

Je stärker die Verdichtung des Bodens ausfällt, desto eher wird man den Boden mit Spaten oder Grabegabel umgraben. Idealer Zeitpunkt für diese Arbeit ist der Spätherbst, damit der Boden dann durch die so genannte Frostgare gelockert wird. Dafür bleibt der Boden in groben Schollen liegen. Wenn das Wasser in den Bodenporen während der Winterwochen gefriert, dehnt es sich aufgrund seiner physikalischen Eigenschaften aus. Steigen die Temperaturen über 0° C an, zieht sich das Wasser wieder zusammen. Die großen Erdstücke zerfallen, der Boden wird gelockert. Eine solche Lockerung macht jedoch nur dann Sinn, wenn man im Frühjahr lediglich die Oberfläche glättet und anschließend beim Pflanzen jede Verdichtung durch häufiges Betreten vermeidet.

Hat man nicht die Zeit und Möglichkeit, die Kraft des Frostes zu nutzen, sondern möchte man raschere Lockerung, dann empfiehlt sich die Grabegabel zum Umgraben und Zerschlagen der festen Lehmbrocken. Gleichzeitig werden gegebenenfalls Bodenhilfsstoffe eingearbeitet, damit die Struktur des Bodens auch anhaltend von der mechanischen Lockerung profitiert.

Wurde der Boden bis in die tieferen Zonen in seiner Struktur geschädigt, weil zum Beispiel in einem Neubaugebiet schwere Maschinen und Fahrzeuge auf dem Boden bewegt wurden, sollten Sie unter Umständen rigolen. Dazu wird der Boden nicht nur einen, sondern zwei Spaten tief gewendet. Zunächst wird er dafür über eine Beetbreite in entsprechender Tiefe freigelegt. Anschließend kann man dann die erste „Spatenhöhe" der zweiten Reihe in die entstandene Rinne geben, darauf die zweite Lage schichten und diese Arbeit fortsetzen bis zum Schluss. In die verbleibende Furche füllen Sie dann den Aushub der allerersten Reihe. Dieses Verfahren hört sich kompliziert an, ist aber in erster Linie nur extrem schwere Körperabeit und entsprechend mühselig.

Bodenhilfsstoffe

Bodenhilfsstoffe verbessern die Qualität des Bodens. Hierzu zählen die folgenden Substanzen:

- Reifer **Kompost** ist reich an Nährstoffen und enthält einen hohen Humusanteil, der das Bodenleben aktiviert und so eine lockere Struktur fördert. Kompost verbessert sowohl die Eigenschaften von lehm- und tonhaltigen als auch von sandigen Böden und wirkt ausgleichend.
- **Quarzsand** besteht aus relativ großen Körnern, die sich besonders positiv auf Böden mit kleinen Korngrößen auswirken.
- **Splitt** und **Kies** sind wesentlich gröber als Sand. Mit diesen Materialien lässt sich in solche Böden eine Dränageschicht einbauen, die einen schlechten Wasserabzug aufweisen.
- Kompostierte **Rinde** liefert dem Boden Humus und verbessert so die Struktur. Gleichzeitig werden Nährstoffe in den Boden eingebracht.
- **Kokosfasern** und **Reisspelze** werden zum Teil sackweise im Fachhandel angeboten. Es handelt sich hierbei um Humuslieferanten, die besonders dann wertvoll sind, wenn sie stark zerkleinert wurden. Sie ersetzen Kompost und liefern gleichzeitig viele Nährstoffe.
- **Gesteinsmehl,** also fein gemahlene Steine, weisen einen hohen Anteil an geringen Korngrößen auf. Diese verbessern bei sandigen Böden das Wasserhaltevermögen. Daneben ist Gesteinsmehl auch reich an Spurenelementen.
- Für die Erhöhung des pH-Wertes im Boden ist **Kalk** bedeutsam. Gleichzeitig fördert er die Bildung einer krümeligen Struktur.
- **Torf** weist genau die entgegengesetzte Wirkung von Kalk auf. Er senkt den pH-Wert.

Düngung

Sind im Boden nicht genügend Nährstoffe vorhanden, sollte vor der Pflanzung gedüngt werden, damit die Pflanzen gut einwachsen können. Sie streuen dazu den Dünger auf die vorbereitete Fläche bzw. vermischen ihn bei Rosen und Gehölzen mit dem Erdaushub. Sie können organische Dünger, wie Hornspäne oder Stallmist, mineralische Mehrnährstoffdünger oder solche Produkte verwenden, die sowohl organische als auch mineralische Nährstoffe enthalten.

Pflanzung

Für die Pflanzung macht es einen Unterschied, welche Pflanzenarten gesetzt werden sollen. Grundsätzlich müssen alle Pflanzen gut vorbereitet, die Wurzelballen also kräftig gewässert werden. Dann können Sie davon ausgehen, dass die Pflanzen zunächst gut versorgt sind. Am besten stellen Sie Stauden, Sommerblumen und Gehölze mehrere Stunden in einen Eimer oder eine Wanne mit Wasser. Eine Ausnahme stellen Zwiebelblumen dar, die trocken gepflanzt werden, während bei Knollenpflanzen das Einweichen der Speicherorgane eine wachstumsfördernde Wirkung hat. Beim Einkauf von Gehölzen sollten Sie darauf achten, dass bereits ein fachgerechter Pflanzschnitt der Wurzeln und der Krone durchgeführt worden ist.

Staudenpflanzung:
❶ Stauden entsprechend Ihrer Planung auf der Fläche verteilen, Ballen vorsichtig aus dem Topf lösen. Wurzeln, die aus dem Topf gewachsen sind, abschneiden, gegebenenfalls den (Plastik)Topf vorsichtig aufschneiden
❷ Mit dem Handspaten ein Loch graben, das so tief ist, dass die Wurzeln locker nach unten hineinhängen können. Keine Wurzeln knicken!
❸ Die Staude sollte so hoch in der Erde sitzen wie im Topf. Mit den Händen kräftig andrücken

Gehölze pflanzen:
❶ Pflanzloch ausheben, Pflanze und Stützpfahl einsetzen
❷ Erde auffüllen, Gießrand so aufbauen, dass er etwas größer ist als der Ballen, angießen. Wenn sich der Baum gesetzt hat, den Stamm mit einer Schnur am Stützpfahl befestigen

Gehölzpflanzung

Gehölze im Container kann man während des ganzen Jahres pflanzen, da sie einen festen Wurzelballen haben und die Standortveränderung kaum das Wachstum einschränkt. Anders sieht es bei Gehölzen aus, die auf Feldflächen gezogen wurden. Sie weisen nur einen mehr oder weniger festen Ballen auf und brauchen daher einige Zeit, bis sie eingewachsen sind. Bei Laub abwerfenden Gehölzen nutzen Sie am besten die Ruhezeit vom Spätherbst bis zum zeitigen Frühjahr. Voraussetzung ist natürlich eine frostfreie Witterung. Koniferen und Immergrüne dagegen werden im frühen Herbst oder späten Frühjahr gepflanzt.

Für den Wurzelballen muss man ein ausreichend großes Pflanzloch ausheben und die darunter liegende Erde sowie den Aushub mit Kompost und Dünger vermischen. Setzen Sie den Baum in das Loch, füllen Erde seitlich ein und schlämmen diese immer wieder ein, damit keine Luftpolster entstehen. Zum Schluss lassen Sie einen kleinen Gießrand frei, der die Bewässerung im ersten Jahr erleichtert. Für Stammbildner ist es von Vorteil, einen kräftigen Stützpfahl in das Pflanzloch zu schlagen und den Baum anschließend daneben einzusetzen. Hat sich die Erde gesetzt, kann der Stamm an dem Pfahl mit einem Kokosstrick oder speziellen Baumgurten befestigt werden.

Rosenpflanzung

Im Oktober und November werden Rosen gepflanzt, wobei nur frostfreie Witterungsperioden in Frage kommen. Die Wurzeln werden auf 15–20 cm eingekürzt, die Pflanze anschließend in das vorbereitete Loch gepflanzt. Auch hier schlämmen Sie die Erde gut ein, um Luftpolster zu vermeiden. Die Veredlungsstelle wird für den Winter geschützt, indem man die Pflanzen 15–20 cm anhäufelt. Hierzu kann Gartenboden oder Mulchmaterial verwendet werden. Benutzen Sie keinen Torf, denn wenn dieser in der Wintersonne austrocknet, besteht die Gefahr, dass die Rosen ebenfalls vertrocknen. Auch bei Rosen ist eine Frühjahrspflanzung möglich. Sie sollten die wurzelnackten Pflanzen dazu einen ganzen Tag lang wässern und die ersten vier Wochen ebenfalls anhäufeln.

Stauden- und Sommerblumenpflanzung

Stauden können im frühen Herbst gepflanzt werden, doch müssen die Beete dann im Winter unbedingt mit Tannenreisig, Rindenmulch oder Laub geschützt werden. Besser ist allerdings die Frühjahrspflanzung. Legen Sie die Pflanzen zunächst auf der vorbereiteten Fläche aus, so dass sich die Verteilung leichter korrigieren lässt. Ein Handspaten ist das ideale Gerät, mit dem Sie ein Loch für den Wurzelballen graben. Nun werden die Pflanzen hineingehalten, der Aushub eingefüllt und die Staude mit beiden Händen kräftig angedrückt. Zum Abschluss wird die ganze Fläche gut gegossen. Genauso halten Sie es mit Sommerblumen, die Sie jedoch erst im späten Frühjahr auspflanzen sollten.

Zwiebelblumenpflanzung

Der richtige Pflanztermin für Zwiebelblumen hängt mit der Blütezeit zusammen. Alle frühlingsblühenden Arten setzt man im Herbst, die herbstblühenden dagegen im Hochsommer. Die einzelnen Zwiebeln werden in entsprechender Tiefe in den Boden gesteckt, wobei das Loch nie zu knapp bemessen sein sollte. So sitzen die Zwiebeln nicht auf einem Luftkissen, sondern berühren mit dem Zwiebelboden die Erde. Andernfalls faulen die Zwiebeln. Für kleine Gruppen gibt es Pflanzhilfen in Form von Körben, die auch ein Schutz gegen Wühlmausfraß sein sollen. Hier empfiehlt es sich jedoch, ein Säckchen aus feinem Maschendraht für die Zwiebeln zu biegen und in erster Linie Narzissen und Kaiserkronen zu setzen, die durch ihre Inhaltsstoffe die gefräßigen Nager abschrecken. Bei nassen Böden betten Sie die Zwiebeln auf eine Sandschicht, die verhindert, dass die Speicherorgane zu nass stehen und dadurch faulen.

Pflanztiefen von Zwiebelblumen

	Pflanztiefe in cm
Zierlauch (Allium-Arten)	10
Anemone (Anemone blanda)	3–5
Herbstzeitlose (Colchicum autumnale)	10–15
Krokus (Crocus in Arten und Sorten)	5
Winterling (Eranthis hyemalis)	2–3
Steppenkerze (Eremurus in Arten)	15–20
Kaiserkrone (Fritillaria imperialis)	20
Schneeglöckchen (Galanthus in Arten)	5
Hyazinthe (Hyacinthus orientalis)	15
Iris (Iris danfordiae, Iris reticulata)	5
Lilie (Lilium in Arten und Sorten)	15–20
Traubenhyazinthe (Muscari in Arten)	5
Narzisse (Narcissus in Arten)	10
Narzisse (Narcissus in Sorten)	15
Blaustern (Scilla bifolia, Scilla siberica)	5
Wildtulpe (Tulipa in Arten)	10
Gartentulpe (Tulipa in Sorten)	10–15

Pflege nach der Pflanzung

Im Anschluss an die Pflanzung muss man sich verstärkt um die Beete kümmern. Am wichtigsten ist eine regelmäßige Kontrolle der Flächen sowie der Pflanzen. Ein scharfer Blick zahlt sich aus, denn nur wenn schadhafte Veränderungen oder auch Probleme wie Trockenheit frühzeitig bemerkt und bekämpft werden, haben die Pflanzen optimale Bedingungen zum Einwachsen. Ist dafür gesorgt, bleiben die Pflanzen kräftig und können sich rasch und gesund entwickeln.

Bewässerung

Trockenheit kann bei Jungpflanzen wesentlich früher zum Problem werden als bei eingewurzelten Gewächsen. Außerdem hat das regelmäßige Gießen in den ersten Wochen den Vorteil, dass die Pflanzen ihre Wurzeln in die Tiefe wachsen lassen und einen großen Wurzelkörper bilden, der sich in den Folgejahren sehr gut selbst versorgen kann. Bei Großgehölzen gießt man zweimal in der Woche, auch Staudenbeete werden in diesem Rhythmus durchdringend gewässert. Die einzige Ausnahme stellen stärkere Regenzeiten dar. Auch wenn es bedeckt ist, sollte gegossen werden, denn der Wind kann die Erde so stark austrocknen, dass die Pflanzen welken.

Beim Gießen ist darauf zu achten, dass die Erde nicht verschlämmt oder gar weggespült wird. Hierbei hilft eine fein zerstäubende Brause. Außerdem sollte man immer wieder Pausen einlegen, damit das Wasser langsam in den Boden sickern kann. Meist ergibt sich dies automatisch dadurch, dass man an mehreren Stellen hintereinander gießen muss.

Mulchen

Eine der größten Hilfen für Jungpflanzen ist eine Mulchdecke. Sie können dafür verschiedenste Materialien verwenden. Gut eignen sich beispielsweise Rindenmulch oder Rindenkompost. Sie können auch Komposterde nehmen. Rasenschnitt sollte mit etwas Komposterde vermischt werden, damit sich keine luftdichte Schicht bildet. Natürlich kann man auch Häckselmaterial verwenden. Doch dieses zerkleinerte, unverrottete Material verbraucht bei der einsetzenden Rotte recht viel Stickstoff, der dem Boden entzogen wird. Entsprechend muss hier mehr gedüngt werden, damit die Pflanzen keine Mangelerscheinungen zeigen. Bei großflächigen Pflanzungen mit Bodendeckern können Sie auch spezielles Mulchpapier verwenden. Das wirkt allerdings nicht sonderlich attraktiv, auch

Mulchen:
Zwischen den Horsten eine 5–10 cm hohe Schicht Rindenmulch oder Kompost ausbringen

muss dann ebenfalls der Stickstoffvorrat aufgebessert werden.
Die Vorteile einer Mulchschicht sind vielfältig. Zunächst einmal deckt die Schicht den Boden ab und verhindert, dass starke Sonneneinstrahlung das Bodenleben beeinträchtigt. Die meisten Bodenlebewesen sind sehr empfindlich gegenüber UV-Strahlung. Zudem sorgt eine Mulchdecke für ein sehr gutes Klima: Die Bodenfeuchtigkeit wird gehalten, und bei dunklem Material wie Rindenkompost erwärmt sich der Boden in der Sonne schneller. So können die Wurzeln gut wachsen, gleichzeitig bleibt der Boden locker. Unkräuter lassen sich besser entfernen. Ein weiterer Vorteil der Mulchdecke ist die zusätzliche Portion Humus, die bei organischem Material in den Boden kommt.
Sie sollten unbedingt darauf achten, auch nach dem Einwachsen der Pflanzen die Mulchschicht einmal im Jahr zu erneuern. Das bereits verrottete Material wird mit der Hacke in den Oberboden eingearbeitet und eine neue Schicht darauf ausgebracht. Idealer Zeitpunkt für diese Erneuerung ist das Frühjahr. Gleichzeitig kann man nämlich die Stauden, die dann alle zurückgeschnitten sind, mit Kompost abstreuen. So verhindert man, dass die Horste hoch wachsen und an Vitalität verlieren.

Bodenlockerung

Der Boden sollte immer locker bleiben, damit er gut durchlüftet wird und auch die Wasserführung optimal ist. Staunässe und Trockenheit hemmen das Pflanzenwachstum. Deshalb ist es wichtig, dass der Boden in den ersten Monaten regelmäßig gelockert wird, falls Sie keine Mulchdecke ausgebracht haben. Gleichzeitig kann man Unkräuter ziehen, die in den Zwischenräumen keimen. Verwenden Sie zur Lockerung eine Hacke, einen Kultivator oder einen Sauzahn. Mit diesen Werkzeugen reißen Sie die Erdschicht lediglich auf, so dass die Struktur krümelig bleibt bzw. wird. Bei dieser Arbeit sollte der Boden noch etwas feucht sein, damit die Krümel zusammenhalten. Bei Trockenheit zerfällt die Erde sonst leicht in feine Staubteile und verschlämmt bzw. verkrustet rasch wieder. Dies ist vor allem ein Problem der schweren Lehm- und Tonböden. Bei diesen muss daher der Humusgehalt erhöht werden. Andernfalls bekommt man solche Böden

Schwere (Ton)Böden mit einer Grabegabel lockern

schwer in den Griff. Achten Sie bei der Bearbeitung darauf, so wenig wie möglich in die Beete zu treten, da so zusätzliche Verdichtungen auftreten.

Jungpflanzenpflege

Direkt nach der Pflanzung brauchen die Pflanzen viel Kraft zum Einwachsen. Vielfach werden auch im ersten Jahr bereits Blüten gebildet und Früchte angesetzt. Wenn Sie den Eindruck haben, dass die Pflanzen eher schwach sind, sollten Sie die Blüte verhindern, indem Sie die Knospen frühzeitig abschneiden. Es kann nämlich sein, dass die Pflanzen ihr Überleben dadurch sichern, dass sie Samen bilden. Man nennt die Blüte in diesem Fall eine Notblüte. Schneiden Sie die Blüten ab, und verhindern Sie vor allem den Fruchtansatz. Kräftige Pflanzen und natürlich Sommerblumen kann man dagegen getrost blühen lassen.
Bei der Herbstpflanzung von Stauden und Zweijahresblumen ist ein Winterschutz unbedingt erforder-

lich. Hierbei wird direkt auf die Pflanzung eine Packung aus Herbstlaub und Kompost ausgebracht und mit Fichten- oder Tannenreisig abgedeckt. So kommt Luft an die Pflanzen, der Frost dringt aber nicht so stark in den Oberboden ein. Verwenden Sie als Winterschutz niemals luftundurchlässige Folien.

Gründüngung

Nun kann es vorkommen, dass man es nicht schafft, eine vorbereitete Fläche zu bepflanzen, oder aber dass die Flächen zwischen den Bäumen und Sträuchern erst im folgenden Jahr bepflanzt werden. Dann sollten Sie diese Beete nicht einfach brachliegen lassen. Unkraut siedelt sich rasch an, und der Boden verliert an Qualität. Hier ist es besser, selbst wenn es nur für einige Monate ist, eine Gründüngung einzusäen. Als Gründüngungspflanzen werden solche Gewächse bezeichnet, die durch ihre Wurzeln den Boden lockern. Außerdem zählen die Leguminosen dazu, da diese Pflanzen an den Wurzeln so genannte Knöllchenbakterien aufweisen, die Stickstoff sammeln und im Boden anreichern. Gleichzeitig verhindert die Gründüngung Unkrautwuchs und Trockenheit. Die Gründüngung kann auch als vorbereitende Bodenlockerung verwendet werden. In jedem Fall sät man eine Mischung aus mehreren Gründüngerpflanzen aus, lässt sie wachsen und blühen. Anschließend wird die Grünmasse in den Boden eingearbeitet, wodurch die Nährstoffe erhalten bleiben und der Humusanteil erhöht wird.

Regelmäßige Pflege

Zu den regelmäßigen Pflegearbeiten im Garten gehört die Unkrautbekämpfung. Sie sollte im Hausgarten grundsätzlich mit mechanischen Mitteln erfolgen, denn

> **TIPPS & HINWEISE**
>
> **Empfehlenswerte Gründüngungspflanzen zur Bodenlockerung:**
> Ölrettich (Raphanus sativus var. oleiformis), Gelbsenf (Sinapis alba), Winterraps (Brassica napus), Bienenfreund (Phacelia tanacetifolia), Buchweizen (Fagopyrum esculentum), Spinat (Spinacia oleracea), Feldsalat (Valerianella locusta), Ringelblume (Calendula officinalis), Sonnenblume (Helianthus annuus)
>
> **Empfehlenswerte Gründüngerpflanzen zur Stickstoffanreicherung:**
> Gelbe und Blaue Lupine (Lupinus luteus und L. angustifolius), Inkarnatklee (Trifolium incarnatum), Ackerbohne (Vicia faba), Luzerne (Medicago sativa), Esparsette (Onobrychis viciifolia)

der Einsatz von Spritzmitteln ist eine überflüssige Belastung der Umwelt. Verblühtes entfernt man regelmäßig, wenn daraus kein interessanter Fruchtschmuck entsteht. Daneben gibt es einige Arbeiten, die entsprechend den Jahreszeiten durchgeführt werden müssen. Im Sommer ist es vor allem die Bewässerung, im Winter dagegen der Winterschutz.

Bewässerungssysteme

Für die Bewässerung kann man zur guten alten Gießkanne oder auch zum vollautomatischen Bewässerungscomputer greifen. Zwischen diesen beiden Extremen liegen diverse weitere Möglichkeiten. Die Gießkanne ist gar nicht einmal die schlechteste Methode, wenn sie auch am meisten Mühe bereitet. Doch kann das Wasser in den kleinen Pausen, die beim Nachfüllen entstehen, in Ruhe versickern und in die Tiefe dringen. Außerdem gießt man, um sich etwas zu schonen, wirklich nur dort, wo es notwendig ist. Die Vorteile der Gießkanne liegen also in geringeren Wasserkosten bei gleichzeitiger hoher Effektivität. Die am weitesten verbreitete Methode ist zweifelsohne die Bewässerung mit einem Schlauch. Mit diesem lässt sich das Wasser bequem dorthin bringen, wo es benötigt wird. Durch verschiedene Sprühdüsen und Gießhilfen kann die Tropfenform variiert und so den unterschiedlichen Bedürfnissen angepasst werden. Meist gießt man mit dem Schlauch mehr als tatsächlich nötig, und der Boden verschlämmt leicht.

Sparsamer sind so genannte Sprühschläuche. Diese Gartenschläuche haben kleine Löcher, aus denen stetig kleine Wassermengen austreten und den Boden langsam durchdringen. So ein Sprühschlauch wird durch eine Bepflanzung gelegt und fällt meist gar nicht auf. Diese Bewässerungsvariante ist hinsichtlich des Verbrauchs günstig.

Gleichzeitig muss der Schlauch aber regelmäßig gewartet werden, da es zu Verstopfungen an den Auslassstellen kommen kann und so einzelne Pflanzen unter Umständen trocken stehen. Ganz ähnlich funktioniert ein Sickerschlauch, der allerdings aus einem porösen Material besteht. Das Wasser tritt hierbei direkt aus den Schlauchwänden aus.

Ein Bewässerungscomputer steuert die Bewässerung meist unabhängig von der Witterung über eine Zeitschaltuhr. Andere Systeme beinhalten Feuchtefühler, die zusätzlich die Bodenfeuchtigkeit überprüfen. Grundsätzlich ist dieser Technikeinsatz mit hohen Kosten verbunden. Außerdem wird ein Stromanschluss im Außenbereich nötig. Daneben gibt ein solches Gerät keine 100-prozentige Garantie, dass nichts vertrocknet. Auch so muss man alle Bereiche regelmäßig überprüfen.

❶ Sprenger
❷ Optimale Bewässerung von Stauden: mit dem Sprühschlauch
❸ Wasser sparend und pflanzenverträglich: Regenwasser aus der Tonne

Das kleine Einmaleins des Gießens

Folgende Punkte sollten Sie unbedingt beachten:

■ Bei Trockenheit muss grundsätzlich gegossen werden.

■ Bevorzugen Sie dazu die frühen Morgenstunden oder besser noch den Abend. So können sich die welken Pflanzen über Nacht am besten erholen und mit dem Sonnenaufgang wieder Photosynthese betreiben, also die notwendige Energie gewinnen. Sie sollten nicht in der Mittagshitze gießen.

■ Gießen Sie lieber seltener, aber so, dass das Wasser bis zu den Wurzeln gelangt.

■ Vermeiden Sie ein starkes Befeuchten der Pflanzen, denn dadurch können Pilzkrankheiten auf die Blätter übertragen werden.

■ Je feiner die Tropfen sind, desto mehr Wasser verdunstet direkt, ohne auf den Boden zu gelangen.

■ Zu große Tropfen oder ein harter Wasserstrahl spülen das Erdreich leicht weg und legen dadurch Wurzeln frei.

■ Ideal, nicht nur von den Kosten, ist Wasser aus der Regentonne. Das Wasser ist etwas erwärmt und weich, enthält also keinen Kalk.

■ Bei Regnern besteht das Problem, dass die Tropfen nicht überall hingelangen. Man muss also häufiger den Standort wechseln und gegebenenfalls von Hand nachgießen. Der Vorteil dieser Automatisierung: Das Wasser kann sich in der Luft erwärmen.

Der vitale Garten

Damit sich die Pracht in jeder neuen Gartensaison wieder zu Ihrer Zufriedenheit entwickelt, müssen Sie dafür sorgen, dass die Pflanzen möglichst fit bleiben. Vor allem die mehrjährigen Gehölze und Stauden brauchen in diesem Punkt spezielle Maßnahmen. Außerdem sollten Sie den Boden gut pflegen und ihn zum Beispiel durch eine regelmäßige Erneuerung der Mulchdecke und Kompostgaben im Herbst aufbessern. Vermeiden sollten Sie dagegen häufiges Umgraben, tiefes Hacken sowie freiliegende Flächen. Diese Arbeiten und auch die direkte Sonneneinstrahlung ohne schattierende Pflanzen- oder Mulchdecke schaden dem Bodenleben und zerstören es langfristig, wodurch auch das Pflanzenwachstum gehemmt wird.

Düngung

Grundsätzlich müssen einem Garten regelmäßig Nährstoffe zugeführt werden, damit genügend Kraft zum Wachsen und Blühen vorhanden ist. Wird das Laub von den Beeten abgerecht bzw. werden Stauden zurückgeschnitten und der Schnittabfall entfernt, entzieht man dem Nährstoffkreislauf große Mengen. Dünger sorgt für eine Auffrischung und neue Vorräte. Man unterscheidet verschiedene Düngerarten. Organischer Dünger enthält Nährstoffe, die erst im Boden in pflanzenverfügbare Form umgewandelt werden. Dadurch wirkt er eher langsam, was nicht negativ sein muss. Wenn man den Dünger im März ausbringt, sind die Nährstoffe meistens bis zum April, wenn das kraftvolle Wachstum einsetzt, verfügbar. Hornspäne, Blutmehl, Guano, Rinderdung und Stallmist werden häufig verwendet. Wichtig ist, dass die Beete nicht nur mit Stickstoff angereichert werden, sondern auch ausreichend Phosphor bekommen. Stickstoff fördert nämlich in erster Linie das Blattwachstum, während Phosphor die Blütenbildung unterstützt.

Mineralische Dünger enthalten die Nährstoffe in wasserlöslicher und damit rasch pflanzenverfügbarer Form. Sie sollten vor allem bei auftretenden Mangelerscheinungen verwendet werden. Andernfalls können sie leicht zu hoch dosiert werden und dadurch zu Überdüngung führen.

Organisch-mineralische Dünger sind nicht nur ein Kompromiss, sondern die ideale Verbindung der positiven Eigenschaften von organischen und mineralischen Düngern. Sie haben rasch verfügbare Elemente, bieten aber auch eine Langzeitwirkung. Außerdem fördern sie das Bodenleben und die Humusbildung.

Der ideale Zeitpunkt für die Düngung ist das Frühjahr, denn mit einsetzendem Wachstum werden auch Nährstoffe vermehrt von den

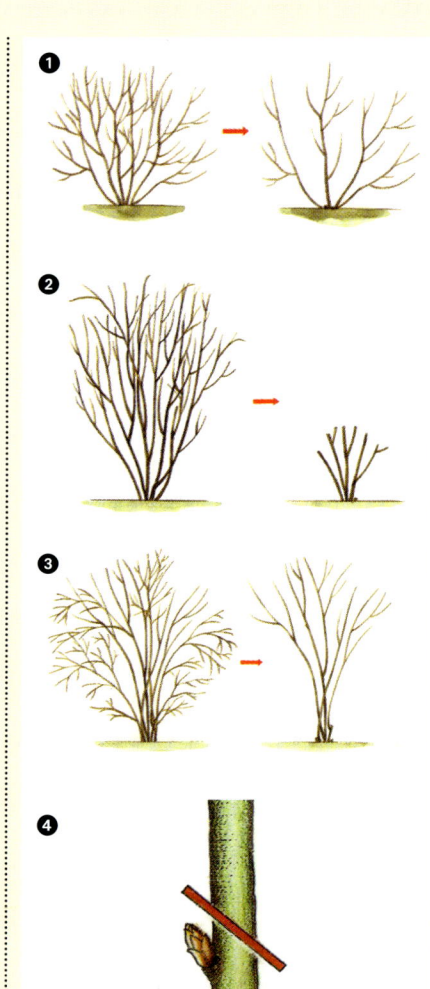

Sträucher schneiden:
❶ Äste, die nicht mehr blühen oder zu eng stehen, in Bodennähe abschneiden
❷ Sommerblüher, die an den einjährigen Trieben Blüten bilden, im Frühjahr stark zurückschneiden
❸ Bodentriebe einkürzen bis zu einem kräftigen, nach oben wachsenden Trieb

Der richtige Schnitt:
❹ Zweige schräg ca. 0,5–1 cm über einer Knospe schneiden

Pflanzen aufgenommen. Im Frühsommer kann man dann gegebenenfalls nochmals nachdüngen. Ab August sollte aber nicht mehr zuviel Dünger verteilt werden, damit die Mehrjährigen sich auf den Herbst vorbereiten können. Die überwinternden Organe müssen ausreichend ausreifen, um den Frost schadlos zu überstehen. Eine Düngung würde das Wachstum dagegen ankurbeln, so dass es leichter zu Erfrierungen an Trieben und Zweigen kommen kann. Im Herbst und Winter sollte nicht gedüngt werden, da einige Nährstoffe dann leicht ungenutzt ins Grundwasser ausgewaschen werden.

Sträucherschnitt

Während Großgehölze eine Krone haben, die sich natürlich aufbaut, muss man bei Sträuchern immer wieder für eine Verjüngung der Triebe sorgen. Jeder Schnitt regt den Neuaustrieb an und fördert die Bildung von blühfähigen, jungen Zweigen. Hierbei unterscheidet man nach dem Blütezeitpunkt zwei Strauchgruppen. Frühjahrsblüher wie Forsythien *(Forsythia x intermedia)* werden im Anschluss an die Blüte zurückgeschnitten. Hierbei nimmt man direkt an der Basis die ältesten Triebe heraus. Ab dem dritten Jahr bilden diese Zweige nämlich kaum noch Blüten und vergreisen. Der Auslichtungsschnitt führt zu einem

Rosen überwintern:
Die Rosen mit feinem, leicht angefeuchtetem Material im Herbst anhäufeln. Tannenreiser verhindern, dass das Material weggeweht wird, und sind ein zusätzlicher Schutz vor Austrocknung und starkem Frost

üppigen Wachstum neuer Triebe in den Sommermonaten. Die ein- und zweijährigen Äste blühen am stärksten. Sommerblüher wie Sommerflieder *(Buddleja)* und Säckelblume *(Ceanothus)* werden dagegen im Frühjahr vor der Blüte zurückgeschnitten. Die im Frühjahr heranwachsenden Zweige tragen im Sommer Knospen und blühen dann. Schneidet man nicht zurück, erscheinen weniger.

Von diesen Arten sind die so genannten Solitärsträucher zu unterscheiden. Zaubernuss *(Hamamelis)* und Roseneibisch *(Hibiscus syriacus)* beispielsweise wachsen relativ langsam und sollten möglichst gar nicht geschnitten werden, damit der charakteristische Wuchs erhalten bleibt. Nur wenn die Zweige zu dicht stehen, kann man einzelne Äste entfernen.

Staudenverjüngung

Alle Stauden können zwar als mehrjährig bezeichnet werden, aber wie alt die einzelne Art wird, variiert stark. Eine Akelei *(Aquilegia)* mag nach vier Jahren verschwunden sein, eine Primel *(Primula)* bereits nach drei Jahren kaum noch blühen, die Pfingstrose *(Paeonia)* dagegen läuft erst im Alter von fünf bis zehn Jahren zu ihrer Höchstform auf und überdauert im Garten standhaft einige Generationen.

Gerade bei den Arten, die nicht ganz so lange blühfreudig sind, sollte man die Horste in regelmäßigen Abständen ausgraben und teilen. Meist lässt die Blüte nach, weil die Triebe so dicht stehen, dass weder Platz noch Nährstoffe in ausreichender Menge vorhanden sind. Wenn die Blühwilligkeit zurückgeht und die Horste dicht geworden sind, kennzeichnen Sie diese Pflanzen am besten mit einem Stöckchen. Im Frühjahr nimmt man den Horst dann mit der Grabegabel vorsichtig auf und teilt ihn (siehe Zeichnungen 1–3 auf S. 189). Ein Teilstück wird gepflanzt, der Rest verschenkt oder an anderer Stelle als Lückenfüller verwendet. Zu den Stauden, die immer wieder verjüngt werden müssen, zählen Astern *(Aster)*, Feinstrahl *(Erigeron)*, Phlox *(Phlox paniculata)*, Primeln *(Primula)*, Wieseniris *(Iris sibirica)*, Taglilien *(Hemerocallis)* und Sommersalbei *(Salvia nemorosa)*.

Pflanzenschutz

Bei aller Mühe, die man sich mit den Pflanzen macht, kommt es immer wieder vor, dass Schädlinge und Krankheiten den Erfolg schmälern. Doch lassen Sie sich davon nicht desillusionieren, denn im nächsten Jahr sieht alles anders aus und die Natur hat nun mal ihre eigenen Gesetze. Begehen Sie nicht den Fehler, den Feinden mit möglichst giftigen Spritzmitteln zu Leibe zu rücken. Das Ergebnis mag zwar auf den ersten Blick sensationelle Erfolge bringen, auf den zweiten Blick werden Sie allerdings die Schwierigkeiten bemerken. Meist bringt eine Spritzung den gesamten natürlichen Kreislauf durcheinander, und auch nützliche Gartenlebewesen werden vernichtet.

Der richtige Standort, ein guter Boden und eine bunte Mischung an Gartenblumen sind zunächst einmal die wichtigsten Voraussetzungen für einen gesunden Garten. Wenn die eine Pflanze mal einige weiße Mehltauflecke aufweist oder bei windigem Sommerwetter einige Läuse auf den Ringelblumen sitzen, so lassen Sie diese gewähren. Nur so können sich auch Nützlinge ausreichend ernähren und die Pflanzen Abwehrkräfte entwickeln. Und wenn es mit der einen oder anderen Pflanze tatsächlich einmal nicht klappt, so sollten Sie die Chance nutzen und eine andere Pflanze einsetzen. Schließlich hält das Gartenreich so viele schöne Pflanzen bereit, dass man eigentlich froh sein sollte, etwas anderes ausprobieren zu können.

Standortfehler und Mangelerscheinungen

Wenn eine Pflanze am falschen Standort wachsen muss, ist sie meist schwach und dadurch auch anfällig für Krankheiten und Schädlinge. Es ist also wichtig, den Standort zu studieren sowie die Bedürfnisse der ausgewählten Gewächse zu kennen. Schattenpflanzen zum Beispiel gehören nicht nur auf keinen Fall in die Sonne, auch Kalkgehalt, Nährstoffangebot, Luftfeuchtigkeit, Temperaturen, Bodenfeuchtigkeit und Zugluft sind Faktoren, die man berücksichtigen sollte. Meist wird auf Besonderheiten in der Fachliteratur und den Katalogen von Fachgärtnerein ausführlich hingewiesen. Gleichzeitig geben der Nachbargarten und das Angebot der örtlichen Gärtnereien einen Hinweis darauf, was im Einzelnen gut gedeiht.

Auch ein falsches Nährstoffangebot schwächt die Pflanzen. Zu wenig Stickstoff ist beispielsweise leicht daran zu erkennen, dass die Blätter vergilben. Die kümmernden Pflanzen bilden oft eine Blüte, um durch Samenbildung das Überleben zu sichern. Ist zu viel Stickstoff im Boden, werden die Blätter dunkelgrün und groß. Auch steigt dann die Anfälligkeit der Pflanzen für Krankheiten und Schädlingsbefall. Bei Kaliummangel trocknet das Laub von den Rändern her ein. Meist sind vor allem ältere Blätter betroffen. Außerdem welkt die Pflanze trotz ausreichender Bodenfeuchtigkeit. Phosphormangel tritt bei jüngeren Blättern in Erscheinung. Sie verfärben sich dunkel, und das Wachstum stockt. Eine häufige Erscheinung ist Eisenmangel, den man an gelben Blättern mit grünen Adern leicht erkennt. Häufig ist das Eisen im Boden wegen eines falschen pH-Wertes festgelegt, so dass man zwar kurzfristig mit einer Blattspritzung den Mangel beheben kann, langfristig aber die Bodenverhältnisse ändern sollte.

Wenn man zu stark düngt, verbrennen die Pflanzen regelrecht. Die Salze entziehen den Pflanzen nämlich Wasser, so dass Welke und später Verbrennungen die Folge sind. Falls Sie versehentlich Blumen überdüngt haben sollten Sie die Fläche ausgiebig wässern, damit die Salzkonzentration verringert wird. Sie können auch die Gartenerde entfernen und durch Kompost, Blumenerde oder ungedüngten Boden austauschen. Die abgetragene Erde lässt sich durchaus auf den Kompost geben.

Die Gießkanne ist auch im Zeitalter der Bewässerungscomputer eine der besten Möglichkeiten, Pflanzen ausreichend mit Wasser zu versorgen

Pflanzenpraxis
Arbeiten im Garten

Viruskrankheiten

Viren sind die kleinsten Krankheitserreger. Sie befallen meist die ganze Pflanze und können leider nicht bekämpft werden. Die einzige Möglichkeit, der Virosen Herr zu werden, stellt die Vernichtung der gesamten Pflanze dar. Außerdem kann man durch vorbeugende Maßnahmen den Befall einschränken. Viren werden in aller Regel durch Wunden übertragen. So können Läuse und Fadenwürmer ebenso zur Verbreitung beitragen wie unsauberes Arbeiten bei der Vermehrung und Pflege. Die Bekämpfung saugender Schaderreger ist immer ein wichtiges Anliegen hinsichtlich der Vermeidung von Virosen. Ebenso sollten Schneidwerkzeuge beim Wechsel von einer Pflanze zu anderen mit hochprozentigem Alkohol gereinigt werden. Virusresistente Züchtungen und spezielles Saatgut helfen dabei, dass sich wenige dieser Krankheiten im Garten ausbreiten. Die Symptome bemerkt man meist erst relativ spät. Es kommt zu Missbildungen, Verkrümmungen und Verwachsungen. Bei den Mosaikviren entstehen farbige Muster auf Blättern und an Blüten, die teilweise keine Beeinträchtigung der Pflanze mit sich bringen, sondern als besondere Züchtung sogar geschätzt werden.

Bakterienkrankheiten

Bakterienkrankheiten bedeuten meist das Aus für eine Pflanze. Die kleinen Einzeller befallen die verschiedensten Pflanzenteile und verursachen Fäulnis, Welke, Blattflecken oder krebsartige Wucherungen. Vielfach fällt die Einordnung nicht leicht, da es gerade bei Blattflecken und Welke auch andere Ursachen für dieses Schadbild gibt. Die Übertragung von Bakterien erfolgt nicht nur über Wunden, sie können auch über natürliche Öffnungen, zum Beispiel Spaltöffnungen auf der Blattunterseite, in das Gewebe gelangen. Dabei sind neben Insekten auch Wind, Wasser und der Boden mögliche Übertragungsquellen. Sauberkeit beim Arbeiten sollte der wichtigste Grundsatz zur Vorbeugung sein. Wenn eine Bakteriose allerdings aufgetreten ist, hilft nur noch das Entfernen befallener Pflanzenteile bzw. der ganzen Pflanze.
Geben Sie die Pflanzen nicht auf den Kompost, sondern in den Hausmüll, um eine weitere Verbreitung zu vermeiden. Ganz wichtig ist, dass man zunächst nicht die gleiche Pflanzenart an die selbe Stelle setzt, da der Boden an dieser Stelle meist „verseucht" ist. Man sollte mindestens drei Jahre Pflanzen einer anderen Gattung oder sogar eine andere Pflanzenfamilie verwenden, um die Gefahr eines erneuten Befalls zu reduzieren.

Pilzkrankheiten

Pilzkrankheiten sind im Garten weit verbreitet, doch nur wenn die Pflanzen schwach sind, kommt es zu ausgeprägten Symptomen. Meist haben sich die einzelnen Pilze auf bestimmte Pflanzengattungen und -familien spezialisiert. Sie bilden in der Regel ein dichtes Geflecht im Pflanzengewebe. Bei mehligen Belägen, die außen auf den Pflanzen zu sehen sind, handelt es sich um Sporenlager, die der Ausbreitung dienen. Viele Pilze dringen durch Öffnungen in die Pflanzen ein. Hierbei kann es sich um Wunden oder natürliche Spaltöffnungen und Blüten handeln. Gleichzeitig dringen Pilze aber auch aktiv in das Pflanzeninnere ein.

Bedeutende Pilzkrankheiten im Einzelnen

- **Echter Mehltau:** Dieser recht verbreitete Pilz ist leicht an seinem weißen, mehligen Belag auf der Blattoberseite zu erkennen. Die Krankheit tritt vor allem bei schönem, trockenem Wetter auf und führt zu starken Verkrüppelungen an neu austreibenden Blättern. Gleichmäßige Bodenfeuchtigkeit ist wichtig, um dieser Krankheit vorzubeugen. Meist sind anfällige Pflanzen an einem halbschattigen Platz besser aufgehoben.
- **Falscher Mehltau:** Bei dieser Pilzkrankheit ist der weiße Belag ausschließlich auf der Blattunterseite zu sehen. Auf den Blättern

entstehen später gelbe oder braune Flecken, da das Gewebe abstirbt. Feuchtigkeit fördert die Ausbreitung dieser Krankheit. Daher ist es wichtig, empfindliche Pflanzen nicht von oben zu gießen und sie immer wieder abtrocknen zu lassen. Dichter Stand sollte vermieden werden.

■ **Sternrußtau:** Sternförmige, schwarzbraune Flecken auf den Blättern sind die ersten Symptome des Sternrußtaus. Später sterben die Blätter ab, und die Pflanzen stehen vollkommen kahl da. Diese Krankheit kennen vor allem Rosenfreunde. Bei regnerischem Wetter wird der Befall begünstigt. Wichtig ist, dass man alle befallenen Blätter entfernt, da dieser Pilz im Boden überwintern kann. Eine optimale Ernährung mit speziellen Rosendüngern hilft bei der Vorbeugung. Die Pflanzen haben dann die Kraft, die Pilze zu überwachsen. Wer unbedingt mit einem Fungizid spritzen will, sollte damit beginnen, bevor die ersten Flecken sichtbar werden.

■ **Rost:** Weiße oder orangerote Flecken, die zunächst auf der Blattunterseite sitzen, sind das untrügliche Zeichen für einen Rostpilz. Er tritt vor allem bei Stockrosen *(Alcea rosea),* Löwenmäulchen *(Antirrhinum majus)* und Steinkraut *(Alyssum saxatile)* auf. Eine unausgewogene Stickstoffernährung begünstigt diesen Pilz. Bei Stockrosen hilft eine optimale Versorgung der Jungpflanzen, dem Pilzbefall vorzubeugen.

❶ **Rostpilze auf Rosenblättern**
❷ **Entyloma-Pilz an Dahlienblättern**
❸ **Grauschimmelpilz an Pfingstrose**
❹ **Echter Mehltaupilz an Phlox**

■ **Schwarzbeinigkeit:** Vor allem Sämlinge werden von dieser Pilzkrankheit befallen. Die Stängel verfärben sich an der Basis schwarz, und die kleinen Pflanzen fallen schließlich um. Vermeiden kann man diese Krankheit in der Pflanzenkinderstube nur durch Sauberkeit.

■ **Grauschimmel:** Ein grauweißer Schimmelrasen zeigt diesen Pilzbefall an, der vor allem an Pfingstrosen *(Paeonia)* auftritt. Die jungen Triebe fallen um, die Knospen sind mit dem Belag überzogen. Ein etwas luftiger Stand, an dem die Pflanzen gut abtrocknen können, hilft vorbeugend. In feuchten Frühjahren sollte man bei großen Büschen die Blattmasse etwas reduzieren, damit der Stock gut durchlüftet wird.

■ **Schwarzfleckenkrankheit:** Tiefschwarze Flecken auf den Blättern von Christrosen *(Helleborus)* deuten auf diesen Pilz hin. Die Krankheit ist für die Pflanze nicht schädlich, die Blätter wirken aber unschön. Deshalb entfernen Sie am besten die befallenen Blätter, um einer Ausbreitung vorzubeugen.

Schädlinge

Die Liste der tierischen Schädlinge ist lang, doch wenn es um den Ziergarten geht, haben nur wenige eine wichtige Bedeutung. Meist hilft es, die Feinde dieser Erreger zu fördern, um den Befall möglichst schnell in den Griff zu bekommen. Auch das Absammeln und Stärken der Pflanzen kann sehr hilfreich sein. Die bedeutenden Schädlinge werden im Folgenden einzeln besprochen.

Läuse zählen zu den saugenden Insekten. Meist treten in den Sommermonaten vermehrt Blattläuse auf. Sie schädigen direkt, da es durch die Saugtätigkeit zu Verkrüppelungen kommt. Zum anderen übertragen sie Krankheiten, was die größere Gefahr darstellt. Stark befallene Pflanzenteile sollten unbedingt entfernt werden. Fördern Sie außerdem Marienkäfer, Schlupfwespen und Schwebfliegen.

Fadenwürmer, auch Älchen genannt, befallen einzelne Pflanzenteile oder auch ganze Pflanzen. Im Blumengarten treten sie häufig an Phlox *(Phlox paniculata)* auf. Verdrehungen an Stängel und Blättern zeigen an, dass die Schädlinge am Leitungsgewebe saugen. Häufig wird die Krankheit bereits bei der Vermehrung übertragen, oder man bekommt schon befallenes Pflanzgut. Mit Hilfe von Tagetes, die zwischen die geschädigten Pflanzen gesetzt werden, kann man diese Schädlinge bekämpfen. Die Maßnahme sollte aber zwei bis drei Jahre durchgeführt werden.

Dickmaulrüssler legen ihre Eier bevorzugt in lockere, humose Erde. Daraus entwickeln sich fingernagelgroße Larven, die weiß gefärbt sind. Diese verursachen Fraßschäden an den Wurzeln. Man erkennt den Befall allerdings erst, wenn die Pflanzen zu welken beginnen und nicht mehr zu retten sind. Man sollte die Larven daher von der Pflanzung absammeln, bei torfhaltigen, lockeren Erden den Ballen also auf Larvenbefall untersuchen. Die Käfer selber verursachen Fraßstellen am Laub, die aber in der Regel ungefährlich sind.

Schnecken, vor allem die kleinen, schwarzen Arten, sind der größte Feind des Staudengärtners. Sie fressen junge Triebe im Frühjahr vollkommen ab und zerstören so die Pflanzen. Der Boden um die Pflanzen sollte nicht zu feucht sein, da dies das optimale Klima für Schnecken darstellt. Die Eigelege findet man im Frühjahr unter Holzbohlen, Steinen und ähnlich geschützten Stellen, wo sie sich leicht entfernen lassen. Die Eier sehen aus wie kleine, milchig weiße Perlen. Schneckenkorn sollte man, wenn man es unbedingt verwenden will, nur an die Gartenränder streuen. Es lockt die Schnecken nämlich an. Mitten im Garten verwendet, zieht es auch die Schnecken an, die sich eigentlich in Nachbars Garten wohl fühlten, so dass man dann immer mehr Schnecken bekommt. Lang-

❶ Blattläuse an Margerite
❷ Blattwanzen-Schaden an Forsythie
❸ Rote Wegschnecke
❹ Wolllaus an Buchenblatt

fristig ist Schneckenkorn keine gute Bekämpfungsmethode. Igeln und Laufenten sollte man als natürlichen Feinden dagegen einen Platz im Garten einräumen, um der Schneckenplage ohne Chemie Herr zu werden.

Wühlmäuse fressen mit Vorliebe fleischige Wurzeln und Zwiebeln. Mit Hilfe von giftigen Narzissen *(Narcissus)* und „stinkenden" Kaiserkronen *(Fritillaria imperialis)* kann man sie vertreiben und auch andere Zwiebelblumen schützen. Wer allerdings in Feldnähe wohnt und von den Plagegeistern immer wieder heimgesucht wird, sollte die Zwiebeln zusätzlich in Säckchen aus engmaschigem Drahtgeflecht setzten. Diese müssen auch von oben geschlossen sein. Daneben gibt es auch noch Fallen, um die lästigen Nager aus dem Garten zu vertreiben.

Die Bedeutung der Unkrautbekämpfung

Unkraut wächst überall, wo ausreichend Platz und Nahrung zur Verfügung steht. Es stellt aber für die krautigen Pflanzen im Garten nicht nur eine hartnäckige Konkurrenz dar, sondern birgt auch als Krankheitsüberträger eine gewisse Gefahr. Hier schlummern gerne Pilze oder andere Schädlinge, die ohnehin schon schwachen Pflanzen das Leben noch schwerer machen. Daher sollte man den Unkrautwuchs in Grenzen halten.

❶ **Große Brennnessel** (Urtica dioica)
❷ **Gemeine Quecke** (Agropyron repens)
❸ **Giersch** (Aegopodium podagraria)
❹ **Ackerwinde** (Convuivulus arvensis)
❺ **Kleines Knopfkraut** (Galinsago ciliata)

Es ist jedoch durchaus denkbar und positiv, wenn man einige Brennesseln und Disteln maßvoll am Gartenrand, beispielsweise am Kompost, kultiviert. Denn gleichzeitig bieten diese Gewächse auch einigen Nützlingen Nahrung.

Pflanzenstärkung

Eine der wichtigsten Pflanzenschutzmaßnahmen ist die Pflanzenstärkung. Eine optimale Ernährung gibt den Zierpflanzen Widerstandskraft gegen Krankheiten und Schädlinge. Im Fachhandel bekommen Sie die verschiedensten Mittel zur Stärkung, wobei es hier diverse Unterschiede gibt. Manche Präparate wirken in erster Linie gegen Pilze, andere gegen Insekten und Tiere.
Das Angebot dieser Mittel nimmt immer stärker zu, da die biologische und schonende Schädlingsabwehr eine immer größere Bedeutung bekommt.

Jauche, Tee und Brühe

Pflanzenauszüge kann man leicht selber herstellen. Dazu werden bestimmte Pflanzen mit Wasser aufgekocht, vergoren oder nur abgebrüht. Mit den daraus entstehenden Lösungen gießt oder spritzt man kranke und befallene Pflanzen. Im Grunde ist dies nicht nur die schonendste Möglichkeit, die Pflanzen zu schützen, sondern auch die preiswerteste, da Sie die notwendigen Kräuter überall in der Natur finden. Brennnessel, Beinwell und Ackerschachtelhalm sind keine Raritäten. Wer es allerdings einfacher haben möchte, kann die Kräuter auch in getrockneter Form im Fachhandel, in Apotheken und Kräuterhandlungen bekommen.

Herstellung einer Jauche:
❶ Das frische Kraut (beispielsweise von Brennnesseln) zerkleinert in einen Eimer geben
❷ Wasser auffüllen und das Gemisch mit einem Stock umrühren
❸ Die vergorene Jauche absieben und mit Wasser verdünnt an die Pflanzen gießen

Als Brühe bezeichnet man einen Pflanzenauszug, der nach folgendem Rezept hergestellt wird: Sie weichen das entsprechende Kraut 24 Stunden in Wasser ein, kochen dieses anschließend auf und lassen es eine halbe Stunde sieden. Vor dem Absieben der Pflanzenteile sollte die Brühe abkühlen.
Für einen Tee überbrüht man das Kraut mit kochendem Wasser und lässt es etwa eine Viertelstunde ziehen. Anschließend siebt man das Kraut ab. Ein Auszug hingegen wird mit kaltem Wasser angesetzt. Die frischen oder trockenen Kräuter ziehen etwa zehn Stunden im Wasser. Ein Auszug sollte nicht zu lange stehen. Jauchen benötigen längere Zeit zur Herstellung. In ein Holz- oder Plastikgefäß gibt man Kraut und Wasser und zwar 1 kg frische bzw. 100–150 g getrocknete Kräuter auf 10 l Wasser. Danach beginnt der Gärungsprozess, der an der Schaumentwicklung zu erkennen ist. Gegen die Geruchsentwicklung gibt man etwas Gesteinsmehl auf die Flüssigkeit. Der Prozess ist abgeschlossen, wenn sich kein Schaum mehr bildet. Grundsätzlich muss eine Jauche verdünnt ausgebracht werden, wobei ein Verhältnis von 1:10

TIPPS & HINWEISE

Welche Pflanzenextrakte gegen welche Schädlinge …

- Brennnessel: Auszug, Jauche gegen Blattläuse, Spinnmilben
- Beinwell: Jauche gegen Blattläuse, Spinnmilben
- Ackerschachtelhalm: Brühe gegen Pilzkrankheiten
- Farnkraut (Adler- oder Wurmfarn): Brühe, Jauche gegen Schild-, Schmier- und Blutläuse, Rostpilze, Schnecken
- Rainfarn: Brühe, Tee, Jauche gegen Blattwespen, Rost, Mehltau
- Wermut: Jauche, Brühe gegen Blattläuse, Rost, Raupen, Ameisen
- Tomatenblätter: Auszug gegen Kohlweißling
- Zwiebeln, Knoblauch: Jauche, Tee gegen Milben, Pilzkrankheiten

TIPPS & HINWEISE

Schmierseifenlösung

Schmierseife ist ein sehr gutes Mittel gegen Läuse, deren Atmungsorgane durch die Lösung verkleben. Wichtig ist, dass Sie eine reine Kali-Seife verwenden, die wenig Zusatzstoffe enthält. Zur Herstellung löst man etwa 150–300 g Schmierseife in 10 l Wasser auf. Beachten Sie, dass auch andere Insekten geschädigt werden können; daher ist dieses Mittel nur zu empfehlen, wenn der Befall massiv auftritt.

---

empfehlenswert ist. Bei empfindlichen Pflanzen sollte man sogar auf 1:20 verdünnen.

Umweltschonender Pflanzenschutz

Auch ohne den Einsatz giftiger Substanzen lässt sich viel zur Vermeidung von Krankheiten tun. Das Absammeln und Abkratzen von Schädlingen ist zwar mühselig, trifft aber nur die Schädlinge und nicht ihre Feinde oder andere Gartenbewohner. Sie können den Schädlingen auch mit Gesteinsmehl das Leben schwer machen. Dieses Naturprodukt verhindert Pilzkrankheiten und vertreibt Läuse. Es besteht aus sehr feinvermahlenen Steinen und ist daher ungiftig. Gesteinsmehl verschließt feinste Öffnungen und schädigt dadurch die Krankheitserreger. Sie sollten jedoch beachten, dass es nur bei trockenem Wetter ausgebracht werden darf. Bei Wind driftet zuviel des feinen Mehls ab, so dass man windstillere Zeit abwarten sollte. Denken Sie daran, dass der Staub sehr fein ist und man daher möglichst mit einem Atemschutz arbeiten sollte. So überzeugend die Wirkung dieses Präparates auch ist, so groß ist doch der Nachteil, dass nicht nur Schadorganismen, sondern auch Nützlinge vernichtet werden.

Algenkalk stärkt die Pflanzen, da er viele Spurenelemente enthält. Sie werden widerstandsfähiger gegen Pilzkrankheiten und Insekten. Allerdings sollten die Pflanzen, bei denen man dieses Produkt verwendet, kalkliebend sein. Mechanische Fallen, Farbtafeln, Pheromonfallen und ähnliche Mittel zeigen gute Wirkung gegen einzelne Schädlinge. Sie wirken recht gezielt gegen spezielle Probleme. Geben Sie sich aber nicht dem Glauben hin, dass alle so genannten biologischen Produkte frei von Gift wären. Auch Pyrethrum, das aus einer Chrysanthemen-Art gewonnen wird, ist ein Gift und sollte entsprechend vorsichtig angewendet werden.

Nützlinge im Garten

Als Nützlinge bezeichnet man Tiere, die Pflanzenschädlinge vertilgen. So können sich letztere nicht so stark vermehren, die Pflanzen werden nur geringfügig geschädigt. Mittlerweile kann man eine ganze Reihe dieser Helfer kaufen, doch für den „offenen" Garten lohnt sich eine solche Anschaffung kaum, eher für das geschlossene Gewächshaus. Im Garten muss man vielmehr für eine natürliche Vielfalt sorgen, die sich in einem Gleichgewicht befindet. Die wichtigste Voraussetzung besteht darin, dass Sie keine giftigen Pflanzenschutzmittel ausbringen. Daneben verschafft man durch ein möglichst vielfältiges Pflanzenangebot vielen Nützlingen einen Lebensraum. Außerdem sollte der Garten nicht zu sauber gehalten werden. Die Blätter unter der Hecke und die Brennesseln am Kompostplatz sind ebenso wichtige Lebensräume wie der feuchte Teichrand und ein kleiner Totholzhaufen, in dem Nistplätze und geschützte Schlafplätze zu finden sind. Wichtige Helfer bei der Schädlingsabwehr sind übrigens die gefiederten Gartenbewohner. Vögel vertilgen eine ganze Menge Ungeziefer. Wer sie in den Sommermonaten im Garten haben will, sollte schon in den Herbst- und Wintermonaten etwas dafür tun. Zum Beispiel, indem man für ein reiches Angebot an Früchten im Herbst sorgt, so dass die Vögel sich durch ein abwechslungsreiches Beerenmenü futtern können. Hierbei sollte natürlich darauf geachtet werden, dass es sich in erster Linie um heimische Sträucher wie Vogelbeere *(Sorbus aucuparia)* und Felsenbirne *(Amelanchier ovalis)* handelt. Dichtes Strauchwerk bietet den Vögeln im Frühjahr ideale Nistplätze – auch dadurch werden die Vögel im Garten heimisch, und Sie gewinnen natürliche Unterstützung bei der Bekämpfung von Läusen und anderen Pflanzenschädlingen.

Nützliche Verbündete bei der Schädlingsabwehr sind auch Schlupfwespen und andere Insekten. Ihre Ansiedlung im Garten lässt sich mit einfachen Mitteln fördern: Durchlöchern Sie ein unbehandeltes Stück Holz mit verschiedenen Bohrern. Hängen Sie es dann an einem geschützten Eckchen auf, und schon bald werden Sie beobachten, dass die ersten Löcher von Insekten bewohnt und verschlossen sind. Ebensogut können Sie verschiedene Grashalme bündeln und einmal sauber anschneiden. In den hohlen Halmen nisten die Schlupfwespen besonders gerne.

Alt bekannt und vielfach praktiziert ist auch eine andere Methode: Blumentöpfe aus Ton mit Stroh ausstopfen und umgedreht in Obstbäumen aufhängen. Das feuchte Stroh lockt Ohrwürmer an, die sich bevorzugt über Blutläuse hermachen.

Pflanzen, die helfen

Einige Gartenblumen schützen sich sogar gegenseitig vor Schädlingen. So ist eine sehr alte Tradition die Kombination von Rosen und Lavendel. Der Duft des blau blühenden Halbstrauches verhindert, dass Läuse die Königin der Blumen befallen. Ähnlich hilft die Studentenblume *(Tagetes)* gegen Fadenwürmer. Die streng riechenden Inhaltsstoffe vertreiben die saugenden Organismen aus dem Boden und verbessern so das Wachstum beispielsweise von Phlox *(Phlox paniculata)*. Auch Knoblauch *(Allium sativum)* vergrault mit seinem starken Duft manchen Schädling aus den Beeten. Es lohnt sich, natürliche Pflanzengemeinschaften genauer zu studieren. Hier kann es Partnerschaften geben, die von Vorteil sind. Ein Beispiel stellt das Schneeglöckchen *(Galanthus niva-*

❶ **Marienkäfer gehören zu den nützlichen Gartenbewohnern. Ihr Spezialgebiet ist die Bekämpfung von Läusen**

❷ **Mit Stroh ausgestopfte Tontöpfe in Obstbäumen locken Ohrwürmer an. Sie vernichten Schädlinge wie die Blutläuse**

Pflanzenpraxis
Arbeiten im Garten

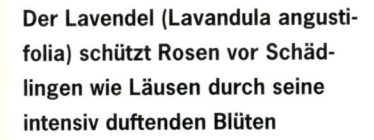

Der Lavendel (Lavandula angustifolia) schützt Rosen vor Schädlingen wie Läusen durch seine intensiv duftenden Blüten

Studentenblumen (Tagetes) vertreiben durch ihren strengen Duft Fadenwürmer aus dem Boden. Besonders zu empfehlen bei Flammenblumen (Phlox), der von diesen Schädlingen befallen ist

Knoblauch (Allium sativum) beugt Pilzkrankheiten vor und wehrt zugleich Mäuse und Schnecken ab. Daher ist er als „Begleiter" für Rosen, Tulpen und Lilien besonders zu empfehlen

lis) dar, das durch den Wurmfarn *(Dryopteris)* vor Pilzkrankheiten geschützt wird.
Auch Salbei *(Salvia officinalis)* wirkt im Blumenbeet wahre Wunder. Die Blätter sorgen das ganze Jahr hindurch für einen angenehmen Duft, der noch dazu Schädlinge abhält. Ebenso entwickelt der Boden deckende Storchschnabel *(Geranium macrorrhizum)* starke Duftschwaden, wenn der Wind durch die Blätter fegt. Die Liste der Pflanzen, deren Duft unerwünschte, auch unterirdische „Gäste" von Nachbarpflanzen fernhält, lässt sich mühelos fortsetzen. So holt man sich die Kaiserkronen *(Fritillaria imperialis)* in den Garten, wenn man Probleme mit Wühlmäusen hat und vor allem Zwiebelpflanzen vor ihnen schützen möchte. Der Duft der Kaiserkronen, der in der Tat nicht sehr angenehm ist, schreckt die Wühlmäuse ab.

Ähnliches bewirken Narzissen *(Narcissus)*. Ihre Zwiebeln enthalten Giftstoffe, die die Mäuse meiden. Allerdings sollte man dazu schon große Exemplare von Zierformen wählen und nicht kleine Wildzwiebeln, die zudem teuer sind. Um die für Nager ausgesprochen schmackhaften Tulpenzwiebeln zu schützen, pflanzt man beispielsweise kleinere Tuffs der Tulpe *(Tulipa)* und rahmt sie mit einem Narzissenkranz ein.

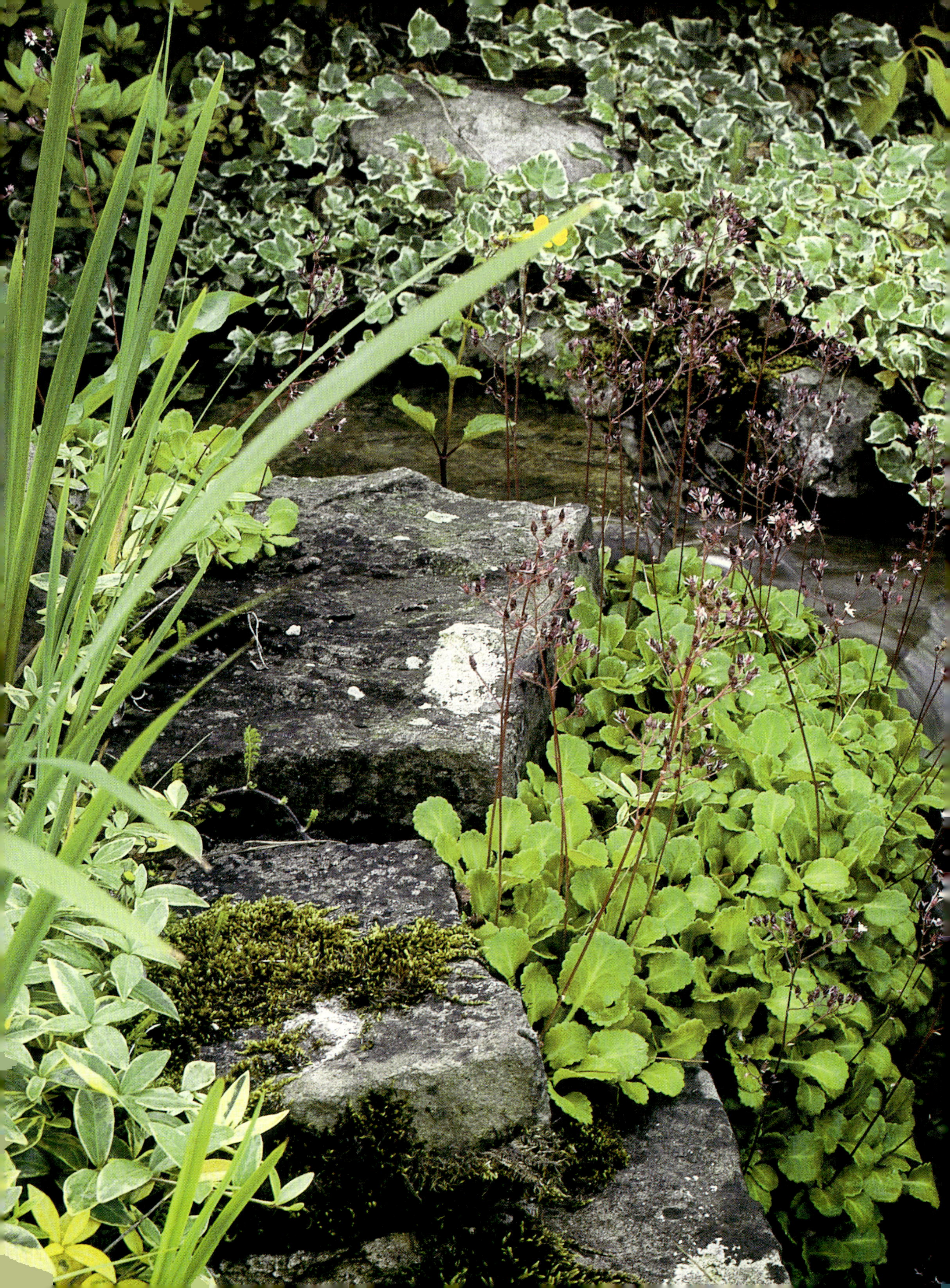

Spezielle
Garten-
bereiche

Der Gartenteich

Einer der reizvollsten und beliebtesten Gartenbereiche ist der Teich. Ganz gleich ob Schwimmteich, Bach oder kleine Wasserstelle – das feuchte Element rundet jeden Garten prachtvoll ab. In der Wasseroberfläche spiegeln sich die verschiedenen Himmelsbilder zwischen den Blättern der Seerosen, und das Wasser liefert dazu die passende Geräuschkulisse. Gartenteiche haben etwas Magisches und Beruhigendes zugleich. Ein kleiner Sitzplatz sollte in enger Verbindung zum Wasser stehen, denn hier kann man den Alltagsstress leicht vergessen und sich angenehmen Tagträumen hingeben. Welche Form von Gartenteich sie auch immer wählen, ob natürlich oder eher formal, ob stehendes oder bewegtes Wasser, hängt vom Stil Ihres Gartens ab, in den sich dieses Element natürlich möglichst harmonisch einfügen soll.

Gleichzeitig sollte das Wasser durch einige Pflanzen aufgelockert und der Uferbereich entsprechend mit Stauden so bepflanzt werden, dass sich eine blumige Atmosphäre am Wasserrand ergibt und die Fauna, die sich meist rasch am Teich ansiedelt, entsprechende Möglichkeiten zum Unterschlupf findet.

Bild links:
Am trockenen Teichrand gedeihen Schattenstauden, hier zum Beispiel Prachtspieren und Farnkraut, genauso gut wie sonnenliebender Phlox und Mutterkraut

Bild rechts:
Gräser und Blattschmuckstauden ergänzen das blumige Treiben am Teichrand

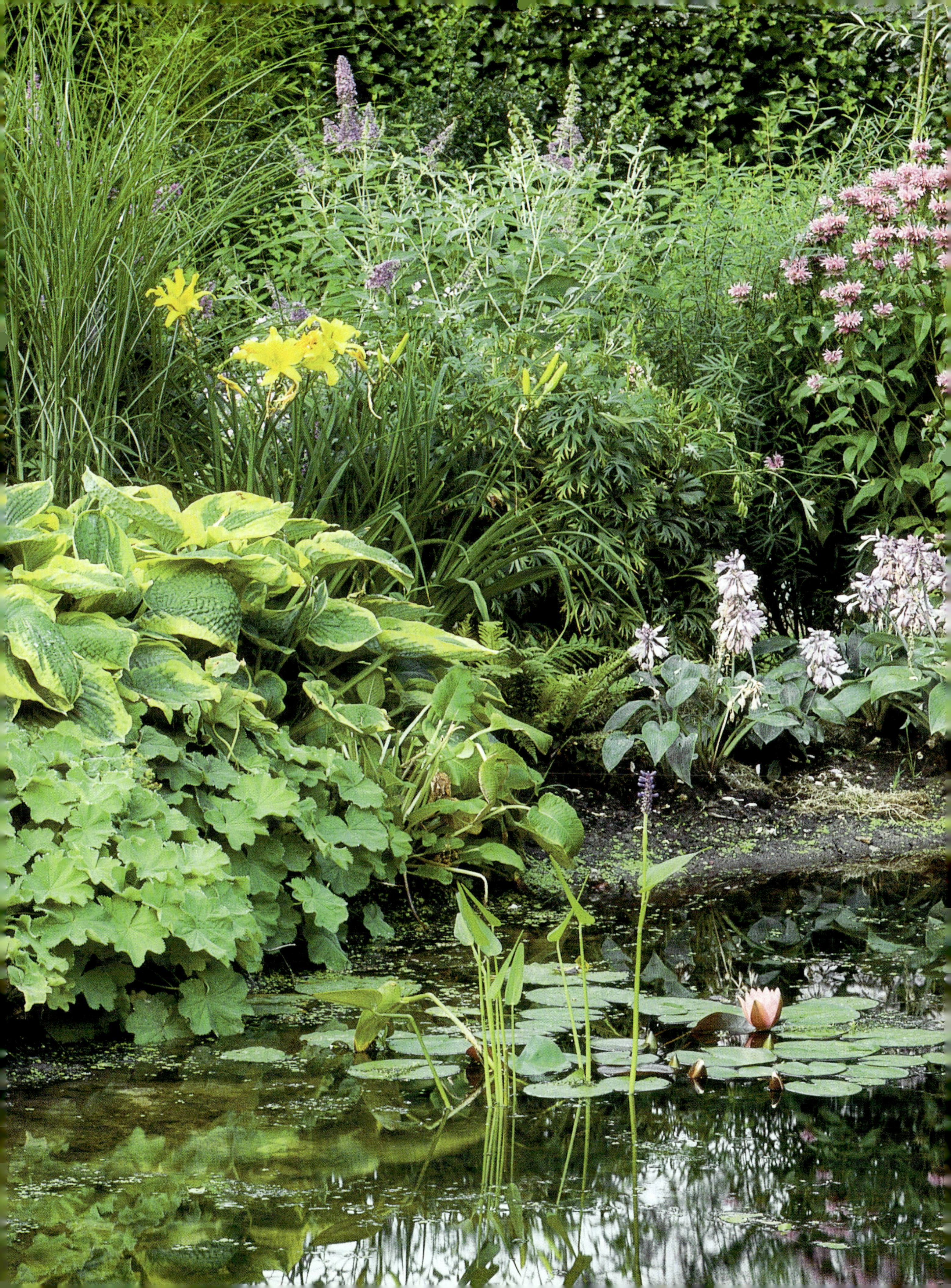

Gestaltungselement bewegtes Wasser

Wer mit Wasser im Garten gestalten möchte, dem steht eine Vielzahl von Möglichkeiten offen. Zunächst muss die Frage geklärt werden, ob es sich um ein stehendes oder ein bewegtes Gewässer handeln soll. Fontänen, Wasserspiele und Bäche werden mit Hilfe einer Pumpe betrieben, für deren Betrieb etwas mehr Technik benötigt wird. Außerdem können Sie die Pumpen nur in der frostfreien Zeit betreiben. Sie müssen dabei auch bedenken, dass der Auf- und Abbau der Geräte Arbeit bereitet.

Doch gleichzeitig hat bewegtes Wasser den Vorteil, dass sich durch das Rauschen, Plätschern und Tropfen eine beruhigende Geräuschkulisse bildet. Dieses mag gerade bei kleineren Grundstücken eine angenehme Wirkung haben, da man eigene Gespräche bzw. die im Nachbargarten von dieser Melodie übertönen kann. Auch Gärten an befahrenen Straßen oder durch andere Lärmquellen beeinträchtigte Grundstücke bekommen durch bewegtes Wasser einen Teil ihres Erholungswertes zurück.

Bei kleineren Wasserstellen hält ein Sprudelstein oder eine kleine Fontäne das Wasser in Bewegung. Man kann es aber auch wie in den Gärten des asiatischen Kulturkreises über ein Rinnensystem aus halbierten Bambusröhren leiten.

Eine minimale Lösung stellen Wandbrunnen oder Wasserspeier dar, die beide aber jeweils sorgfältig mit dem Stil von Haus und Garten abgestimmt werden sollten. Da hier eine Bepflanzung wenig Aussicht auf Erfolg hat und meist auch unzweckmäßig ist, streut man auf die Wasseroberfläche solcher Becken einige Gartenblüten oder Herbstlaub. Sie geben dem Stillleben ein Gesicht, in dem sich die Jahreszeiten wiederspiegeln können.

Für größere Gärten und Fortgeschrittene ist der Bachlauf eine gute Gestaltungsmöglichkeit. Über Baumwurzeln und Steine springt und schwappt das Wasser, vor allem, wenn man den Bach durch einen halbschattigen Bereich mit eingewachsenem Baumbestand führt.

Diese Möglichkeit harmoniert gut mit einem Naturgarten bzw. einem Garten mit naturnahen Situationen. Wenn Sie dagegen einen formalen Garten haben, würde ein solcher Bach nicht zum Stil passen. Hier bietet eine Rinne, befestigt durch Natursteinplatten, eine bessere Alternative, um die Atmosphäre stilgerecht aufzulockern.

Der Wasserlauf sollte eine der Hauptachsen im Garten als Linie betonen und unbedingt auf

Wasser als formales Gestaltungselement: Die kleine Gartenszene ist symmetrisch aufgebaut und besticht durch die klare, schnörkellose Linienführung

ein Ziel geführt werden. Dies kann ein formales Wasserbecken, aber ebenso gut auch eine Skulptur oder eine zentrale Fläche sein. Der Wert einer Wasserrinne liegt nicht nur in den stilistischen Möglichkeiten, sondern auch in der Tatsache, dass man mit ihrer Hilfe das Klima vor allem in stark besonnten Bereichen verbessern kann. Denn das verdunstete Wasser spendet der Umgebung angenehme Kühle, die besonders in den Sommermonaten allseits begrüßt wird.

Gestaltungselement stehendes Wasser

Bei Teichen bleibt das Wasser unbewegt, wodurch eine Bepflanzung möglich wird. Dabei unterscheidet man verschiedene Formen. Im Schwimmteich wird die Fläche in zwei Bereiche geteilt, eine als Badefläche, eine als Klärfläche. Letztere ist üppig mit Pflanzen bewachsen, die die Qualität des Wasser verbessern. Außerdem wird das Wasser über Sandfilter gepumpt, die zur Reinigung und Erhaltung der Wasserqualität beitragen. Für diese Art des Gartenteiches braucht man relativ viel Platz, denn schließlich will man ja auch ein paar Züge durch dieses Wasser schwimmen können.

Der naturnahe Teich bietet die verschiedensten Lebensbereiche, von metertiefem Wasser bis hin zum sumpfigen Ufer, das allmählich in trockene Bereiche übergeht. Diese Form beansprucht ebenfalls eine größere Fläche, damit jede Zone genügend Platz zur Entfaltung bekommt. Wer sich einen solchen Teich wünscht, sollte sich zuvor bei der Wahl des Beckens bzw. der Abdichtung genau beraten lassen. Die verschiedenen Bauformen lassen nämlich zum Teil kein feuchtes Ufer zu, sondern bieten zugunsten der Dichtigkeit lediglich einen trockenen Teichrand. Mit Gräsern und bestimmten Stauden für trockene Beetbereiche können Sie eine Pflanzenwahl treffen, die den natürlichen Uferzonen ähnelt.

Die formale Teichlösung weist einen befestigten Rand aus Natursteinen oder Klinker auf. Die Wände des Teichbeckens fallen fast senkrecht nach unten ab. Dies ist ein erheblicher Nachteil für alle größeren Säugetiere, da sie ohne Hilfe meist nicht mehr aus dem Wasser kommen, wenn sie einmal in den Teich gefallen

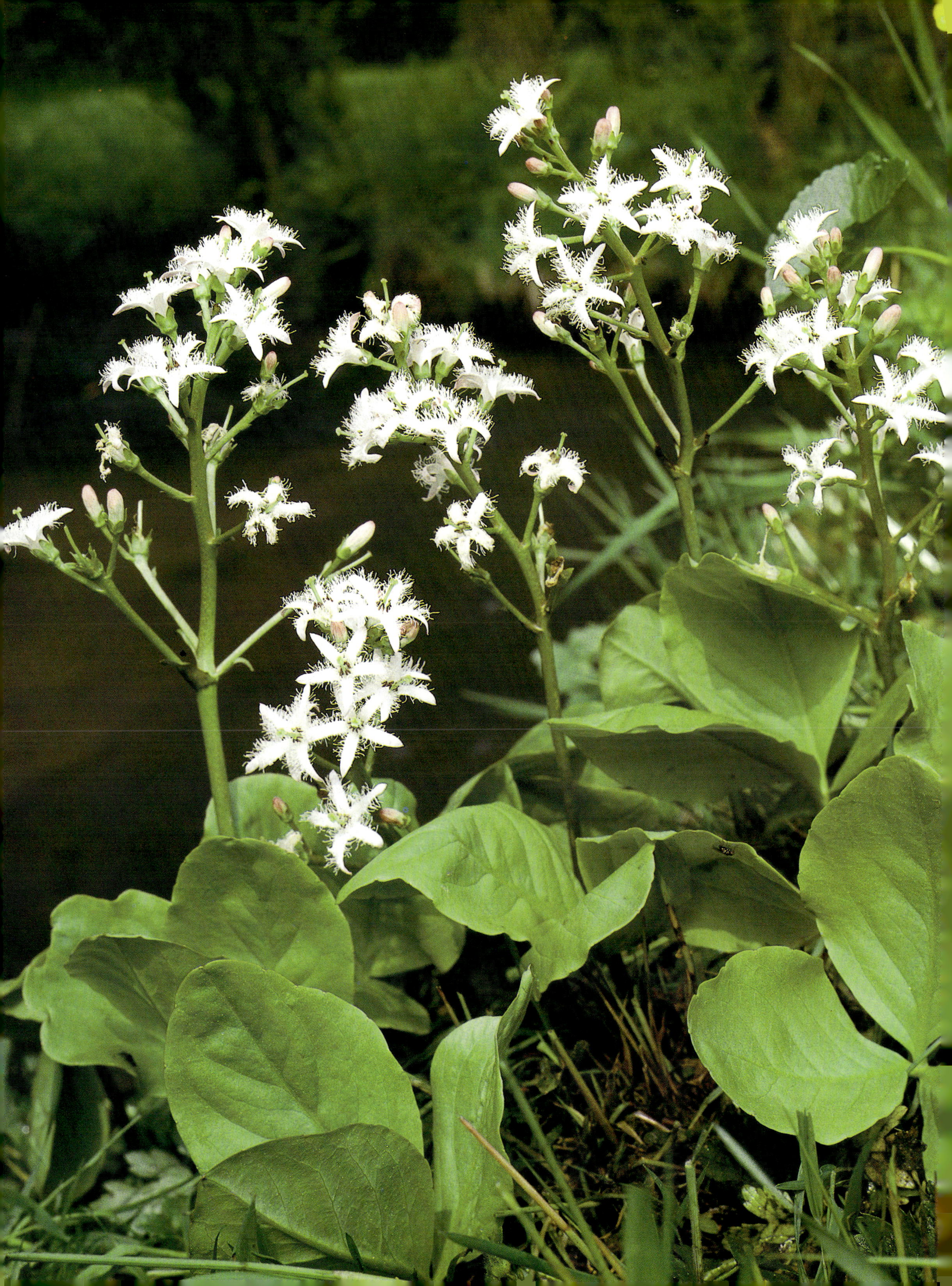

sind. Die Grundform eines formalen Teiches sollte in Beziehung zur Umgebung stehen und ganz gezielt ausgewählt werden. Die kreisrunde Form zum Beispiel passt zu einem Garten mit Kugelbäumen und runden Buchsbüschen. Hübsch wirkt es, wenn auch die Bänke am Teich die Rundung des Beckens aufnehmen. Ein Garten, der aus viereckigen Flächen besteht, bekommt einen quadratischen Teich, und die Gestaltung mit schwungvollen Linien und Kurven lebt durch ein nierenförmiges Becken auf. In einem formalen Becken bringt man am besten nur einzelne Seerosen oder exotische Wasserpflanzen unter, denn die Wasserfläche sollte weitgehend für Spiegelungen und ähnliche Effekte freigehalten werden.

Wer keinen Platz für solche Teiche hat, kann natürlich auch mit Zinkwannen und Holzfässern Miniteiche gestalten. Kleine Seerosen *(Nymphaea pygmaea)* und ihre Sorten lassen sich hier getrost als Zwerge pflanzen, ohne dass es ihnen zu eng wird. Ebenso können Sie Simsen *(Juncus)* oder den exotischen Wassersalat *(Pistia stratiotes)* setzen. Bedenken Sie aber, dass Gefäße mit einer dunklen Außenwand nicht ganztags in der Sonne stehen sollten, da sich sonst Wasser zu stark aufheizt.

Der Fieberklee (Menyanthes trifolia) streckt seine filigranen, weißen Blüten von April bis Juni aus dem Wasser. Die hübsche Sumpfpflanze ist in unseren Breiten vollkommen winterhart

Die Lebensbereiche im Gartenteich

Auf der Grundlage der verschiedenen Wassertiefen teilt man den naturnahen Teich in vier Lebensbereiche ein: die Seerosenzone mit 120–40 cm Wassertiefe, die Flachwasserzone mit 40–10 cm Wassertiefe, die Sumpfzone 10 cm unter und über dem Wasserspiegel sowie die Feuchtzone, die innerhalb der Teichabdichtung liegt. In diesen verschiedenen Zonen können unterschiedliche Wasserpflanzen angesiedelt werden, die zum Teil als Schwimmpflanzen leben, zum Teil aber auch mit ihren Wurzeln im Teichboden verankert sind.

Grundsätzlich sollte der Teich in der Seerosenzone nur mäßig bepflanzt werden, etwa ein Drittel der Wasseroberfläche darf von Blättern abgedeckt werden. In der Flachwasser-, Sumpf- und Feuchtzone können die Pflanzen dagegen auch etwas enger stehen.

Keine Frage, dass im tiefsten Bereich des Teiches die Königin des Wassers, die Seerose, zu Hause ist. Die Sortenunterschiede dieser malerischen Pflanzen sind erheblich. So gibt es kleinere Sorten, die das flache Wasser zwischen 30 und 50 cm bevorzugen. Hier wären zum Beispiel die *Nymphaea*-Hybriden 'Candida' (weiße Blüten), 'Berthold' (hellrosa), 'Laydekeri Lilacaea' (lilarosa) 'Laydekeri Purpurata' (karminrot) zu nennen. Für tiefere Teiche eignen sich dagegen Sorten 'Moorei' (gelb), 'Hermine' (weiß), 'Gonnère' (weiß gefüllt), 'Escarboucle' (rubinrot) und 'Karl Epple' (rosa). Sorten für tiefere Bereiche sollten entsprechend viel Platz zum Ausbreiten erhalten. Die weiße Seerose 'Pöstlingsberg' beispielsweise wird nur für sehr große Teiche empfohlen, da sich andernfalls die Blätter gegenseitig bedrängen.

Etwas kleinblumigere Gewächse im Tiefwasserbereich sind die Mummel *(Nuphar lutea)* und die Seekanne *(Nymphoides peltata)*. Sie haben beide wunderschöne gelbe Schalenblüten, die eine starke Leuchtkraft besitzen. Wasserhahnenfuß *(Ranunculus aquatilis)* und Froschbiss *(Hydrocharis morsus-ranae)* zeigen sich hingegen im Sommer mit weißen Blüten.

Ebenso wichtig wie diese Schmuckpflanzen sind die Unterwasserpflanzen, die dem Wasser Sauerstoff zuführen. Tausendblatt *(Myriophyllum)*, Hornblatt *(Ceratophyllum)* und Wasserschlauch *(Utricularia vulgaris)* heißen die für die Klärung des Wassers notwendigen Gewächse.

In der Flachwasserzone sind einige sehr hübsche Blütenpflanzen zu Hause. Das Hechtkraut *(Pontederia cordata)* mit seinen lilablauen Blüten wächst stark, muss allerdings in den Wintermonaten geschützt überwintern. Die Goldkeule *(Orontium aquaticum)* hat bizarre gelbe Blütenstände, während die Dolden der Blumenbinse *(Butomus umbellatus)* mit ihrem lieblichen Charme bezaubern.

Ist der Boden dauerfeucht, so spricht man von einer Sumpfzone. Hier finden sich Klassiker wie Sumpfdotterblume *(Caltha palustris)*, Binse *(Juncus ensifolius)*, Gauklerblume *(Mimulus cuperus)* und Sumpfvergissmeinicht *(Myosotis palustris)* ein. Aber auch die Scheinkalla *(Lysichiton americanus)* mit ihren großen, gelben Hochblättern gedeiht im nassen Boden. Wer Blütenschönheit sucht, sollte einen Fieberklee *(Menyanthes trifoliata)* setzen. Dieser hat wunderschöne gefranste Blüten, deren Weiß leicht rosa angehaucht wirkt. Bereits im Mai öffnen sich die ersten prachtvollen Blütenknospen.

Für die etwas trockenere Feuchtzone eignen sich die verschiedensten Primeln *(Primula)*. Auch Trollblumen *(Trollius)* lassen hier gelbe

Schwertlilien (Iris) und Trollblumen (Trollius) schmücken den Gartenteich im Uferbereich und geben ihm einen lockeren Rahmen

Blüten aufleuchten. Der Wasserdost *(Eupatorium cannabium)* sowie das Greiskraut *(Ligularia przewalskii)* sind recht anmutige Giganten am Rande des Teiches. Wer allerdings etwas niedrigere Arten sucht, der pflanzt Schildblume *(Chelone obliqua)*, Blutweiderich *(Lythrum salicaria)* oder auch Jakobsleiter *(Polemonium caeruleum)*. Auf einem sauren Boden fühlt sich auch die japanische Schwertlilie *(Iris ensata)* sehr wohl.

Das Ufer – mal feucht, mal trocken

Der Teichrand hat besondere Bedeutung für die Eingliederung des Teiches in die Gartengestaltung. Große Gehölze, die einen Teil der Oberfläche beschatten und auch einer Sitzecke am Ufer Schutz bieten, sollten in die Grundkonzeption einbezogen werden. Vorteilhaft ist es, wenn Sie keine Flachwurzler verwenden, da diese in direkter Konkurrenz zu den krautigen Stauden am Ufer stehen und letzteren das Leben schwer machen können.

Pflanzen Sie Laubbäume, so erwärmt sich der Teich bereits früh im Jahr, wenn die Blätter noch nicht zu stark ausgetrieben sind. Gleichzeitig hat man im Herbst das Problem, dass zahlreiche Blätter in den Teich fallen und das Nährstoffgleichgewicht unter Umständen stören. Hier empfiehlt es sich, die Gehölze so zu setzen, dass der Wind die Blätter normalerweise eher in Richtung Garten als aufs Wasser wirbelt.

Am feuchten Ufer fühlen sich die Pflanzen der Sumpf- und Feuchtzone besonders wohl. Ist aufgrund der speziellen Bauart der Boden um den Teich trocken, so können Sie mit Hilfe der Pflanzenauswahl den Sumpf lediglich vorgaukeln. Dies gelingt leicht, wenn Sie eine humose Gartenerde haben. Ein sehr sandiger Boden bzw. ein schwerer, lehmiger Boden brauchen unbedingt eine Zugabe von reifer Komposterde, damit sich in ihnen die Feuchtigkeit gut hält.

Eines der schönsten Gewächse für den Teichrand stellt der Bambus dar. Gerade an Stellen, wo der Boden nicht dauerfeucht ist, fühlt sich das Gras mit seinem asiatischem Flair sehr wohl und sorgt auch in den Wintermonaten für eine hübsche Kulisse.

Im gängigen Staudensortiment findet sich eine große Anzahl von Gewächsen, die mit diesen Bedingungen gut zurecht kommen. Für die schattigen Bereiche sind vor allem Geißbart *(Aruncus dioicus)*, Funkien *(Hosta)*, Prachtspieren *(Astilbe)* und Rodgersien *(Rodgersia)* zu empfehlen. Natürlich kann man die frischgrüne Note auch mit Hilfe von Farnen, zum Beispiel mit dem Straußenfarn *(Matteuccia struthiopteris)*, unterstreichen.

Für sonnigere Ecken gut geeignet sind Bergenien *(Bergenia*-Hybriden*)*, die im April blühen. Auch der Gemswurz *(Doronicum)* passt gut zur Teichidylle. Nelkenwurz *(Geum*-Hybriden*)*, Frauenmantel *(Alchemilla mollis)*, Wieseniris *(Iris sibirica)* und Taglilien *(Hemerocallis*-Hybriden*)* setzen die Farbenspiele fort.

Der Gehölzrand

Eine bunte Blütenhecke oder eine geschnittene Buchenhecke geben dem Garten einen schönen Rahmen und schließen ihn zu den Nachbargrundstücken hin ab. Daher kommt der so genannte Gehölzrand in sehr vielen Gärten vor. Solche Situationen werden nahezu perfekt, wenn man zusätzlich eine passende Umgebung aus krautigen Pflanzen schafft und damit einen fließenden Übergang zum übrigen Garten herstellt. Hierbei muss man die veränderten Lebensbedingungen für Stauden und Zwiebelblumen am Fuße der Hecke beachten, aber auch gestalterisch eine Einheit bilden.

Für die meist schattigen Bereiche gibt es besondere Pflanzen, die sich an die dort herrschenden Bedingungen angepasst haben. Vor allem Schattenstauden und frühlings- bzw. herbstblühende Zwiebelblumen bestimmen das Bild am Gehölzrand. Die Vorschläge in diesem Kapitel können Sie vielfach auch auf andere Schattenplätze im Garten übertragen. Sie geben Ihnen ebenfalls Anhaltspunkte für die Gestaltung von Baumscheiben, denn in beiden Fällen sind die Standortverhältnisse denen am Gehölzrand sehr ähnlich.

Bild links:
Herbstblühender Krokus öffnet seine Kelche unter einem Fächerahorn

Bild rechts:
Den Gehölzrand prägt das Miteinander der verschiedenen Bäume und Sträucher, hier die gelblaubige Robinie, der rotblättrige Hartriegel und die Felsenmispel

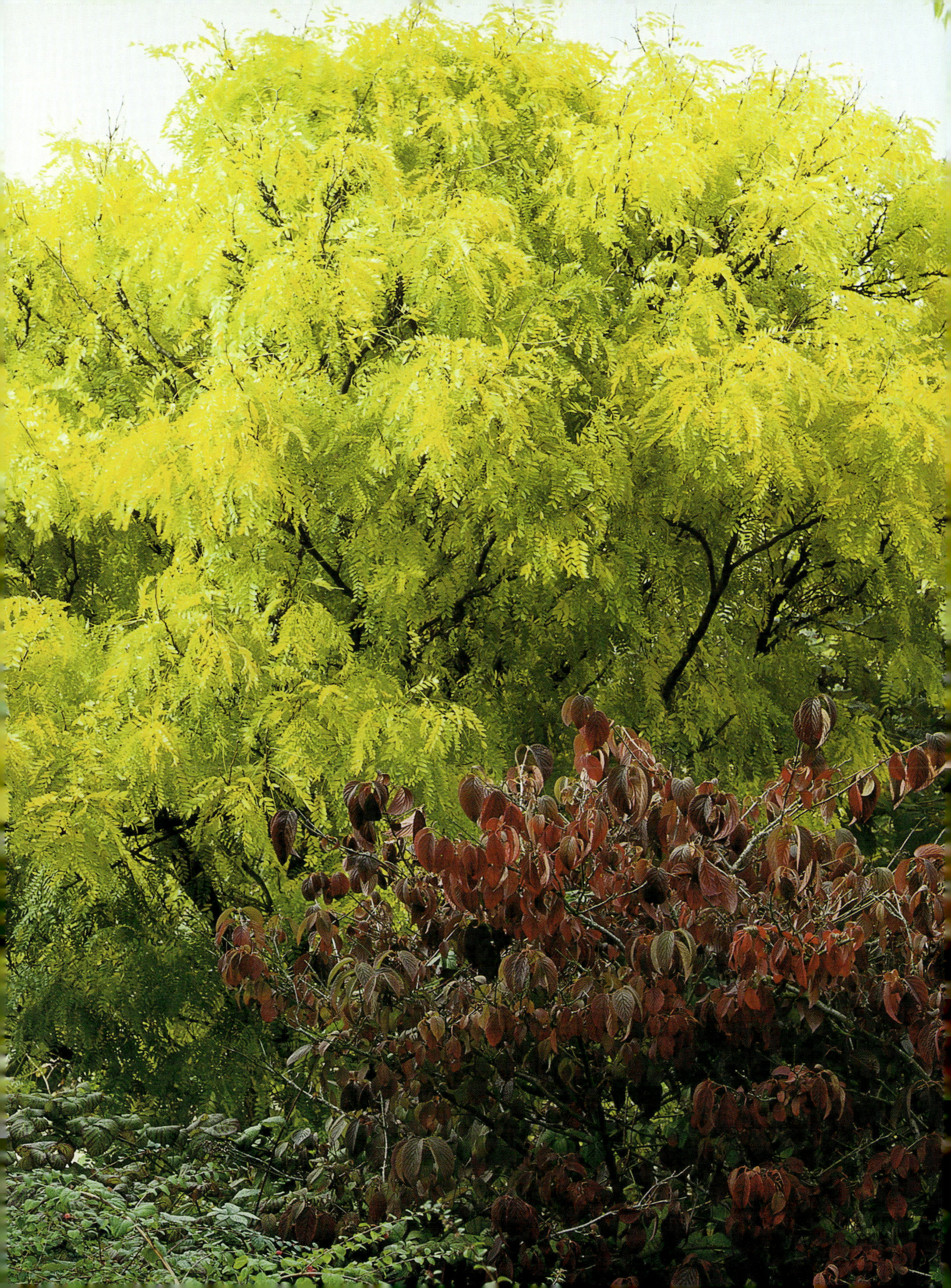

Besondere Lebensbedingungen

Der Gehölzrand hat in der Regel eine besondere Aufgabe. Er friedet das Grundstück ein, sorgt sowohl für Sicht- als auch für Lärmschutz und gibt dem Garten klimatisch gesehen Schutz. Der Wind kann nicht so stark über das Erdreich hinwegfegen und es dadurch austrocknen und abtragen. Vielmehr wird sich im Schutz eines Gehölzrandes die Wärme sammeln. Doch gleichzeitig ist dieser Lebensraum am Gehölzrand durch spezielle Eigenschaften gekennzeichnet. Die verholzenden und die krautigen Gewächse wachsen dicht nebeneinander, wodurch sich eine Konkurrenzsituation um Wasser und Nährstoffe im Boden ergibt. Dieses ist ganz wichtig für die Unterpflanzung, denn je flacher die Wurzeln von Sträuchern wachsen, umso stärker verdrängen sie auch die Stauden an der gleichen Stellen.

Zierquitten (*Choenomeles*-Hybriden), Perückenstrauch (*Cotinus coggygria*), Falscher Jasmin (*Philadelphus*) und Glockenstrauch (*Weigela*) lassen sich daher nur schlecht unterpflanzen. Durch ein tiefes Wurzelsystem zeichnen sich hingegen Haselnuss (*Corylus avellana*), Roseneibisch (*Hibiscus syriacus*) und Duftschneeball (*Viburnum farreri*) aus. Gegebenenfalls kann man auch eine Wurzelschutzbahn so ausbreiten, dass die Wurzelbereiche der Stauden und der Sträucher auseinander gehalten werden. Diese Matte sollte wasserdurchlässig sein, damit die Sträucher auch vom Regen profitieren. Die Nährstoffversorgung der Stauden wird durch eine Mulchschicht, die einmal im Jahr zu erneuern ist, gesichert.

Daneben sollten die krautigen Pflanzen natürlich den Schatten, den Zweige und Blätter werfen, vertragen und an diese Lebenssituation gewöhnt sein.

Maiglöckchen (Convallaria majalis) bilden dichte Teppiche unter Sträuchern. Ihre weißen Blüten läuten den Sommer ein, und bald werden die Prachtspieren (Astilbe) ihre feingliedrigen Blatthorste dazwischen aufbauen

Gestaltungsformen des Gehölzrandes

Der Gehölzrand in unserem Garten kann die verschiedensten Gesichter haben. Besonders reizvoll ist eine Kopie des natürlichen Vorbildes, bei dem sich eine bunte Mischung aus Blütensträuchern, wilden Beerensträuchern und strauchigen Gehölzen an die Gartengrenze schmiegt. Doch leider trifft man diese Form nur noch selten an, da der Platzbedarf für eine solche Hecke eher groß ist und dieser Raum erst in Gärten mit einer Größe von mindestens 1000 m² zur Verfügung steht.

Auch passt diese Hecke von den Proportionen her erst zu Gärten dieser Größenordnung. Schlehen *(Prunus spinosa)*, die an Feldrändern häufig angesiedelt sind, sprengen beispielsweise leicht den Rahmen des Gartens, da sie Ausläufer treiben und bald alles überwuchern.

Eine Auswahl schwach wachsender Sträucher stellt eine mögliche Alternative für den kleinen Garten dar. Die andere ist eine geschnittene Hecke aus Laub- oder Nadelgehölzen. Bei dieser sollte vor allem auch in den Wintermonaten ausreichend Attraktivität vorhanden sein. Eine Buchenhecke *(Fagus)* beispielsweise hat einen sehr dicht verästelten Wuchs, und das klare Braun des Herbstlaubes bleibt lange erhalten, da die einzelnen Blätter meist bis in den Winter an den Zweigen haften.

Besonders beliebt sind auch die Heckensträucher, die zeitig im Frühjahr blühen, wie Goldglöckchen *(Forsythia)* und Zierquitte *(Choenomeles)*. Hier bietet es sich an, die beiden Arten zu vermischen, nicht nur, um die Blütezeit zu verlängern, sondern auch, um die Wände etwas aufzulockern. Mit Rosensträuchern erhält man sehr dichte und meist stark bewehrte Gehölzränder, die einen gewissen Schutz gegen Eindringlinge darstellen. Doch gleichzeitig tragen diese Sträucher edel geformte Blüten und im Herbst dekorative Hagebutten. Interessant ist die Mischung aus unterschiedlichen Arten und Sorten, die für eine lockere Vielfalt sorgen.

Immergrüne und Koniferen verleihen einer Hecke meist ein künstliches Äußeres, da sich der Wechsel der Jahreszeiten nicht stark widerspiegelt. Einen Ausgleich schafft man hier mit einer Unterpflanzung, die den jahreszeitlichen Verlauf deutlich illustriert. Christrosen *(Helleborus)* im Winter, Veilchen *(Viola)* zum Frühjahr und eventuell einige botanische Tulpen *(Tulipa-*Arten). Goldfelberich *(Lysimachia punctata)* und Astilben *(Astilbe)* dann zum Sommer, und für den Herbst einige Herbstanemonen *(Anemone japonica)*. Eine Alternative, um belebende Momente ins Spiel zu bringen, ist wiederum die Mischung unterschiedlicher Arten und Sorten, die für strukturelle und farbliche Abwechslung sorgen.

Das harmonische Zusammenspiel

Den lockeren Übergang zwischen Gehölzrand und Garten schaffen die krautigen Pflanzen. Welche man hier auswählt, hängt davon ab, wo die Sträucher stehen bzw. welche Seite bepflanzt werden soll. Wenn die Hecke am Nordrand des Gartens liegt, so muss man vor allem Wärme liebende und sonnenverträgliche Arten auswählen, die zugleich mit Trockenheit klarkommen.

Häufiger findet man aber eigentlich einen dunklen Gehölzrand, der die meiste Zeit des Tages im Schatten der Sträucher liegt. Auch hier sollten die ausgewählten Pflanzen an diese Situation gewöhnt sein. Trockenheit stellt meist ein nicht ganz so zentrales Thema dar, da das Klima an sich etwas kühler und feuchter bleibt, selbst wenn nicht jeder Sommerregen bis zum Erdboden vordringt.

Für sonnige Bereiche eignen sich sehr gut Wärme liebende Stauden wie Taglilien (*Hemerocallis*). Das riemenförmige Laub steht in grasähnlichen Büscheln zwischen 20 bis 60 cm hoch. Daraus wachsen die voll mit Knospen besetzten Stiele, an denen sich täglich einige Blüten öffnen. Sehr hübsch passen dazu verschiedene Sorten des Sommersalbeis (*Salvia nemorosa*). Wichtig ist natürlich, dass die Gehölze und ihre Blüten mit dieser Farbkombination zu vereinbaren sind. Von einer Lambertsnuss (*Corylus maxima* 'Purpurea') heben sich sowohl die gelben und orangenen Taglilienblüten als auch die lilablauen Salbeirispen gut ab. Eine hübsche Ergänzung für Herbsttage ist eine Purpurfetthenne (*Sedum-Telephium*-Hybride), die wegen ihrer fleischigen Blätter hervorragend mit der Trockenheit zurechtkommt.

Auf der absonnigen Seite dagegen kann man sehr gut mit Farnen gestalten. Sie gedeihen glänzend unter diesen Bedingungen und sind von Natur aus auch das Zusammenspiel mit Gehölzen gewöhnt.

Bodendecker – pflegeleicht und dekorativ

Die so genannten Bodendecker bieten die Möglichkeit, Zwischenräume und Säume ohne große Mühe zu begrünen. Es handelt sich hierbei in der Regel um Stauden, die sich durch Ausläufer oder Rhizome rasch ausbreiten. Diese speziellen Sprossausbildungen wachsen je nach Pflanzengattung und -art über oder unter der Erde.

Bodendecker gibt es sowohl für sonnige als auch für schattige Bereiche. Klassiker aus dem Repertoire der absonnigen Plätze sind beispielsweise Immergrün (*Vinca minor*), Maiglöckchen (*Convallaria majalis*), Waldmeister (*Galium odorata*) und Ysander (*Pachysandra terminalis*).

Für die Auswahl der Bodendecker spielen vor allem Blattform und -färbung sowie Blütezeit eine bedeutende Rolle. Der Bedarf an Pflanzen/m^2 hängt jeweils von der Wuchsstärke der einzelnen Art ab. Sie sollten sich daher beim Einkauf unbedingt vom Fachmann beraten lassen. Und auch wenn die Bepflanzung am Anfang noch etwas lückig wirkt, sollten Sie nicht dichter als empfohlen pflanzen, damit sich die Fläche später optimal schließen kann.

Hübsche Effekte erzielt man, wenn die Fläche wie ein Flickenteppich gestaltet wird, man also niemals eine Art allein setzt, sondern mehrere kombiniert. So können Sie beispielsweise Elfenblumen *(Epimedium)* mit ihren lockeren Laubständen und Gedenkemein *(Omphalodes verna)* zu einem schönen Frühlingsensemble zusammenpflanzen. Dazu passt das rote Lungenkraut *(Pulmonaria rubra)* sehr gut. Es ergänzt das Duett nicht nur vom Blütezeitpunkt, sondern auch farblich zu einem Dreiklang. Gleichzeitig bekommen Sie bei der Elfenblume im Herbst eine auffällige Färbung.

Auf humosen, feuchten Böden wächst der Moossteinbrech *(Saxifraga hypnoides)* sehr gut. Er bildet dichte, feste Kissen, die mit einfachen Blütenschalen auf kleinen Stielchen geschmückt sind.

Von der Festigkeit der Teppiche ähnlich ist das Fiederpolster *(Cotula squalida)*. Die Blüten erinnern an kleine Knöpfchen und erscheinen im Juni nach dem Moossteinbrech.

Eigenwillige Blattstrukturen (von rechts nach links): Hosta undulata, Farn, Hosta sieboldiana und Wachsglocke (Kirengeshoma palmata)

Die „Flickenteppiche" werden auch durch einzelne Gräserhorste oder Zwiebelblumen belebt. Eine Marbel *(Luzula)* oder ein schattenverträglicher Schwingel wie der Atlasschwingel *(Festuca mairei)* vermitteln zwischen den höheren Stäuchern und den flachen Deckern. Ebenso gewinnen die Bodendecker durch einige Narzissen *(Narcissus)* oder Hasenglöckchen *(Hyacinthoides)* im Frühjahr Lebendigkeit. Es ist aber ratsam, möglichst nur natürlich wirkende und keine gefüllten, großblumigen Sorten zu verwenden, da diese nicht zum zarten Frühlingsbild am Gehölzrand passen.

Der Steingarten

Die Flora des Gebirges hat ein ganz eigenes Gesicht. Es ist blütenreich, aber von zarter Natur und dennoch robust genug, um sich selbst zwischen dicksten Felsbrocken auszubreiten und trotz der kurzen Vegetationsperiode zu behaupten. Enzian *(Gentiana)* und Edelweiß *(Leontopodium)* heißen die Klassiker der Steingärten, doch es gibt etliche andere Schönheiten, die sich im Garten zwischen die Steine schmiegen.

Hungerblümchen *(Draba)*, Glockenblumen *(Campanula)*, Nelken *(Dianthus)*, Dachwurz *(Sempervivum)* und Küchenschelle *(Pulsatilla)* mögen das Leben auf kargen, steinigen Böden. Die Möglichkeiten, diese Art der Pflanzen in den Garten zu holen, sind breit gefächert. Wer botanisch an die Sache herangeht, der wird sich eigens einen richtigen Steingarten anlegen. Wer dagegen Pflanzen sucht, um Natursteinmauern oder Fugen und Ritzen an Treppen zu begrünen, der findet bei den alpinen Pflanzen ein reiches Angebot. Ebenso kann der Topfgarten das Thema Steingarten bekommen. In flachen Schalen, bemoosten Betontrögen und auf Tuffgestein gedeihen die kleinen Berggewächse hervorragend. Natürlich wird man auch am Hanggarten oder auf felsigem Grund versuchen, das Kleinod der Berge in bezaubernden Naturlandschaften nachzubilden und zum Schwerpunkt der Gestaltung machen.

Bild links:
Blütenschmuck für den Steingarten: Zierlauch, Glockenblumen und Frauenmantel

Bild rechts:
Malerisch und zugleich sehr pflegeleicht präsentiert sich der Spinnwebhauswurz in Tontöpfen, und jedes Jahr kommen ein paar kleine Rosetten dazu

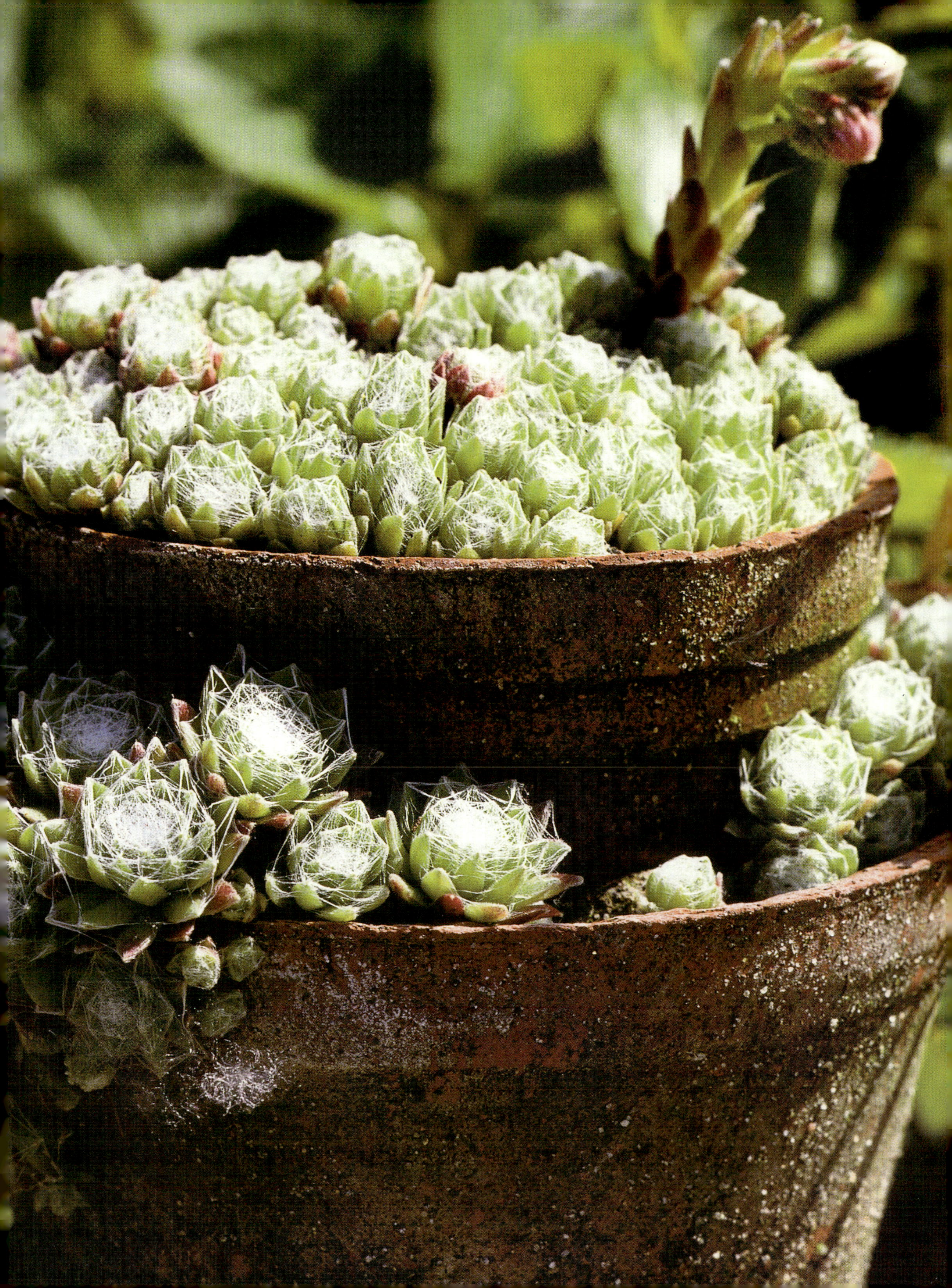

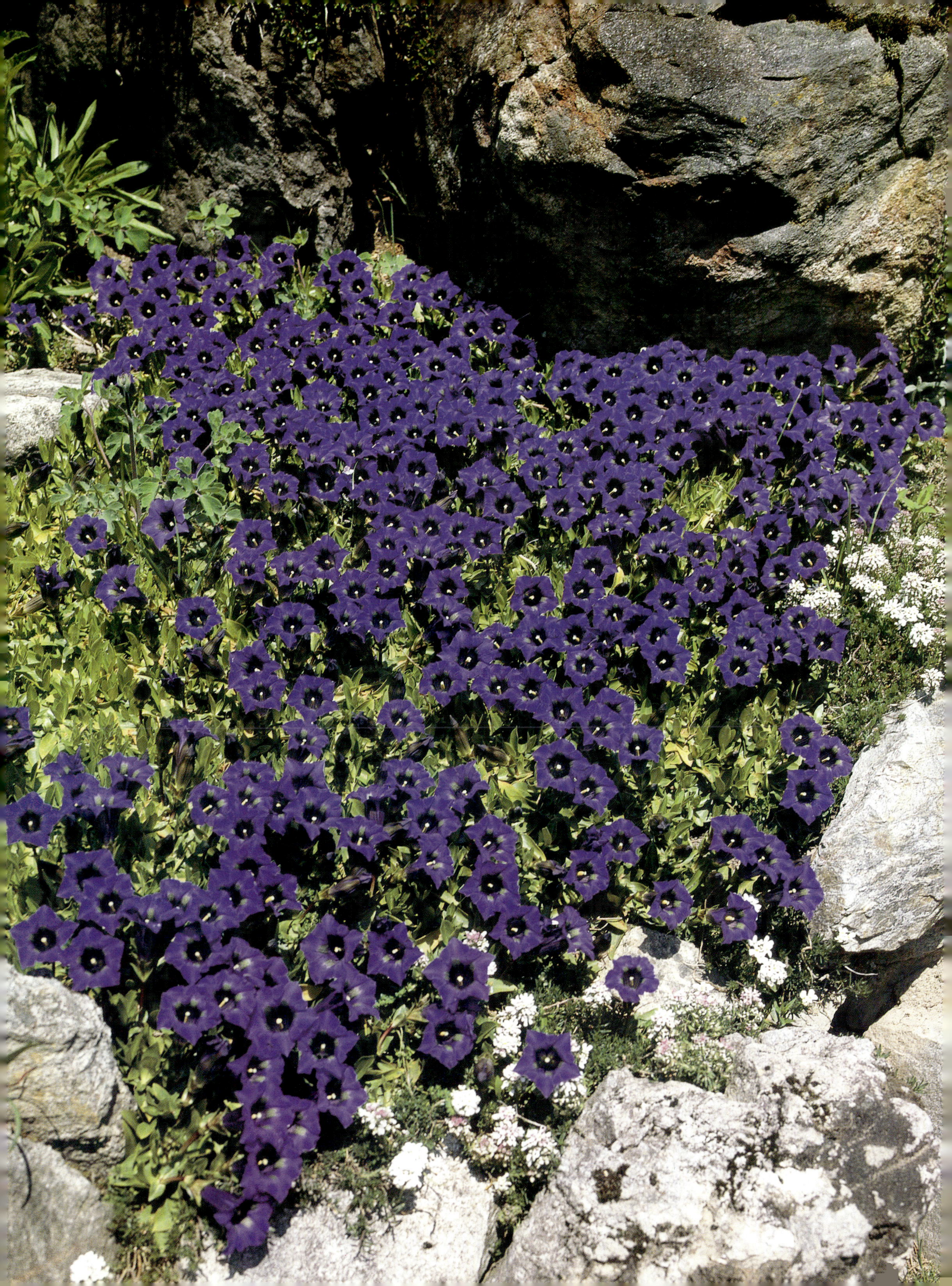

Der klassische Steingarten

Im klassischen Steingarten bestimmen größere Gesteinsbrocken die Höhen und Tiefen des Geländes. Das Erdreich wird entsprechend angeglichen und modelliert. Sind im Garten größere Gehölze vorhanden, so sollten diese am Rande des Steingartens stehen. Die vorhandene Bodenart stellt für das Gedeihen des Steingartens ein sehr wichtiges Element dar. Zum einen entscheidet der Kalkgehalt des Bodens über die Pflanzen, die hier besonders gut wachsen, zum anderen sollte der Gehalt an Nährstoffen möglichst gering sein, da die Steingartenpflanzen an magere Böden angepasst sind. Auf zu fetten Böden wachsen Enzian, Gebirgsnelke und Co. mastig und sind anfällig für Krankheiten bzw. Schädlinge. Den Kalkgehalt des Bodens können Sie mit einem Testset aus dem Fachhandel für die Bestimmung des pH-Wertes feststellen. Als Alternative bietet es sich an, in einem Labor für Bodenuntersuchungen pH-Wert und gleichzeitig Nährstoffgehalt bestimmen zu lassen, um dann eventuell entsprechende Maßnahmen zur Bodenverbesserung durchzuführen. Natürlich sollte der Boden frei von Unkräutern sein.

Grundsätzlich brauchen alpine Pflanzen eine Erde mit gutem Wasserabzug. Feuchte Böden fördern Fäulnis, vor allem in der kalten Jahreszeit. Dies beruht unter anderem darauf, dass die Steingartengewächse daran gewöhnt sind, im Winter durch eine Schneedecke geschützt zu werden, die Feuchtigkeit und auch Kälte abhält. Diese winterliche Schneedecke kann man in unseren Breiten nicht garantieren, so dass eine Abdeckung mit Laub und Tannenreisig sowie eine gut dränierte Erde wichtig für eine schadlose Überwinterung sind. Die Durchlässigkeit des Bodens verbessern Sie, indem Sie Kies, Splitt oder Sand in die oberste Erdschicht einarbeiten. Außerdem ist auf tonhaltigen Böden eine Dränageschicht aus Kies oder Schotter zu empfehlen. Diese Schicht wird etwa 40–50 cm tief in den Boden eingebracht.

Nach diesen Bodenvorbereitungen werden die Steine für den Steingarten gelegt. Sie sollten nach Möglichkeit dem natürlich vorkommenden Gestein entsprechen oder zumindest aus der näheren Umgebung stammen. So lassen sich hohe Transportkosten vermeiden, und der Nachschub ist auch jederzeit gesichert. Beim Platzieren der Steine sollte man für einen möglichst sicheren Stand sorgen und größere Steine in den Boden eingraben. Auf abschüssigem Gelände werden die Steine so gelegt, dass sie ein Abtragen der Erde bei Regen verhindern. Achten Sie immer auf eine natürliche Lage der Steine. Diese lässt sich gut in der Natur studieren. Sie können sich aber natürlich auch von einem Fachmann Hilfe holen.

Ähnlich wie bei jedem anderen Beet auch wird für den Steingarten ein Pflanzplan erstellt. Dabei sollten Sie sich zunächst über die Gegebenheiten des Standortes informieren, insbesondere über die Sonneneinstrahlung. Auf größeren Freiflächen bieten sich verschiedene Polsterpflanzen an. Ehrenpreis (*Veronica*), Fingerkraut (*Potentilla*), Silberwurz (*Dryas octopetala*) und Lederbalsam (*Erinus alpinus*) bilden ausgedehnte Matten. Kleinere Polster dagegen entstehen durch Alpenfrauenmantel (*Alchemilla*

Wenn der Enzian (Gentiana dahurica) gut eingewachsen ist, zeigt er durch reichen Blütenbesatz, dass es ihm gefällt

alpina), Glockenblumen *(Campanula)*, Schleifenblume *(Iberis)* und weißes Schleierkraut *(Gypsophila)*. In schattigen Bereichen füllen Günsel *(Ajuga reptans)*, Nelkenwurz *(Geum)*, Knöterich *(Polygonum affine)* und Schaumblüte *(Tiarella)* diese Flächen. In enge Ritzen und Fugen schmiegen sich Nelken *(Dianthus)*, Wolfsmilch *(Euphorbia)*, Steinbrech *(Saxifraga)*, Hauswurz *(Sempervivum)* und Sonnenröschen *(Helianthemum)*.

Für Auflockerung sorgen die aufrechten Büsche und Horste beispielsweise von Schwingel-Arten *(Festuca)*, Lavendel *(Lavandula)*, Küchenschelle *(Pulsatilla)* und Lein *(Linum)*. Für die absonnige Seite der Steine sind Storchenschnabel *(Geranium)*, Zwerggeißbart *(Aruncus aethusifolius)*, kleine Hosta-Arten und -Sorten *(Hosta)* sowie Primeln *(Primula)* zu empfehlen.

Ein kleiner Betontrog bietet Polsterphlox (Phlox subulata) und Zwerggehölzen optimale Wachstumsbedingungen

Für die schattigen Ritzen eignet sich Lerchensporn *(Corydalis lutea)* besonders gut, ebenso wie kleine Farne, beispielsweise *Asplenium trichomanes,* die so genannte Steinfeder.

Je größer der Steingarten ausfällt, desto eher können auch einige Gehölze Eingang finden. Die Alpenrose *(Rhododendron)*, Latschenkiefern *(Pinus)* und zwergig wachsende Weiden *(Salix)* sind typische Vertreter für diesen Bereich.

Fugen und Ritzen richtig bepflanzt

Nicht nur die klassischen Gestaltungsformen bieten der Gebirgsflora eine Gartenheimat, sondern auch Bereiche, die mit Natursteinen gestaltet wurden. Treppen, Mauern und Plattenbeläge kann man mit Hilfe der zarten Polster auflockern und beleben. Die schönsten Ecken entstehen allerdings meist ohne jedes gärtnerische Zutun. Wo sich Samen selber aussäen und Ausläufer einen eigenen Weg gebahnt haben, gewinnt das Bild malerischen Charakter. Dieser lässt sich verstärken, indem man zumindest einige Fugen und Ritzen bepflanzt.

Grundsätzlich klappt eine solche Pflanzaktion allerdings nur, wenn die Steine nicht einbetoniert bzw. nicht im Mörtelbeet verlegt sind. Nur so können sich die Wurzeln ihren Weg ins Erdreich bahnen und daraus Nährstoffe und Wasser aufnehmen. Am besten zieht man sich für diese Pflanzaktion bewurzelte Stecklinge heran. Der Wurzelballen sollte möglichst klein sein, denn es ist meist nur wenig Platz in einer Fuge, um Pflanzen hineinzusetzen. Kratzen Sie etwas von der Fugenfüllung heraus, so dass Sie die Wurzeln locker hineinlegen können. Dabei ist es besser, die Wurzeln etwas einzukürzen als sie abzuknicken. Vorzugsweise nimmt man sich ein Hölzchen zur Hilfe, mit dem sich die Wurzeln vorsichtig in den Freiraum schieben lassen. Anschließend füllen Sie die Zwischenräume mit einer speziellen Erdmischung, die aus Gartenerde, etwas Sand und Gesteinsmehl besteht. Einige Steinchen oder Steinsplitter, die man zum Schluss vorsichtig auf die Erde drückt, geben der noch nicht eingewurzelten Pflanze Halt.

Ist es in den ersten Wochen nach der Pflanzung sehr trocken, sollten Sie die Pflanzen häufiger gießen oder besprühen, damit die Blätter nicht welken. Am wenigsten Probleme bereitet die Bepflanzung mit Mauerpfeffer *(Sedum acre)*, klein bleibenden Fetthennen *(Sedum-*Arten) und Hauswurz *(Sempervivum)*.

Miniaturlandschaften im Trog

Wer wenig Platz im Garten hat, baut sich Miniaturlandschaften im Trog bzw. Topf oder bepflanzt einzelne Tuffsteine. Wichtig ist bei der Gestaltung, dass Sie die Pflanzen locker nebeneinander setzen. Die einzelnen Polster und Sträucher sollten sich nicht gegenseitig bedrängen, sondern ausreichend Platz zur Entfaltung ihrer typischen Form haben.

Die Erdoberfläche wirkt wesentlich schöner, wenn man sie mit Splitt oder kleineren Steinen abdeckt. Auch eine knorrige Wurzel verleiht dem Ensemble mehr Natürlichkeit.

Als Substrat sollten Sie sich eine Erde mischen, die durchlässig ist und gleichzeitig als mager eingestuft werden kann. Diese Eigenschaften werden durch gröbere Splittbestandteile, Bimsgestein oder Lavagrus, Sand und Gesteinsmehl gefördert. Als Grundlage kann eine Aussaaterde oder ein nicht zu fetter Gartenboden verwendet werden.

Bei der Pflanzenauswahl sollten Sie vor allem darauf achten, ob das Gefäß in der Sonne oder eher absonnig steht und entsprechend angepasste Alpengewächse bevorzugen. Außerdem muss der Anspruch an den Säuregrad des Bodens auch hier bedacht und durch Kalk- bzw. Humusgaben beeinflusst werden.

Adressen

Baumschulen

Deutschland
Information über Baumschulen in den jeweiligen Ländern erhalten Sie über
Bund deutscher Baumschulen e.V.
Bismarckstr. 49
25421 Pinneberg

Österreich
Bundesfachsektion Baumschule
Draschestr. 13–19
A-1232 Wien-Inzersdort

Schweiz
Verband Schweizerischer Baumschulen
Zürcherstr. 17
Ch-5200 Windisch

Stauden

Deutschland
Adressen von Staudengärtnereien in den jeweiligen Ländern erhalten Sie über
Bund deutscher Staudengärtner (BDS)
Gießener Str. 47
35305 Grünberg

Österreich
Bundesverband der Erwerbsgärtner Österreichs für Stauden und Alpenpflanzen
Draschestr. 13–19
A-1232 Wien

Schweiz
Verband Schweizerischer Baumschulen
Zürcherstr. 17
CH-5200 Windisch

Samen, Samenraritäten

Deutschland
Sperling & Co.
Hamburger Str. 27
21339 Lüneburg

Exotische Sämereien
Albert Schenkel GmbH
Blankeneser Hauptstr. 53 a
22587 Hamburg

Samenversand H.G. Geyer
Postfach 3
37444 St. Andreasberg

Schraveler Mühle GmbH
Postfach 101760
40837 Ratingen

Flora Frey GmbH & Co. KG
Focher Str. 30–40
42719 Solingen

Blauetikett Bornträger GmbH
Postfach 130
67591 Offstein

Julius Wagner
Eppenheimer Str. 18–20
69115 Heidelberg

Palmira Palmensamen
M. K. Steeb
Postfach 10 02 55
70746 Leinfelden-Echterdingen

Samen Hild
Postfach 1161
71672 Marbach

Samen Schmitz
Grünzentrum
Humboldtstr. 2
85609 Aschenheim/Dornach

Österreich
Institut für angewandte Ökopädagogik
Radetzkystr. 1
A-8010 Graz

Schweiz
G. R. Vatter AG
Sägestr. 65
Ch-3098 Könz

Samen Mauser
Zürichstr.
Ch-8600 Dübendorf

Pflanzengesellschaften und Vereine

Deutschland
Gesellschaft der Heidefreunde
Tangstedter Landstr. 276
22417 Hamburg

Deutsche Citrus-Gesellschaft
per Adresse Peter Klock
Stutsmoor 42
22607 Hamburg

Deutsche Kakteengesellschaft
Nordstr. 18
26939 Övelgönne

Deutsche Orchideengesellschaft
Arndtstr. 8
27367 Sottrum

Deutsche Fuchsiengesellschaft
Pankratiusstr. 10
31180 Giesen

Gesellschaften für Fleisch fressende
Pflanzen
Marktstr. 15
44866 Bochum

Deutsche Dahlien-, Fuchsien- und
Gladiolengesellschaft
Drachenfelsstr. 9a
53177 Bonn

Gesellschaft der Staudenfreunde
Meisenweg 1
65795 Hattersheim

Europäische Bambusgesellschaft
John-Wesly-Str. 4
63584 Gründau

Bonsai-Club
Verein europäischer
Miniaturbaumfreunde
Trifelsstr. 15
67269 Grünstadt

Verein Deutscher Rosenfreunde
Waldseestr. 14
76530 Baden-Baden

Internationale
Kameliengesellschaft
Dr. Ingrid Batzenschlager
Altstadt 28
84028 Landshut

Die Gesellschaft der
Wassergartenfreunde in der
Int. Water Lily Society
Karl Wachter
Wendenhofstr. 8
93184 Walderbach

Vereinigung deutscher
Orchideenfreunde
Herderstr. 12 a
85055 Ingolstadt

Arbeitskreis Wasserpflanzen im
Bund Deutscher Staudengärtner
Walter Schimana
Bahnhofstr. 5
86738 Deiningen

Österreich
Bundesobstverband
Löwelstr. 16
A-1010 Wien

Lieferanten von Nützlingen

Deutschland
Neudorff GmbH KG
An der Mühle 3
31860 Emmerthal

Bio Nova
Josefstr. 102/103
41462 Neuß

Sautter & Stepper GmbH
Rosenstr. 19
72119 Ammerbuch-Altingen

Österreich
ÖGLE, Österreichische Genossen-
schaft des landwirtschaftlichen
Erwerbsgartenbaus
Abt. Nützlingszuchten
Attemsgasse 44
A-1220 Wien

Schweiz
Andermatt Biocontrol AG
Ch-6146 Grossdietwil

Stoeckler Bio Agrar AG
Neuhofstr. 5
Ch-8630 Rüti ZH

Private Boden-untersuchungsstellen

Deutschland
Bodenuntersuchungsinstitut
Koldingen
Holländerei 22
30982 Pattensen

Dr. Fritz Balzer
Oberer Ellenberg 5
35083 Amönau

Institut für Mikrobiologie
und Biochemie
Kornmarkt 34
55758 Herborn

Labor für Umweltschutz
und chemische Analytik
Dieter Immekus
Rieddholz 46 a
88167 Maierhöfen

Schweiz
E. Schweizer
Samen AG
Maienstr. 8
CH-3602 Thun

OFAG Laboratorien
Kornfeldstr. 2
CH-6210 Sursee

Labor Roth AG
Rieterstr. 102
CH-8002 Zürich

Register

Halbfette Seitenzahlen verweisen auf eine ausführliche Erläuterung des Begriffs, *kursive* auf Abbildungen.

Acaena
- buchananii 117
- microphylla 103, 104

Acanthus hungaricus 97, 98

Acer
- davidii 126
- griseum 126
- japonicum 112
- palmatum 112, **132**, *132*

Achillea-Clypeolata-Hybride 85, 86
Ackerbohne 196
Ackerschachtelhalm 206, 207
Ackerwinde *205*
Aconitum 49
- carmichaelii **160**

Adiantum venustum **163**, *163*
Adlerfarn 207
Aegopodium podagraria *205*
Agropyron repens *205*
Agrostis 75
Ahornbaum 112
Ahorngewächs 126
Ajuga reptans 69, 73, 80, 103, 104, **152**, 230
Akanthus 98
Akebia quinata **140**
Akebie **140**
Akelei 49, 199
Akzente **54**
Alcea rosea **166**, 203

Alchemilla
- alpina 230
- mollis 54, 70, 91, *91*, **154**, 219

Algenkalk 207

Allium 22, 112, 194
- aflatunense 85
- christophii 112
- giganteum **180**, *181*
- sativum 208, *209*
- ursinum 72

Alpenfrauenmantel 229
Alpengewächs 231
Alpenrose 230
Alpenveilchen 18, **162**

Alte Rose 147
- Fantin Latour *146*, **147**
- Félicité Parmentier *146*, **147**
- Königin von Dänemark *146*, **147**

Alyssum 76
- saxatile 77, 78, **152**, 203

Amberbaum 113
Amelanchier ovalis **136**, *137*, 208
Anemone 74, 194
- apennina *152*, **153**
- blanda 74, 194
- japonica 97, 98, 112, **160**, *161*, 223
- nemorosa 12, 72

Anthemis tinctoria 103, 104, **158**
Antirrhinum majus **168**, *168*, 203
Anzucht **186**
Aquilegia 49, 199

Arabis
- caucasica 85
- caucasica Plena 87

Arbeiten, gärtnerische **184–209**
Argyranthemum frutescens 73
Aristolochia macrophyllia **140**

Armeria 40
Aronstab 107
Artemisia absinthium 97, 98
Artemisia 43
Arum italicum 107

Aruncus 71
- aethusifolius 230
- dioicus 68, 69, 70, 219

Asarina 61
- barclaiana 172
- erubescens **172**, *172*

Asplenium trichomanes 230
Aster 20, 40, 199
- dumosus 20, 109, 110, 122, 124, **160**
- ericoides 109, 110, **160**, *161*
- Hybride *161*
- novae-angliae 20, 88, 97, 99, 107, **160**
- novi-belgii 20, 88, 107, 109, 110, **160**

Astilbe 16, 219, *222*, 223
- Chinensis-Hybride 73
- Hybride **156**, *156*

Atlasschwingel 225
Aubrieta-Hybride 12, *152*, **153**
Aufbau
- kegelförmiger **51**
- pultförmiger **51**

Ausläufer **188**, 224
- bildende Stauden **41**

Auslichten 21
Auslichtungsschnitt 199
Aussaat 13, **186**
Aussaaterde 186
Azalee 68, 69, *69*, *81*, *130*

Bakterienkrankheit **202**
Bakteriose 202
Ballonblume 97, 98
Bambus 219
Bärenklau 97
Bärlauch 72
Bartblume 33, *138*, **139**
Bartfaden 88
Bartnelke *143*, **166**
Basilikum 103, 104
Bauerngarten **32**, 139, 173
Becherfarn 163
Bechermalve *168*, **169**
Beerenstrauch 223
Beetaufbau, pultförmiger 84
Beetrose 91, 142, **144**
Beetstaude 150, 155
Begonie 188
Beinwell 206, 207
Beiwurz 85
Bellis 12, 80
- perennis 12, 80, **166**, *167*

Bepflanzung 54, 56, 78, 84, 130
Berberis 76, 79, *105*, *106*
- thunbergii 77, 103, 104

Berberitze 76, 77, 79, 103, 104, *105*, *106*

Bergenia-Hybride 81, 91, 93, 113, 121, 122, 124, **125**, *152*, **153**, 219

Bergenie 81, 91, 93, 113, 121, *121*, 122, 124, **125**, *152*, **153**

Bergwaldrebe 103
Bestandsaufnahme **56**, 57
Betula 33

- pendula *132*, **133**
Bewässerung **194**, 196
Bewässerungscomputer 197
Bewässerungssystem **196**
Bibernellrose **148**, *148*
Bienenfreund 75, 196
Binse 218
Birke 33
Birne, weidenblättrige **133**
Bitterorange 106
Blattfarbe 20, 78
Blattfärbung 160
Blattflecken 202
Blattformen **49**, 51
- eiförmige **50**
- gefiederte 49, **50**
- gefingerte 49, **50**
- nadelförmige **50**
- quirlständige **50**
- schmale **50**

Blattläuse 204, *204*, 207
Blattspritzung 200
Blattwanze 204
Blattwespe 207
Blaukissen 12, *152*, **153**
Blauraute 85, **86**
Blauregen 73, **73**, **141**
Blausternchen 12, 75, **176**, *176*, 194
Blaustrahlhafer 97, 98, **163**
Bleiwurz 86, 113, 160
Blumen, zweijährige 12
Blumenbeet **51**, 61, 66, **68**
- am Sitzplatz **96**

Blumenbinse 218
Blumeninsel **84**, 87
Blumensedum 97, 109
Blumenwiese 75

Blüten
- gefüllte 49
- gesponte 49
- glockenförmige 48
- schalenförmige 49
- sternförmige 49
- trompetenförmige 49

Blütenformen **48**, **49**
Blütenhecke 139
- frei wachsende 138

Blütenschale 48
Blütenstände
- verzweigte 49
- vielblütige 49

Blütenstrauch 223
Blütezeiten 49, 56, 62, 70, 94
Blutläuse 208
Blutstorchschnabel 122, 124, **154**
Blutweiderich 218
Boden **34**, 75
Bodenanalyse **36**, 57
Bodenart **34**
Bodenbearbeitung **190**
Bodendecker **38**, 134, 139, 150, 152, 170, 194, **224**

Bodendeckerrosen 145
- 'Ballerina' 91, 142, **145**
- 'Fairy Dance' **145**, *145*
- 'Ferdy' 145
- 'Heidetraum' **145**
- 'Little Artist' **145**, *145*
- 'The Fairy' **145**
- 'Weiße Immensee' 145

Bodeneigenschaften 36

Bodenfeuchtigkeit 200
Bodenhilfsstoffe **191**
Bodenlockerung 190, *190*, 191, **195**, *195*, 196
Bodenluft 36
Bodenmodellierung 56
Bodentemperatur **36**
Bodenverbesserung 57, 229
Bodenwasser **36**
Boltonia asteroides var. latisquana 108, 109
Brandkraut 97, 98, 99, 117, 118, **162**
Brassica 113
- napus 196

Braunelle 77, 78
Brennnessel 206, 208
- große *205*

Brunnera 71
- macrophylla 68, 69, 85, 87, *152*, **153**

Buche 62
Buchenhecke 223
Buchs 118
Buchsbaum 24, 30, *31*, 117, 120, *127*, **134**, *135*
Buchskugel 117
Buchweizen 196
Buddleja 199
- davidii 16, 94, 96, 97, **138**, *138*

Buntnessel 61
Buschwindröschen 12, 72
Butomus umbellarus 218
Buxus 117
- sempervirens 24, 30, *31*, 117, 120, **134**, *135*

Calamintha 94
- nepeta ssp. nepeta 96
- nepetoides 97

Calendula officinalis 20, **170**, *171*, 196

Callicarpa 21
- bodinieri 106

Callistephus chinensis 88
Caltha palustris 218
Camelia japonica 122, 124
Campanula 16, 63, *71*, 226, 230
- carpatica **154**, *155*
- medium **166**. *167*
- poscharskyana 54, 84, 85, 122, 124

Carex 73

Caryopteris 33
- clandonensis *138*, **139**

Castanea sativa *132*, **133**
Catalpa bignonioides *132*, 133, **133**
Ceanothus 199
Centaurea bella 96, 97
Centranthus ruber 95, 109
- 'Coccineus' 108

Cerastium 40
Ceratophyllum 218
Ceratostigma plumbaginoides 85, 86, 113, **160**
Chamaecyparis obtusa **134**
Cheiranthus cheiri **166**, *167*
Chelone obliqua 218
Chinarose 148
Chinaschilf 20, 62, 108, 109
Chlonodoxa luciliae **175**

Choenomeles 62, 223
- Hybride 21, 106, **136,** 222
Christrose 24, *66,* **162,** 203, 223
Chrysogonum virginianum 94
Cimicifuga ramosa 102, 103, 104
Clematis 54, *105,* 112, **140,** *141*
- alpina *73,* **73**
- Hybride *141*
- Jackmanii-Hybride **140**
- montana 73, **73,** 103, 104, 105
- orientalis 89
- tangutica 89, **140,** *141*
Cleome spinosa 88, **169**
Climber (Kletterrosen) **149**
Cobaea scandens **173**
Colchicum autumnale 113, 194
Coleus-Blumei-Hybride 61
Consolida ajacis 88
Convallaria majalis *222,* 224
Convuvulus arvensis 205
Coreopsis 16, 150
- grandiflora *158*
- tinctoria 20
- verticillata 85, 86, 117, 119, *158,* **159**
Cornus 117
- alba 24, 117, 118, **126**
- mas 12
- stolonifera 24
Cortaderia selloana 20, **163,** *163*
Corydalis lutea 230
Corylopsis *125*
- spicata **136**
- pauciflora 122, **122,** *137*
Corylus *123*
- avellana 12, 122, 124, 222
- maxima 224
Cosmos sulphureus **170**
Cotinus coggygria 103, 104, *138,* **139**
Cotoneaster 106
Cottagegarten **32**
Cotula squalida 225
Countrygarten **32**
Crambe *6*
- cordifolia 150
Crataegus-Art 133
Crocosmia masoniorum 14, 103, 104, **180**
Crocus 10, 12, 73, 194
- tommasinianus 72, 75, **175,** *176*
Cyclamen coum **162**
Cytisus 33, 126

Dachgarten **32**
Dachwurz 121, 226
Dahlia 14, 16, *16, 17,* 21, 41
- Dahlia-Hybride 85, 86, 103, 104, **180,** *181*
Dahlie 14, 16, *16, 17,* 21, 41, 86, 103, 104, 105, *174, 174,* 180, **180,** 188
Daphne mezereum **136**
Datura 46
Dauerblüher **94,** 119, 155, 157, 159, 161, 176
Dekoration, winterliche 127
Delphinium *6,* 49, 62, **154,** 186
- Elatum-Hybride 91, *91,* 92
- Hybride 14, 16
Dendranthema-Indicum-Hybride 22, 79, 86, 97, 98, 109, 110, 113
Deschampsia caespitosa 113
Detailplan **56**
Deutzia 85
- gracilis 85
- x rosea **139**
Deutzie 28, 85, *85, 87,* **139**

Dianthus 226, 230
- barbatus **166**
Dicentra 40
- spectabilis 88, **153**
Dichternarzisse 75, *178*
Dickmaulrüssler **204**
Digitalis 40
Direktsaat 187, *187*
Distel 206
Dolden 49
Doronicum 87, 219
- caucasicum 85, 87
- orientale 103, 105, **153**
- plantagineum 72
Dorotheanthus 78
Dost 97, 98
Draba 226
Dränageschicht 191, 229
Dreiklang 42, *42,* **43**
Dryas octopertala 229
Dryopteris 208
- erythrosora 72
Duft **46,** 78, 87, 95, 96, 118, 144, 157, 166, 208
Duftgeranie 95
Duftschneeball 24, 122, **137,** 222
Duftveilchen **162,** *162*
Duftwicke **173**
Düngen 194
Dünger 190, 191
- mineralischer **198**
- organisch-mineralischer **198**
- organischer 192, **198**
Düngung 13, **191,** 198
Dunkelkeimer **186**

Eberesche 33, 106, 133
Eccremocarpus scaber **173**
Echeveria 78
Echeverie 78
Echinacea purpurea 97, 98, 112
Echinops ritro 112, **162**
Edelraute 43, 97
Edelreis 188
Edelrose 142, **144**
Edelweiß 226
Efeu 61, 113, **121, 140**
Ehrenpreis 75, 81, 84, 85, 98, 229
Eibe 24, 120, *135*
- gemeine **135**
Eiche, wintergrüne 133
Einfassung 30, 77, 78, 134, 170
Einjährige 20, 37, **41**
Eisenholzbaum 113, 126
Eisenhut 49
Eisenkraut 29, 88, *45,* 109, 110, 164, 168, **169**
Eisenmangel 200
Elfenblume 113, 225
Elfenkrokus 75, 72, **175,** *176*
Engelstrompete 46
Englische Rose **147**
- Constance Spry *146,* **147**
- Graham Thomas **147**
Entyloma-Pilz *203*
Enzian 226, **228**
Epilobium canum ssp. latifolium 103, 104
Epimedium 113, 225
Eranthis *123*
- hyemalis 10, 12, 122, **175,** *176,* 194
Erdbewegung 57
Eremurus 94, 194
- robustus **181**
Erigeron 16, 62, 199
- karvinskianus 45, 61

Erinus alpinus 229
Erythronium 74
Esparsette 196
Essigrose **148,** *148*
Esskastanie *132,* **133**
Etagenschneeball **138, 139**
Euonymus 106
- fortunei **134**
Eupathorium 20, *113*
- cannabium 218
- maculatum 91, 92
Euphorbia *47,* 230
- characias var. wulfenii 80
- griffithii 94
- polychroma 103, 105, 122, 125

Fächerahorn **132,** *220*
- japanischer *132*
Fächerbesen *190*
Fackellilie 104, **160**
Fadenwurm 202, **204,** 208, 209
Fagopyrum esculentum 196
Fagus 62, 223
- sylvatica **133**
Fallopia aubertii **140**
Falscher Jasmin 222
Familiengarten 33
Farben **43,** 56
- des Herbstes **20**
- des Sommers **16**
- des Winters **24**
Farbenlehre **42**
Färberkamille 103, 104, **158**
Farbgestaltung **42–44,** 54, **61,** 77
Farbkreis **42,** *42*
Farbverlauf 42, *42,* **43**
Farbwirkung **43-44**
Farn 72, 121, 150, **163,** 219, *225,* 230
Farnkraut 207, *212*
Fäulnis 202
Federborstengras 109, 110
Feinstrahl 16, 62, 199
Felberich 113
Feldsalat 196
Felsenbirne **136,** *137,* 208
Felsenmispel *221*
Fenchel 103
Fenchelkraut 104
Festuca 73, 75, 230
- mairei 225
Fetthenne 78, 77, 110, 231
Feuchtzone **217**
Feuerbohne *172,* **173**
Feuerwolfsmilch 94
Fieberklee **216,** 218
Fiederpolster 225
Fingerhut 40
Fingerkraut 103, 104, 105, 229
Fingerprobe 35
Fingerstrauch 94
Flächenaufteilung 54
Flächenbegrünung 134, 136
Flächenverteilung 56
Flachwasserzone **217,** 218
Flachwurzler 219
Flammenblume 77, *85, 95*
Flaviramea 24
Flieder 12, 73, **73**
Flockenblume 96, 97, 98
Floribunda-Rose **144**
- 'Bella Rosa' **144,** *144*
- 'Bonica 82' **144**
- 'Friesia' **144,** *144*
Flüssigdünger 190
Foeniculum vulgare 103, 104
Formen *48*
Formschnittgehölz 135
Formschnitthecke 30

Forsythia 12, 62, 223, *137*
- x intermedia **136,** 199
Forsythie 12, 62, **136,** 199
Frauenmantel 54, 70, 91, *91,* 92, 93, **154,** 219, *226*
Fraxinus excelsior 133
Frittilaria imperialis 72, 194, 205, 209
Froschbiss 218
Frostgare 191
Frostkeimer **186**
Fruchtbehang 20
Früchte 106
Fruchtstand 162
Frühbeet 186
Frühbeetkasten 188
Frühlingsanemone *152,* **153**
Frühlingsblüher 62, 73, 87, **136,** 141, 166, **175,** 199
Frühsommer 154
Füllstaude 157
Fungizid 203
Funkie 73, 51, 219
Funktionsschema **56,** 57

Galanthus *123,* 194
- elwesii 72, 117, 118
- nivalis 10, *10,* 72, 122, **175,** *176,* 208
Galium odoratum 72, 224
Galinsago ciliata 205
Galtonia candicans 14, **181**
Gamander 75, 85, 86
Gänseblümchen 166
- spanisches 45
Gänseblümchenblüte *48*
Gänsekresse 85, 87
Garten
- formaler **32,** 214
- kleiner 40, 50, **58–62,** 60, 126
- ländlicher 166, 170
Gartenanlage 30, 57
Gartenarbeiten
- im Frühjahr **13**
- im Herbst **21**
- im Sommer **17**
- im Winter 13, **25**
Gartenbereich 30
Gartenerde 231
Gartengerät *190*
Gartengestaltung 36, 114
Gartenklima **34**
Gartenmöbel 53
Gartenplanung **56**
Gartenrand 170
Gartenräume 30
Gartenresede 46, 95
Gartenschmuck **52–53,** 53, 56
Gartenstil
- freier **32**
Gartenteich 57, **212–219**
Gartentypologie **32**
Gartenweg 52, 60, 66, **76,** 79, 137
Gauklerblume 218
Gaura 94, 109, 110, **157**
- lindheimeri 94, 109, 110, **157**
Gazania-Hybride **170**
Gazanie **170**
Gebirgsnelke 229
Gedenkemein 72, 225
Gehölze 25, **38,** 89, 96, 106, 119, **130–141,** 189, 192, 193, 198, 219, 229, 230
- immergrüne **38**
- pflanzen *192*
- säulenförmige **38,** *38*
- strauchige 223

235

Gehölzrand 72, 139, 160, 222, 224, 225, **220–225**
Geißbart 68, 69, 70, *71*, 219
Gelbsenf 196
Gelenkblume 77, 79
Gemswurz 72, 85, 87, *87*, 103, **153**, 219
Gemswurzhorst 105
Gentiana 226
– dahurica *228*
Geranium 150, 230
– endressii 96, 97
– macrorrhizum 208
– pratense 73
– Pratense-Hybride 69, 70
– sanguineum 122, 124, **154**
Gestaltung 30, **48**
Gesteinsmehl **191**, 206, 207, 231
Geum 105, 230
– x heldreichii 103, 105, 219
Gewächs, kleinblumiges 124
Gewächshaus 186
Giersch 205
Gießen 194, **197**
Gießhilfe 196
Gießrand *192*, 193
Gingko 113, **133**
– biloba 113, **133**
Ginster 33, 126
Gladiole 14, 21, 49, 180, **180**, *181*
Gladiolus 14, 21, 49
– Hybride **180**, *181*
Glattblattaster 20, 107, 109, 110
Glockenblume 16, 54, 63, 71, 86, 122, 226, *226*, 230
Glockenblumenpolster 124
Glockenhasel 122, **122**, 125, *125*, **136**, *137*
Glockenrebe **173**
Glockenstrauch 222
Glyzinie 121
Goldbartgras 108, 109
Goldfelberich 69, 70, *71*, 223
Goldfinch *58*
Goldglöckchen *137*, 223
Goldkamille 88
Goldkeule 218
Goldkörbchen 94
Goldlack **166**, *167*
Goldregen 89, 133
Goldrute 16, **159**
Goldulme 133
Goldwolfsmilch 103, 105, 122, 125
Grabegabel 190, *190*, 191, 199
Gräser 18, 20, *21*, 51, 108, 110, 118, 119, 150, **163**, 188, 215
Gräserbeet **108**, 111
Gräserhorst 225
Grasnelke 40
Grauschimmel **203**
Grauschimmelpilz *203*
Greiskraut 218
Großgehölz 194, 199
Großstrauch 132
Gründüngung 57, 75, **196**, *196*
Gründüngungspflanzen **196**
Gunnera 150
Günsel 69, 70, 73, 80, 103, 104, 105, **152**, 230
Gypsophila 230
– paniculata 88, **157**

Hacke 190, 195
Häckselmaterial 194
Haftwurzel 140
Hagebutte 106, 148, 149, 223

Hahnenfuß 75
Hahnenfußgewächs 49
Hakonokloa *113*
– macra *113*
Halbinselbeet 51
Halbsträucher **38**, 79
Hamamelis 112, 126, 199
– x intermedia **136**
– Hybride 116, 117, *117*
– mollis 24
Handspaten 193
Hängebirke *132*
Hängebuche, rotblättrige *131*
hanging baskets **61**, 171, 172
Hartriegel 24, 117, *117*, 118, **126**, *221*
Haselnuss 222
Haselstrauch 12
Hasenglöckchen 69, 74, 98, 122, **175**, *176*, 225
Hausbaum 132, 133
Hauseingang 170
Hauswurz 32
Hauswurz 40, 62, 78, 230, 231
Hechtkraut 218
Hecke 30, *31*, 57, 60, 62, 135, 136, 142, 146
Heckengehölz 134
Heckenstrauch 223
Hedera
– colchica **140**
– helix 61, 113, **121**
Heidegarten **33**
Heidekraut 33
Heiligenkraut 77, 78, 79
Heilpflanze 170
Helenium 16, *158*, **159**
Helianthemum 230
– Hybride **154**, *155*
Helianthus 16, 75
– annuus 14, 15, **170**, 196
– decapetalus **159**
Helichrysum petiolare 61
Helictotrichon
– sempervirens 97, 98
– setiterum *163*
Heliopsis 16, *17*
– Hybride **159**
Helleborus 203, 223
– foetidus 117, 118
– niger 24, **162**
– Orientalis–Hybride *162*
Hemerocallis 68, 69, **70**, *71*, 199, 224
– Hybride 16, 94, 103, 104, *156*, **157**, 219
Herbstanemone 97, 98, 112, **160**, *161*, 223
Herbstaster 18, 40, 88, 99, *101*, **107**, **160**, *161*
Herbstblüher 160
Herbsteisenhut **160**
Herbstfärbung **112**, 113, 132, 141
Herbststeinbrech **161**
Herbstzeitlose *19*, 113, 194
Hesperis matronalis **166**
Heuchera micrantha 91, 122, 124
– 'Palace Purple' 92
Hibalebensbaum *135*
Hibiscus syriacus 16, *29*, 94, **139**, 199, 222
Hibiskus 16, *29*
Hirschzunge 72
Hirschzungenfarn 121
Hochstammrose 62
– Paul Noël *63*
Höhenaufbau **51**
Hohe Flammenblume *156*, **157**

Hornblatt 218
Hornkraut 40
Hornspäne 192
Hornveilchen 12, 80, 81, **167**
Horst **41**, 51, 84, 105, 110, 199
– aufrecht wachsender **40**
– übergeneigt wachsender **40**
Hortensie 73
– eichenblättrige *23*
Hosta 51, 73, 219, 230
– Sieboldiana *225*
– undulata *225*
Humulus japonicus **173**
Humus **34**, 35, 231
Humusgehalt **195**
Humusschicht **34**
Hundsrose **148**
Hundszahn 66, 74, **175**
Hungerblümchen 226
Husarenknöpfchen **170**
Hyacinthoides 69, 225
– non–scripta 98, **176**, *177*
– hispanica 122
Hyacinthus
– Hybride 87
– orientalis 46, 85, 98, 194
Hyazinthe 46, 72, 85, 87, 98, 194
Hydrangea
– arborescens *138*, **139**
– macrophylla 73
Hydrocharis morsus-ranae 218

Iberis 230
– sempervirens 69, **70**
Ilex 62
– aquifolium 24, 62, 120, **134**
– x meservae *25*
Immergrüne 24, 25, 94, 114, **120**, 120, 121, 134, 193, 223, 224
Indianernessel 77, 78, *95*, *156*, **157**
Inkarnatklee 196
Innenhof **32**
Insekten 204, 207
Inselbeet 51
Iris 49, *76*, 194, *218*
– Barbata-Elatior 77, 94, **157**
– Barbata-Hybride 14, 150
– Barbata-Nana-Hybride 77, 78
– danfordiae 194
– ensata 218
– foetidissima 107
– reticulata 194
– sibirica 68, 69, 70, 199, 219
Jakobsleiter 122, 218
Japanhopfen **173**
Jasminum nudiflorum 116, 117, **140**, *141*
Jauche 206, *296*
Jelängerjelieber *6*, **141**, *141*
Judassilberling 74, **166**, *167*
Juncus 217
– ensifolius 218
Jungfer im Grünen 88, 95, *164*, **169**
Jungpflanzenpflege **195**
Juniperus communis **134**, *135*

Kaiserkrone *67*, 72, 193, 194, 205, 209
Kaktusdahlie *181*
Kalimeris 70
– incisa 68
– yomena 69
Kaliummangel 200
Kalk **191**
Kalkgehalt 200, 229
Kamelie 122, 124, **124**
Kaphyazinthe *181*

Kapuzinerkresse 16, **171**, *171*
– kletternde **173**
Karminrote Spornblume *95*
Karpatenglockenblume **154**, *155*
Kartoffelrose **148**
Kätzchenweide 81, **81**
Katzenminze *6*, *31*, *45*, 49, 94, 97, 117, 119, **157**
Kaukasusvergissmeinnicht 68, 69, *71*, 85, 87, **152**, *153*
Keimbedingung **186**
Keimung 186
Kerria japonica 68, 69, **137**, *137*
Kerzenknöterich 99
Kies **191**
Kirengeshoma palmata **160**, *161*, *225*
Kirschlorbeer 24, 120, **134**
Kissenaster *19*, 20, 107, 109, 110, 122, 124
Klatschmohn 73, 95
Kleeart 75
Kleingarten **32**
Klettergehölz 73, **140**, 141
Kletterpflanze **38**, 60, 62, 121, 141, 172, 173
– einjährige **172**
Kletterrosen 58, *58*, 62, 70, **149**, 117, 118, 142, 145
– 'Blair No. 2' **149**
– 'Compassion' **149**
– 'New Dawn' **149**
Klima, regionales **33**
Klimmhaare 140
Knautia macedonica 91, 92
Knautie 91, 92
Kniphofia **160**
– Hybride 104
Knoblauch 207, 208, *209*
Knollenblume 122
Knollenpflanzen **173–181**, 180, 188, 192
– frostempfindliche **41**
– winterharte **41**
Knopfkraut, kleines *205*
Knöterich 20, 97, 113, *113*, 230
Kohlweißling 207
Kokosfasern **191**
Kolben 49
Kolibritrompete 103, 104
Komplementärfarben 42, *42*, **43**
Kompost **191**, 198
Komposterde 194
Konifere 24, 25, 33, **120**, **134**, 135, 193, 223
Königskerze 63, 85, 86
Königslilie 91, *181*
Konzept **54**
Korbblütler 16, 156
Korkenzieherhasel 122, *123*, 124, 125
Kornelkirsche 12
Krail *190*
Krankheit 184, 200, 229
Kräuter 61
Kräutergarten 104
Kreuzkraut **159**
Kriechspindel **134**
Krokus 10, 12, 18, 73, 194, *220*
Krone
– kugelige **40**
Kübelpflanzen 134, 135, 135, 139, 166, 167, 169
Küchengarten 171
Küchenschelle 226, 239
Kuckuckslichtnelke *95*
Kugelakazie 133
Kugelbaum 61
Kugeldistel 112, **162**

236

Register

Kugelesche 133
Kultivator *190*, 195

Laburnum x watereri 89, 133
Lambertsuss 224
Lampenputzergras 117, **163**, *163*
Lampionblume 107, **161**
Lanzenträger *91*
Lärche 38, 134
Larix 38
Lärmschutz 222
Lathyrus odoratus **173**
Latschenkiefer 230
Laubbaum 219
Laubgehölze **38**
– klein bleibende **133**
Laurus nobilis 95
Läuse 200, 202, **204**, 207, 208, 209
Lavandula *76*, *79*, 230
– angustifolia 16, 77, *47*, *209*
Lavatera trimestris 168, **169**
Lavendel **15**, 16, *47*, 76, 77, 78, *79*, *79*, *208*, *209*, 230
Lederbalsam 229
Leguminose 196
Lehmboden **34**, **35**, *35*, 195
Lein 230
Lenzrose *162*
Leontopodium 226
Lerchensporn 230
Leucanthemum 73, 75
– Maximum-Hybride 109
Leucojum vernum **176**
Levkoje 46, 88
Licht **36**, 46
Lichteinfall 36
Lichtkeimer **186**
Lichtnelke 75, 103, 104, 105
Lichtsituation **37**
Lichtverhältnisse 56
Liebesperlenstrauch 21, 106
Ligularia przewalskii *158*, **159**, 218
Lilie 46, 95, 180, **180**, 194
Lilienschweif **181**
Lilium 46, 95, 194
– candidum 180
– Hybride **180**
– regale 91, *181*
Linum 230
Lippenblütler 49
Liquidambar styraciflua 113
Lobelia erinus 168, **169**
Lonicera **6**
– caprifolium **141**, *141*
Lorbeer 95
Löwenmäulchen 168, *168*, 203
Lückenfüller **88**, 94, 154, 164, 166, 169, 170, 186, 199
Luftfeuchtigkeit 200
Lunaria 74
– annua **166**, *167*
Lungenkraut *152*, **153**, 225
Lupine
– Blaue 196
– Gelbe 196
Lupinus
– angustifolius 196
– luteus 196
Luzerne 196
Luzula 225
Lychnis 75
– x arkwrightii 103, 104
– flos-cuculi 95
Lysichiton americanus 218
Lysimachia 71, 113
– clethroides 102, 103
– punctata 69, 70, 223
Lythrum salicaria 218

Mädchenauge 16, 20, *83*, 85, 86, 117, 119, 150, *158*, **159**
Magnolia stellata 74
Maiglöckchen *222*, 224
Malus-Sorte 106
Malva moschata 97, 98
Mandarinrose 70
Männertreu 168, **169**
Marbel 225
Margerite 73, 75, 109
Margeritenblüte 48
Marienglockenblume **166**, *143*, *167*
Marienkäfer *208*
Märzenbecher **175**
Maßliebchen **166**, *167*
Matteuccia struthiopteris **163**, 219
Matthiola incana 46, 88
Mauer 30, 57
Mauerpfeffer 62, 122, 231
Maurandie 61, **172**, *172*
Medicago sativa 196
Meerkohl 6, 150
Mehltau 34, 200, 207
– Echter **202**, *203*
– Falscher **202**
Mehrnährstoffdünger 192
Menyanthes trifolia *216*, 218
Milbe 207
Mimulus cuperus 218
Miniaturstrauchrose 91
Minitreibhaus 186
Miscanthus
– giganteus 62
– sinensis 20, 108, 109
Mittagsblume 78
Mixed Border **102**
Molinia 119
– caerulea 109, 110
– rundianaceae 117
Monarda 95
– Hybride 77, 78, *156*, **157**
Montbretie 14, 103, **180**
Moossteinbrech 225
Mosaikvirus 202
Moschusmalve 97, 98
Moschusrose 96, 97
Mulchdecke *195*, 198
Mulchen 17, 184, **194**, 195, *195*
Mulchpapier 194
Mulchschicht 222
Mummel 218
Muscari 11, 12, 80, 194
– armeniacum 69, **176**
Muschelzypresse **134**
Muskatellersalbei *47*
Mutterboden 57
Mutterkraut 122, *212*
Myosotis
– palustris 218
– sylvatica 12, 68, 69, 80, **166**
Myriophyllum 218
Myrthenaster 109, 110, **160**, *161*

Nachtkerze 16, 95, 103, 105, 117, 119
Nachtviole **166**
Nadelgehölze **38**, 134
Nährstoffangebot 200
Nährstoffgehalt 75, 229
Narcissus 12, 60, **70**, 72, 73, 74, 80, 194, 205, 209, 225
– bulbocodium *178*
– cyclammineus 75, **179**
– jonquilla **179**
– poeticus 75, *178*, **179**
– tazetta ssp. tazetta **179**
– triandrus **179**
Narzissen 12, 68, 69, **70**, 72, 73, *74*, 80, **179**, 193, 194, 205, 209, 225
– Alpenveilchen- **179**
– Dichter- **179**
– gefüllte *178*
– großkronige **179**
– Jonquillen- **179**
– kleinkronige *178*, **179**
– Osterglocke **179**
– Reifrock- *178*
– Tazetten- **179**
– Triandrus- **179**
– Trompeten- **179**
Naturgarten **32**, 51, 148, 170, 214
Nelke 226, 230
Nelkenwurz 103, 105, 219, 230
Nepeta **6**, *31*, 49, 94
– x faassenii 117, 119, **157**
– nervosa 45
Nicotiana 46
– sylvestris 95
Nigella damascena 88, 95, 164, **169**
Niederschlagsmenge 33
Nieswurz, stinkender 117, 118
Nuphar lutea 218
Nutzgarten 146
Nutzpflanze 173
Nützling **207**
Nymphaea 61
– Hybride 217
– pygmaea 217
Nymphoides peltata 218

Oberboden **34**
Ocimum basilicum 103, 104
Oenothera 16, 95
– tetragona 103, 105, 117, 119
Ohrwürmer 208
Ölrettich 196
Omphalodes verna 72, 225
Onobrychis vicifolia 196
Ophiopogon planiscapus *106/107*
Organum-Laevigatum-Hybride 97, 98
Orontium aquaticum 218

Pachysandra terminalis 224
Paeonia 16, 21, 49, 150, 199, 203
– lactiflora 14, 84, **154**, *155*
– Lactiflora-Hybride 85
Pampasgras 20, *101*, **163**, *163*
Papageientulpe *178*
Papaver
– orientale 14, 88, **155**, *155*
– rhoeas 73, 95
Parrotia persica 113, 126
Parthenocissus 113
– quinquefolia **141**, *141*
– tricuspidata 108, 109
Patina 52
Pelargonium 95
Pennisetum alopecuroides 109, 110, 117, **163**, *163*
Penstemon-Hybriden 88
Perovskia x superba 85, **86**
Perückenstrauch 103, 104, 133, *138*, **139**, 222
Petunia 61
Petunie 61
Pfaffenhütchen 106
Pfeifengras 109, 110, 117, *119*
Pfeifenstrauch 95
Pfeifenwinde **140**
Pfingstrose 14, 16, 21, 49, *82*, 84, 85, 112, 150, **154**, *155*, 199, 203
Pflanze
– eintriebige *40*
– mattenbildende *40*
Pflanzenauswahl 54
Pflanzenauszug 206
Pflanzenextrakt **207**
Pflanzenpflege 17
Pflanzenschutz **200**, **207**
Pflanzenstärkung **206**
Pflanzenwahl **62**
Pflanzhilfe 193
Pflanzloch 193
Pflanzplan 37
Pflanzschnitt 192
Pflanztermin 21
Pflanztiefen von Zwiebelblumen **194**
Pflanzung **190**, 191, **192**
– Gehölz **193**
– Rosen **193**
– Stauden- und Sommerblumen **193**
– teppichartige **51**
– Zwiebelblumen **193**
Pflege 202
– nach der Pflanzung **194**
Pflegeaufwand 56
pH-Wert **36**, 200, 229
Phacelia 75
– tanacetifolia 196
Pharbitis purpurea *172*, **173**
Phaseolus coccineus *172*, **173**
Philadelphus 222
– Hybride 95
Phlomis
– russeliana *162*
– tuberosa 97, 98, 117, 118
Phlox 16, *17*, 34, 46, 78, 86, 95, 199, 204, 208, *212*
– maculata 85, 86
– paniculata 16, *17*, 34, 46, 77, 78, 86, 95, *95*, *156*, **157**, 199, 204, 208
– subbulata 85, 87, *230*
Phosphormangel 200
Photosynthese **36**
Phyllitis scolopendrium 72, 121
Physalis alkekengi var. franchetii 107, **161**
Physostegia 77
– virginiana 79
Pikieren 187, *187*
Pilzkrankheiten 81, 197, **202**, 207, 208, 209
Pinus 230
– strobus **134**, *135*
Pistia stratiotes 217
Planung 78
Platycodon grandiflorus 97, 98
Poa 75
Polemonium
– caeruleum 218
– reptans 122
Polster bildende Stauden **41**
Polsterpflanze *40*, 229
Polsterphlox 87, 85, *230*
Polsterstaude 51, 150, 152
Polyantha-Rose **144**
Polygonum 113
– affine 230
– amplexicaule 20, 97, 99, *113*
Polystichum
– polyblepharum **163**
– setiferum 121
Pompon-Dahlie 85

Poncirus trifoliata 106
Pontederia cordata 218
Portulaca 78
Portulakröschen 78
Potentilla 229
– atrosanguinea 103, 104
– fruticosa 94
Prachtfetthenne *21*
Prachtspiere 16, 73, **156**, *156*, *212*, 219, *222*
Prachtstaude 14, 51, 61, 150, 154, 156, 157, 160
Primärfarben **42**
Primel 12, 72, 80, 127, 199, 218, 230
Primula 12, 199, 218, 230
– veris 72
– vulgaris 72, 80
Proportionen **54**, 62
Prunella grandiflora 77, 78
Prunkwinde *172*, *173*
Prunus 12
– laurocerasus 24, 120, **134**
– serrulata 72, 89, **133**, *137*
– spinosa 223
Pulmonaria
– angustifolia *152*, **153**
– rubra 225
Pulsatilla 226, 230
Pumpe 214
Purpurfetthenne 20, *21*, 98, 99, **161**, *161*, 224
Purpurglöckchen 91, 92, 93, 122
– rotblättriges 124
Puschkinia scilloides **176**
Puschkinie **176**
Pyrus salicifolia **133**

Quamoclit lobata *172*, **173**
Quarzsand **191**
Quecke, gemeine 205
Quercus x turneri 133

Rainfarn 207
Rambler **149**
Ranker **140**
Rankgerüst 91, 103, 149
Rankhilfe 172
Rankpflanze 173
Rankrose 89, 91, *149*
– 'Albertine' **149**, *149*
– 'Bobbie James' **149**
– 'Kew Rambler' **149** *149*
Ranunculus 75
– aquatilis 218
Ranunkel 70
Ranunkelstrauch 68, 69, **137**, *137*
Raphanus sativus var. oleiformis 196
Rasenanlage 57
Raublattaster 20, 97, 107
Raumbildung **60**
Raumteiler 30, 60
Raupe 207
Rechen *190*
Regentonne 197, *197*
Regner 197
Reispelze **191**
Reseda odorata 46, 95
Rhizome 224
Rhododendron 12, 13, 25, *69*, 73, *81*, 120, **135**, *135*, 230
– Hybride 68, 69, 73, **135**
Ribes sanguineum 62
Riesenhyazinthe 14
Riesenlauch **180**, *181*
Riesenmontbretie 104
Rinde, kompostierte **191**
Rindenkompost 194

Rindenmulch 194
Rindenschmuck 126
Ringelblume **170**, *171*, 196, 200
Rittersporn 6, 14, 16, 49, 62, 88, 91, *91*, 92, *143*, **154**, 186
Robinia pseudoacacia 133
Robinie 221
Rodgersia 219
Rodgersie 219
Rohrkolbe 61
Rosa 14, 21, 46, 91, 117
– canina **148**
– centifolia **147**
– chinensis **148**
– gallica **148**
– moschata 96, 97
– moyesii 70
– omeiensis f. pteracantha 127
– pimpinellifolia **148**, *148*
– rugosa **148**
Rosen 6, 14, *15*, 16, 21, 25, 38, 46, 61, 57, 106, 142–149, 168, 186, 188, 191, 203, 208, 209, 223
– Alte und Englische 118
– Beet- und Edelrosen **144**
– Bodendeckerrosen **145**
– Kletterrosen **149**
– Moderne Srauchrosen **146**
– Wildrosen **148**
Rosen überwintern 199, *199*
Rosenblüte, gefüllte *48*
Rosenbogen *119*, 142, 149
Roseneibisch 94, **139**, 199, 222
Rosengarten **32**, 91, 93
Rosenkugel 24, 53, *127*
Rosmarin 95
Rosmarinus officinalis 95
Rost **203**, 207
Rostpilz *203*, 207
Rotdorn 133
Rotschleierfarn 72
Rotteschicht **34**
Rückschnitt 21, 24, 93, 111, 119, 138
Rudbeckia
– fulgida 20, 109, 110, 112, 117, 118
– fulgida var. sullivantii 94
– hirta 88, **170**, *171*
– triloba 112

Säckelblume 199
Salbei 77, 78, 103, 104, *151*, *165*, **169**, 208
Salix 12, 126
– caprea 81, **81**, 127
Salvia 61
– nemorosa 62, 91, 92, 109, 117, 119, **155**, *155*, 199, 224
– officinale 77, 78, 103, 104, 208
– patens **169**
– pratensis 75
– sclaria 47
Salvie 61
Salweide 127
Salzkonzentration 200
Samen 186
Sämling 186, 203
Sand 231
Sandboden **34**
Santolina chamaecyparissus 77, 78
Sanvitalia procumbens **170**
Sauzahn **190**, 195
Saxifraga 121, 230
– cortusifolia **161**
– hypnoides 225
Scabiosa caucasica **158**, *158*

Schaderreger, saugende 202
Schädling 200, **204**, 207, 229
Schädlingsabwehr 206
Schädlingsbefall 184
Schafgarbe 85, 86, *151*
Schatten 51, 62
Schattengarten **33**
Schattenpflanze 36
Schattenspender 130
Schaumblüte 230
Scheinkalla 218
Schildblume 218
Schildfarn 121, **163**
Schildlaus 207
Schlaghacke *190*
Schlangenbart *106*, *107*
Schlangenhautahorn 126
Schlehe 223
Schleierkraut 88, *150*, *157*, 230
Schleifenblume 69, **70**, 230
Schlinger **140**, 173
Schlingknöterich **140**
Schlingpflanze 140, 141, 173
Schluffboden **34**, **35**, *35*
Schlupfwespen 208
Schlüsselblume 72
Schmetterlingsblüte *48*
Schmetterlingsblütler 173
Schmierlaus 207
Schmierseifenlösung **207**
Schmuckkörbchen **170**
Schnecken **204**, 207
Schneckenkorn **204**, 205
Schneeball 28, 106, *123*, 124, 126
– gabelförmiger 106
– koreanischer 106
– wolliger 106
Schneeballhortensie *138*, **139**
Schneefelberich 102, 103, 104
Schneeglöckchen 10, *10*, 72, 117, 118, 122, *123*, 124, **175**, *176*, 194, 208
Schneestolz **176**
Schnitt 17, 122, 159, 198, *198*, 199
Schnittblume 166, 169, 170
Schnittrosen 144, 149
Schnittstaude 158
Schönaster 68, 69, 70, 71, *150*
Schönranke **173**
Schrebergarten **32**
Schwarzäugige Susanne *172*, **173**
Schwarzbeinigkeit **203**
Schwarzfleckenkrankheit **203**
Schwertlilie 14, 44, 77, 94, 150, **157**, 218, *218*
– stinkende *107*
Schwimmpflanze 217
Schwimmteich 215
Schwingel 73, 75, 230
Scilla 12
– bifolia 75, 194
– siberica **176**, *176*, 194
Sedum 77, 78, 231
– acre 62, 231
– album 122
– Hybride 109, 110
– spectabilis *21*
– Telephium-Hybride 20, *21*, 77, 78, 97, 98, 110, **161**, *161*, 224
Seekanne 218
Seerose 61, 212, 217
Seerosenzone **217**
Seggen 73
Seidelbast **136**
Sekundärfarben **42**
Sempervivum 40, 62, 78, 121, 226, 230, 231

Senkgarten **37**
Sichtschutz 30, 130, 137, 142, 173
Sickerschlauch 197
Silberkerze 102, 103, 104
Silberwurz 229
Simse 217
Sinapis alba 196
Sitzplatz 57, 97, 138, 139, 164, 166, 170, 173, 180, 212
Skabiose **158**, *158*
Solidago 16
– Hybriden **159**
Solitär 40, 50, 113, 132, 133, 134, 135, 136, 139, 142, 163, 169
Solitärstaude 150
Solitärstrauch 199
Sommeraster 88
Sommerblüher **138**, 158, **180**, 198, 199
Sommerblumen 88, 94, 95, 96, **164–173**, 169, 170, 186, 192
– einjährige 17, **168**
– zweijährige **166**
Sommerblumenbeet 168, 171, 180
Sommerflieder 16, 94, 96, 97, **138**, *138*, 199
Sommersalbei 62, 91, *91*, 92, 117, 119, **155**, *155*, 199, 224
Sommerstaude 162
Sonnenauge 16, *16*, 17, **159**
Sonnenblume 14, 16, 75, *83*, **170**, 196
– mexikanische **170**, *171*
Sonnenbraut **158**, **159**
Sonnenhut 20, 23, 29, *83*, 88, 94, 98, 99, 109, 110, 112, 117, 118, 119, **170**, *171*
– roter 97, 112
Sonnenröschen **154**, *155*, 230
Sonnensalbei 109
Sonnenscheindauer 33
Sonnenstand 37, *37*, **112**
Sonnenstaude 159
Sorbus 21, 33, 106, 133
– aucuparia 208
Sorghastrum nutans 108, 109
Sorten **38**
Spalier 61
Spanisches Gänseblümchen 61
Spaten **190**, *190*
Spätsommerblüher 140
Spektralfarben **43**
Spinacia oleracea 196
Spinat 196
Spindelbuchs 130
Spinnenblume **164**, **169**
Spinnenpflanze 88
Spinnmilbe 207
Spinnwebhauswurz *226*
Splitt **191**
Spornblume 108, 109
Spreizklimmer **140**
Sprenger *197*
Spritzmittel 200
Sprudelstein 214
Sprühschlauch 197, *197*
Stacheldrahtrose 127
Stachelnüsschen 103, 104, 117
Stachys byzantina 91, 92
Stallmist 192
Stammbildner 193
Standort **33**
– halbschattiger 36
– schattiger 36
– sonniger 36
Standortfaktoren **34**, 36

Register

Stauden 20, 21, **40**, 41, 60, 62, 94, 96, 97, 107, 118, 121, 134, 146, **150–163**, 152, 164, 168, 174, 186, 188, 192, 193, 198, 199, 204, 215, 222, 224
- immergrüne **41**
- remontierende 16, **92**
- rosettenförmige *40*, **41**
- wintergrüne **41**
Staudenbeet 136, 139, 155, 170, 180, 194
Staudenhorste teilen *189*
Staudenpflanzung *192*
Staudenrabatte 102
Staudensonnenblume **159**
Staudenverjüngung **199**
Staunässe 195
Stechpalme 24, 25, **120**, 120, **134**
Steckhölzer *189*
Steckholzvermehrung **188**
Steckling 186, 231
Stecklingsbewurzelung 188
Stecklingsvermehrung **188**
Steinbrech 121, 230
Steinfeder 230
Steingarten *33*, 135, 136, 226, **226–231**, 229, 230
Steingartengewächse 121
Steinkraut 76, 77, 78, **152**, 203
Steinnelke *151*
Steinquendel 94, 96
Steppenkerze 94, 194
Sternenwolkenaster 108, 109
Sternmagnolie *74*
Sternrußtau 203
Sternwinde *172*, **173**
Stickstoffanreicherung 196
Stiefmütterchen 12, *12*, *13*, **167**, *167*, *167*
Stockrose **166**, 203
Storchschnabel 69, 70, 96, 97, 150, 208, 230
Sträucher 28, **38**, 73, 199, 208, 222
- schneiden 198, *198*, **199**
Strauchrosen 142, 145
- Englische 117
- 'Frühlingsduft' *146*
- 'Lichtkönigin Lucia' **146**
- moderne **146**
- 'Rosa pimpinellifolia 'Frühlingsduft' **147**
- 'Schneewittchen' **146**
- 'Westerland' *146*, **147**
Straußenfarn 219
Straußgras 75
Strohblume 61
Studentenblume 16, 71, *165*, **170**, *171*, 208, *209*
Stützpfahl 192, 193
Sumpfdotterblume 218
Sumpfvergissmeinnicht 218
Sumpfzone **217**, 218
Syringia vulgaris 12, 73, **73**

Tagetes 16, 71, 204, 208, *209*
- Erecta-Hybride **170**, *171*
Taglilie 16, 68, 69, **70**, 71, *71*, 94, 103, 104, 105, *156*, **157**, 199, 219, 224
Tanacetum parthenium 88, 122
Tausendblatt 218
Taxus baccata 24, 120, **135**, *135*
Teehybriden 142, **144**, 146
- 'Blue River' *142*, **144**
- 'Duftwolke' **144**
- 'Erotika' **144**
- 'Gloria Dei' **144**, *144*
Teich 5, 217

- naturnaher 215
Teichrand 215, 219
Teilung **186**
Temperatur 33, 200
Teppichglockenblume 84, 85
Terrakotta 52, 80
Terrasse 139, 164
Terrassenabgang **122**
Teucrium 75
- x lucidrys 85, 86
Thunbergia alata *172*, **173**
Thuopsis *135*
Thymian 75, 95
Thymus 75
- vulgaris 95
Tiarella 230
Tithonia rotundifolia 88, **170**, *171*
Tithonie 88
Ton-in-Ton-Kombinationen **43**
Tonboden **34**, **35**, *35*, 195
Topfbepflanzung 164
Topfgarten **33**, 54, 57, 113, 226
Topfkultur 80, 170
Torf **191**
Tränendes Herz 40, *48*, 88, **153**
Traubenhyazinthe *11*, 12, 69, 70, 72, 80, **176**, 194
Trauerbirke **133**
Trauerbuche **133**
Trauerform **40**
Trifolium 75
- incarnatum 196
Triumphtulpe *178*
Trockenheit 25, 81, 194, 195, 196, 224
Trockenmauer 89, *89*
Trogbepflanzung 134
Trollblume 218, *218*
Trollius 218, *218*
Trompe l'oeil **61**
Trompetenbaum *132*, **133**
Tropaeolum
- majus 16, **171**, *171*
- peregrinum **173**
Tulipa *11*, 12, 49, 72, 87, *125*, 194, 209, 223
- Hybride 85, 98, 122
- sylvestriis 69
- tarda *178*
Tulpen *11*, 12, *12*, *13*, 49, 67, 72, 85, 87, 87 98, 122, *125*, **179**, 209, 223
- botanische *178*, **179**
- Crispa **179**
- Darwin-Hybrid- **179**
- frühe **179**
- Kaufmannia **179**
- lilienblütige *12*, *13*, **179**
- mittelfrühe **179**
- paeonienblütige **179**
- Papageien- **179**
- Rembrandt- **179**
- Triumph- **179**
- Viridiflora **179**
Türkenmohn 14, *82*, 88, **155**, *155*
Typha minima 61

Überwinterung 229
Ulmus x hollandica 133
Umgestaltung **57**
Unifarben **43**
Unkrautbekämpfung 196, 205
Unterpflanzung 222, 223
Unterwasserpflanzen 218
Urtica dioica 205
Utricularia vulgaris 218

Valerianella locusta 196
Vanilleblume 165

Veilchen 24, 223
Venushaar **163**, *163*
Verbascum
- chaixii 85, 86
- olympicum 63
Verbena 45
- bonariensis 109, 110
- rigida 88, 164, *168*, **169**
Verbrennungen 200
Veredlung **188**, 193
Vergissmeinnicht 12, 68, 69, 71, 80, **166**
Vermehrung 13, 188, 202
- generative **186**, 188
- vegetative **186**, 188
Vermehrungsbeet 189
Vermehrungsmethode, spezielle **188**
Veronica 75, 81, 229
- spicata 84, 85
- virginica 97, 98
Viburnum *123*
- carlesii 106
- farreri 24, 122, 124, 127, **137**, 222
- furcatum 106
- lantana 106
- plicatum *138*, **139**
- x bodnantense 126
Vicia faba 196
Vier-Jahreszeiten-Garten **33**
Vinca minor 224
Viola 223
- cornuta 12, 80, 81, **162**, *162*, **167**
- odorata 24
- Wittrockiana-Hybride 12, *12*, *13*, **167**, *167*
Virginischer Ehrenpreis 97
Viruskrankheit **202**
Vogelbeere 21, 208
Vogelschutzgehölz 148
Vorgarten **32**, 104, **116**, 134, 136, 137
Vorkultur 186, 187, *187*

Wacholder **134**, *135*
Wachsglocke **160**, *161*, 225
Waldhyazinthe *74*
Waldmeister 72, 224
Waldrebe 54, *73*, 73, 89, 104, 105, *105*, 112
- gelbe **140**, *141*
Waldschmiele *113*
Wandbrunnen 214
Wasserdost 20, 91, 92, *113*, 218
Wassergarten **33**
Wasserhahnenfuß 218
Wasserpflanze 217
Wassersalat 217
Wasserspeier 214
Wegrand 146, 166
Wegschnecke, rote *204*
Weichzeichner **46**
Weide 12, 126, 127, 230
Weigela 222
Weinbergtulpe 69, 70
Welke 202
Wermut 207
Weymouthskiefer **134**, *135*
Wieseniris *14*, 68, 69, 70, *70*, 199, *219*
Wiesenrispe 75
Wiesensalbei 75
Wiesenstorchschnabel 73
Wilder Wein 108, 109, 110, 113, 140, **141**, *141*
Wildfrucht 127
Wildkräuter 13

Wildrosen 127, 146, **148**
Wildtulpe 194
Wind **37**
Windverhältnisse 33
Winteraster *22*, 97, 109
Winterblüher 24, 136, 140, 162
Winterchrysantheme 22, 79, 86, 98, 99, 110, 113
winterhart 37
Winterjasmin 116, 117, **140**, *141*
Winterling 10, 12, 122, **123**, 175, **175**, *176*, 194
Winterraps 196
Winterschutz 13, 25, 139, 195, 196
Wisteria 73, **73**
- sinsensis 121, **141**
Witterungsbeständigkeit **52**
Wohngarten **33**
Wolfsmilch *47*, 80, 230
Wollaus *204*
Wollziest 91, 92
Wucherkraut 15
Wucherungen, krebsartige 202
Wuchs
- kegelförmiger **40**
Wuchsformen 24, 38, 41, **51**, 56, 62, 111, 142, 163
- von Bäumen 39, *39*
Wühlmaus **205**, 209
Wurmfarn 207, 208
Wurzel 188
Wurzelballen 193
Wurzelkletterer **140**
Wurzelschnittling **188**
Wurzelschutzbahn 222

Ysander 224

Zaubernuss 24, 112, 116, 117, *117*, 118, 119, **136**, 199
Zaun 30, 57
Zentifolie **147**
Ziehhacke *190*
Zierapfel 106
Zierkohl 113
Zierkirsche 12, 72, 89, **133**, *137*
Zierlauch 22, 85, 194, **226**
Zierquitte 21, 62, 106, **136**, 222, 223
Zierstrauchrose 146
Ziertabak 46, 95
Zimtahorn 126
Zinnia 16
- angustifolia 69, 71
- elegans 20, 88, *168*, **169**
Zinnie 16, 20, 69, 71, 88, *168*, **169**
Züchtungen **38**
- virusresistente 202
Zugluft 200
Zweijährige 37, **41**, 69, 80
Zwerg-Schwertlilie 77
Zwergberberitze 77
Zwerggeißbart 230
Zwergkonifere 134
Zwergiris 76, 78
Zwergmispel 106
Zwergnarzisse 75
Zwergtrompetenbaum 133
Zwiebel 112, 208
Zwiebelblumen *11*, 69, 70, 73, 80, 80, 85, 192, 205, 225
Zwiebelpflanzen **75**, 134, **173–181**, 179, 209
- frühlingsblühende 21, 152
- frostempfindliche **41**
- winterharte **41**

239

Im FALKEN Verlag sind zahlreiche Titel zum Thema „Garten" erschienen.
Bitte fragen Sie in Ihrer Buchhandlung und überall, wo es Bücher gibt.

Der Text dieses Buches entspricht den Regeln der neuen deutschen Rechtschreibung.

Dieses Buch wurde auf chlorfrei gebleichtem und säurefreiem Papier gedruckt.

ISBN 3 8068 7317 8

© 1998 by FALKEN Verlag, 65527 Niedernhausen/Ts.
Die Verwertung der Texte und Bilder, auch auszugsweise, ist ohne Zustimmung des Verlags urheberrechtswidrig und strafbar. Dies gilt auch für Vervielfältigungen, Übersetzungen, Mikroverfilmung und für die Verarbeitung mit elektronischen Systemen.

Umschlaggestaltung: Peter Udo Pinzer
Redaktion: Dr. Sigrun Künkele, Regine Gamm
Bildbeschaffung: Torsten Schulz
Umschlagbilder: Titel: **Ursel Borstell,** Essen; Rückseite: **Reinhard-Tierfoto,** Heiligkreuzsteinach-Eiterbach: ganz links und ganz rechts; **Max F. Wetterwald,** Offenburg: 2. v. links; **Röhn,** Heusenstamm: 2. v. rechts
Fotos: Ursel Borstell, Essen: 2, 8/9, 16/17, 22, 23, 26/27, 31, 55, 59, 64/65, 66, 67, 74, 80/81, 82, 83, 98, 94/95, 100, 101, 106/107, 112/113, 114, 115, 120/121, 126/127, 128/129, 130, 131,132 (Nr. 1 + 5), 135 (4x), 137 (Nr. 4 + 5), 138 (Nr. 2, 3, 5), 156 (Nr. 1 + 2), 158 (Nr. 1), 161 (4x), 162 (Nr. 3), 163 (Nr. 1), 164, 165, 167 (Nr. 1), 168 (Nr. 4 + 5), 171 (Nr. 5), 172 (Nr. 3), 177 (Nr. 3) 178 (Nr. 3, 6, 7, 8, 9), 182/183, 184, 185, 201, 210/211, 212, 213, 214/215, 220, 221, 222, 225, 226, 227, 230
Senator Burda Verlag, Mein schöner Garten, Offenburg: / **A. Kögel:** 6/7 / **M. Wetterwald:** 158 (Nr. 2) / 178 (Nr. 1)
Hermann Eisenbeiss, Egling: 132 (Nr. 2), 137 (Nr. 1), 152 (Nr. 3 + 4), 167 (Nr. 3), 168 (Nr. 1), 171 (Nr. 4)
Bildagentur Geduldig, Vaihingen/Enz: 167 (Nr. 2), 181 (Nr. 4)
Greiner + Meyer, Braunschweig: 204 (Nr. 4)
Ellen Henseler, Bonn: 203 (Nr. 2–4), 204 (Nr. 1 + 2)
IBIS Bildarchiv, Bergisch-Gladbach: / **Th. Horlebein:** 205 (Nr. 4) / **W. Layer:** 137 (Nr. 3), 162 (Nr. 1), 177 (Nr. 4) / **M. Pforr:** 138 (Nr.4), 168 (Nr. 3) / **M. Ruckszio:** 132 (Nr. 3), 158 (Nr. 4), 163 (Nr. 2), 172 (Nr. 1 + 4), 177 (Nr. 1), 205 (Nr. 2 + 3)
IFA-Bilderteam, München: / **Jakob:** 181 (Nr. 1)
Petra Jarosch, Lahr: 175
Eberhard Morell, Dreieich: 18, 25, 63, 132 (Nr. 4), 155 (Nr. 1,2,4), 156 (Nr. 4 + 5)
Naturbild/Okapia, Frankfurt: / **G. Büttner:** 181 (Nr. 2) / **H. Reinhard:** 181 (Nr. 3)
Reinhard-Tierfoto, Heiligkreuzsteinach-Eiterbach: 10, 11, 12/13, 14, 15, 19, 29/21, 28, 29, 45, 47, 141 (5x), 142, 143, 144, (3x), 145 (2x), 146 (6x), 148 (2x), 149 (2x), 150, 151, 152 (Nr. 4 + 5), 172 (Nr. 5), 178 (Nr. 4 + 5), 205 (Nr. 1 + 5), 208 (Nr. 1), 209 (3x), 216, 218/219, 228
Manfred Ruckszio, Taunusstein: 58, 135 (Nr. 4), 155 (Nr. 3 + 5), 161 (Nr. 3), 163 (Nr. 3), 168 (Nr. 2), 171 (Nr. 1 + 2), 177 (Nr. 2 + 5), 178 (Nr. 2)
Bildarchiv Sammer, Neuenkirchen: 203 (Nr. 1), 204 (Nr. 3)
Margrit Stüber, Niedernhausen: 208 (Nr. 2)
Max F. Wetterwald, Offenburg: 137 (Nr. 2), 138 (Nr. 1), 171 (Nr. 3), 172 (Nr. 2), 174
Zeichnungen: FALKEN Archiv: / **G. Scholz:** 35 (6x), 37 (3x), 39, 40 (6x), 42 (4x), 48 (6x), 50 (6x), 187 (9x), 189 (8x), 190 (12x), 192 (5x), 195 (2x),197 (3x), 198 (4x), 206 (3x) / **E. Stegemann:** 199
Matthias Weber, Baden-Baden: 68/69 (2x), 71, 76/77 (2x), 79, 84/85 (2x), 86/87 (2x), 90/91 (2x), 93, 96/97 (2x), 98/99, 102/103 (2x), 105, 108/109 (2x), 111, 116/117 (2x), 119, 122/123 (2x), 125

Die Ratschläge in diesem Buch sind von Autorin und Verlag sorgfältig erwogen und geprüft, dennoch kann eine Garantie nicht übernommen werden. Eine Haftung der Autorin bzw. des Verlags und seiner Beauftragten für Personen-, Sach- und Vermögensschäden ist ausgeschlossen.

Satz und Lithografie: DM-SERVICE Mahncke & Pollmeier oHG, Rodgau
Gesamtkonzeption: FALKEN Verlag, D-65527 Niedernhausen/Ts.

817 2635 4453 6271